Contraste insuffisant

NF Z 43-120-14

Reliure serrée

P. 590.
F. 2.

49595

VIES
DES
ARCHITECTES
ANCIENS ET MODERNES.
TOME SECOND.

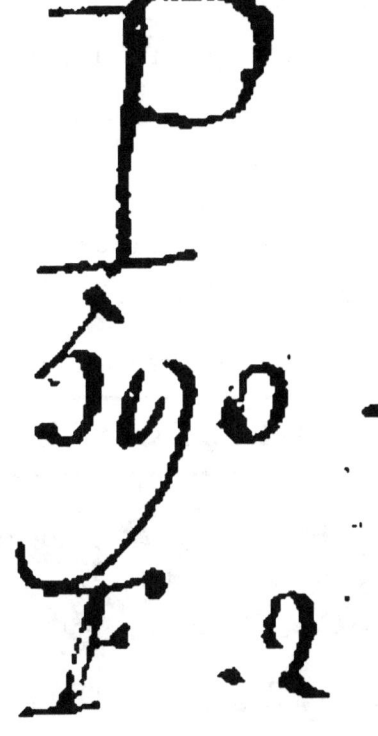

VIES
DES
ARCHITECTES
ANCIENS ET MODERNES,

Qui se sont rendus célebres chez les différentes nations.

Traduites de l'Italien, & enrichies de notes historiques & critiques.

Par M. PINGERON, Capitaine d'Artillerie, & Ingénieur au service de Pologne.

Ne tempus edax, ne terat ætas.

TOME SECOND.

A PARIS, RUE DAUPHINE,

Chez CLAUDE-ANTOINE JOMBERT, fils aîné, Libraire, près le Pont-Neuf.

M. DCC. LXXI.

Avec approbation & privilege du Roi.

VIES
DES
ARCHITECTES
ANCIENS ET MODERNES.

SUITE DU CHAPITRE II

DU QUATRIEME LIVRE.

Des Architectes du seizieme Siecle.

Alexandre Vittoria, né en 1525, & mort en 1608.

CET artiste naquit à Trente, d'une honnête famille. Son pere Vigile, ayant remarqué en lui beaucoup de goût pour les arts, l'envoya de bonne heure à Venise, pour y apprendre le dessin. Il le plaça chez le Sansovin, où il apprit la sculpture & l'architecture. Alexandre Vittoria, s'étant fait une certaine réputation parmi ses condisciples, crut qu'il

Tome II. A

étoit assez habile pour se passer des conseils de son maître. Il quitta l'école du Sansovin, où il avoit resté quelques années, & alla travailler à Vicence. Pierre Aretin, qui étoit leur ami commun, le réconcilia avec son maître. Vittoria prit dès-lors la ferme résolution de se fixer à Venise. Il acheva dans cette ville, l'église de saint Julien, & la belle chapelle de saint Fantin, avec plusieurs autres ouvrages commencés par le Sansovin. Cet artiste bâtit ensuite, d'après ses propres desseins, la chapelle & l'autel de Notre-Dame du Rosaire, dans l'église de saint Jean & saint Paul, & les d ora avec des statues de marbre & de truc. Les mausolées des doges Friuli, qui sont dans l'église de saint Sauveur, & dans l'oratoire de saint Jerome, où l'on voit de très-belle statues de marbre de bronze, sont encore d'Alexandre Vittoria.

Cet artiste étoit infatigable, autant que l'on en peut juger par les morceaux de sculpture, & les décorations en stuc qui restent de lui. Il ne céda qu'à Michel-Ange pour le talent. Les édifices publics & particuliers de Venise, sont remplis de ses ouvrages. On admire surtout les statues & les ornemens de l'escalier de la bibliotheque de saint Marc

& du palais ducal, celles de saint Roch & de saint Sebastien, dans l'église de saint François de la Vigne & de saint Jerôme, dans l'église dite *dei Frari*. Les statues colossales de la Justice & de Venise, qui sont placées au dessus des grandes fenêtres des salles du grand conseil & du scrutin, qui sont estimées des connoisseurs, ont été faites par le même artiste. La ville de Venise n'est pas le seul endroit qui soit enrichi des belles sculptures de Vittoria; plusieurs villes de l'état Venitien, partagerent le même avantage. Padoue se vante de posséder, dans l'église de saint Antoine, le beau mausolée d'Alexandre Contarini, fameux général des Vénitiens. Trevise a une belle statue de saint Jean-Baptiste, dans l'église de saint François, Verone, Bresce, Traù en Dalmatie, & plusieurs autres villes de l'Italie, possedent plusieurs ouvrages estimés du même artiste. Alexandre Vittoria fit encore un grand nombre de bustes des personnes les plus célebres de son tems, & s'amusa à graver les médailles des grands hommes.

Cet artiste n'excella pas dans l'architecture. Ses premiers ouvrages dans ce genre sont passables; mais on remarque, dans ce qu'il a fait étant plus âgé, le commencement de la décadence, où cet art est tombé dans le dix-septieme siecle. Vittoria vécut 83 ans, & fut enterré dans l'église de saint Zacharie ; on lui érigea, près de la sacristie, un beau mausolée de marbre, où l'on voit son buste, fait de sa propre main.

M. Thomas Temanza, à qui nous sommes redevables de cette notice, publiera incessamment la vie de cet artiste.

Sebastien Serlio de Bologne, mort en 1552.

Il étudia l'architecture à Rome, sous Balthazar Peruzzi, & fut le premier qui mesura & dessina avec exactitude une partie des anciens édifices qu'il a si bien décrits dans le troisieme livre de son ouvrage. Cet artiste vint en France en 1541, avec toute sa famille, pour se rendre aux invitations de François premier (1) qui lui avoit fait donner une

___

(1) Lorsque François premier fit venir d'Italie Serlio, grand architecte de son tems, les architectes François profiterent si bien de ses instructions, que le roi ayant commandé de travailler au dessin du louvre, qu'il entreprit de faire bâtir avec toute la magnificence possible, le dessin d'un François, l'abbé de Clagny, fut préféré à celui que Serlio avoit fait. Ce dessin fut ensuite exécuté par les architectes du roi (Jean Gougeon & Pierre Ponce) ; & la perfection se trouva à un si haut point dans ce premier essai de nos architectes François, que les étrangers avouent que ce qui a été bâti de ce temps au louvre, est encore le modele le plus accompli que l'on puisse choisir pour la belle architecture... « Préface du commentaire de Perrault sur Vitruve, pag. 2. »

somme considérable pour les frais de son voyage. Il travailla à la construction du louvre, de Fontainebleau, & au palais des Tournelles. Serlio continua son traité d'architecture. Les guerres civiles s'étant élevées, & ayant entraîné avec elles les calamités de toutes especes, notre artiste se retira à Lyon, où il mena une vie très-malheureuse; il étoit gouteux & si pauvre, qu'il se vit obligé de vendre quelques-uns de ses ouvrages à Jacques Strada.

Serlio revint ensuite à Fontainebleau, où il mourut, estimé de tout le monde pour ses grandes connoissances dans l'architecture civile & militaire, dans la géométrie & dans la perspective. On doit regarder cet artiste comme un des meilleurs auteurs qui ont écrit sur l'architecture : il s'est attaché à suivre les regles de Vitruve dans son livre, mais il s'en est écarté dans ses édifices. Sa maniere de profiler (1) est seche, & l'on peut dire que son goût n'est pas des meilleurs. Cet architecte a donné six diametres à la hauteur de sa colonne toscane ; sa corniche composite, qui ressemble à celle du collisée, est si lourde, qu'elle pourroit convenir à l'ordre toscan : il a laissé subsis-

_____

(1) C'est tracer à la main ou à la regle, & au compas, les moulures & les membres d'architecture.

ter la base ionique dans l'ordre de ce nom, & n'a point paru s'appercevoir de ses défauts. Serlio étoit encore dans l'usage d'accoupler les colonnes. Si le beau palais Malvezzi, à Bologne, est de cet artiste, comme le prétendent plusieurs personnes, il pouvoit se dispenser de mettre des corniches à tous les étages, & se contenter de celle qui termine l'édifice.

Jean Goujon & Pierre Lescot.

Ces deux artistes Parisiens fleurirent sous les regnes de François I & d'Henry II. Ils travaillerent conjointement à plusieurs édifices, & sur-tout au vieux louvre, & à la fontaine des saints Innocens, dans la rue saint Denis.

Gougeon fit de si grands progrès dans la sculpture, qu'on le nomme le Correge des sculpteurs ; il est noble, simple & majestueux dans ses ouvrages ; s'il n'est pas toujours correct, il est toujours plein de graces. La fontaine des saints Innocens, est un chef-d'œuvre de sculpture, mais l'architecture en est médiocre. L'idée d'une tour quarrée, avec des fenêtres dans les entre-pilastres, ne convient point à une fontaine. D'ailleurs, la situation de ce monument est très-désavantageuse.

Goujon commença l'hôtel de Carnavalet, qui fut achevé par le fameux Manfard; ce dernier ne changea rien dans la diftribution & dans la décoration, contre cet ufage fi commun de tous les tems. On voit dans la cour de cet hôtel, un bel ordre corinthien, avec une frife très-riche, où l'on remarque plufieurs enfans entremêlés dans des feftons. Quoique la fculpture foit parfaite, on trouve cependant une forte de confufion dans l'enfemble de cette compofition, lorfqu'on s'en éloigne un peu.

On fait encore beaucoup de cas de cette tribune, foutenue par des cariatides gigantefques, que cet artifte a faites au louvre, dans la falle des cent-fuiffes.

François Primatice de Bologne, né en 1490, & mort en 1570.

Cet artifte, qui étoit né avec un goût particulier pour le deffin, quitta le commerce auquel fa famille l'avoit deftiné. Il apprit à peindre, fous Innocent da Imola & fous le Bagna Cavallo, & enfin fous Jules Romain, tous les trois éleves de Raphaël. François premier, roi de France, attira le Primatice dans fes états, pour y faire naître les arts & diffiper la barbarie, où de longues guerres les avoient plongés. Cet artiste fut le premier qui introduisit le bon goût de la peinture, & des ornemens en stuc. Il étendit même jusques dans l'architecture, ces savantes minuties qui excitent l'admiration de ceux qui ne peuvent juger de la beauté d'un ensemble. François premier l'envoya en 1540 en Italie, pour y acheter des antiquités, & plusieurs statues qui furent jettées en bronze, & placées à Fontainebleau. Indépendamment des embellissemens que notre artiste fit dans ce superbe palais, il donna le plan du château de Meudon, & le dessein du mausolée de François premier. Ce monument ressemble à une petite maison de marbre. On voit, au dessus d'un soubassement orné de bas-reliefs, plusieurs arcades, qui environnent une espece de tombe, soutenue par les statues de ce prince & de la reine, son épouse. Le goût de ce tems admettoit des idées aussi communes & aussi triviales. Le Primatice fut pourvu de la riche abbaye de saint Martin de Troyes, & nommé commissaire général, ou intendant des bâtimens du roi dans toute l'étendue du royaume. Il fut comblé d'honneurs & de richesses, & fut regardé comme un des premiers seigneurs de la cour. Tous les artistes recherchoient sa protection. Il fut toujours assez généreux pour ne point la leur refuser.

Philibert de Lorme, mort en 1577.

Il naquit à Lyon, au commencement du seizieme siecle, & alla en Italie à l'âge de quatorze ans, pour y étudier les antiquités. Marcel Cervin, qui devint pape sous le nom de Marcel II, & qui avoit beaucoup de goût pour les beaux arts, lui communiqua toutes ses lumieres. Philibert de Lorme, enrichi des dépouilles des anciens, retourna dans sa patrie en 1536, où il s'attacha à bannir de l'architecture le goût gothique & barbare, pour y substituer celui de l'ancienne Grece. Le cardinal du Belley l'ayant attiré à Paris, son mérite ne tarda pas à s'y faire connoître d'Henri II & de ses successeurs. Cet artiste fit construire l'escalier en fer à cheval du palais de Fontainebleau, & donna les plans des châteaux de saint Maur, d'Anet & de Meudon; il répara encore plusieurs maisons royales. Catherine de Médicis, reine de France, le chargea de construire le palais des Thuilleries, édifice digne d'être habité par un souverain, où Philibert de Lorme déploya toutes les ressources de son génie : le rez-de-chaussée

A v

est orné de colonnes doriques, qui, au lieu d'être lisses ou cannelées, sont environnées de cinq bandes, chargées d'ornemens en reliefs. Le piédestal sur lequel posent ces colonnes est continu, & l'ordre entier passe pour un chef-d'œuvre. Comme ce magnifique palais étoit sur le point d'être achevé, la reine en fit suspendre les travaux, à cause de certaines prédictions d'un astrologue dont l'art étoit alors fort à la mode, & sur-tout du goût de la princesse. Au lieu de terminer ce grand ouvrage, elle chargea Jean Bullant de lui bâtir un autre palais près de saint Eustache, qui étoit de très-mauvais goût,& qui porta depuis le nom d'hôtel de Soissons, qu'on vient de démolir (1). Philibert fut nommé aumonier & conseiller du roi, & posséda plusieurs riches abbayes. Le goût de ces profils est

―――――――――――――――――――

(1) Le terrein qu'occupoit jadis ce palais est resté sans aucune destination pendant un grand nombre d'années : on vient d'y construire les nouvelles halles au bled ; c'est un édifice circulaire, qui offre une idée du collisée, & qui est construit avec le plus grand soin ; on n'y a employé que la pierre, la brique & le fer, pour le mettre à l'abri des incendies ; on y remarque deux escaliers dont la coupe est très-ingénieuse ; ils sont tels que les hommes qui montent & descendent chargés, ne peuvent point se rencontrer. On en voit de pareils dans les ouvrages de Palladio. Si le terrein n'eût point été aussi précieux qu'il est dans cette partie de la ville de Paris, il est à présumer que l'architecte auroit bâti ses halles dans l'emplacement même de la rue qui les environne, & qu'il auroit laissé une grande place

sec & mesquin. La base corinthienne, composée de trois tores, est ridicule : il disoit en avoir vu le modele dans celles du Panthéon ; il ne fut pas plus heureux dans cette observation que dans celle du quatrieme ordre du colisée, qu'il croyoit composite. Philibert de Lorme a écrit un ouvrage sur la maniere de bâtir solidement & à peu de frais. Cet auteur est le premier qui ait écrit sur la coupe des pierres, mais les matieres y sont traitées sans ordre, & d'une maniere très-confuse. Cet artiste a bâti plusieurs édifices à Lyon ; il y commença la façade de l'église de saint Nizier. On vante,

---

à l'entour de cet édifice. On eût pu transporter alors la fameuse colonne (*) qui servoit d'observatoire à la reine Catherine de Medicis, & à son astrologue, Côme Ruggeri, au centre de la cour, au lieu de la laisser engagée dans le corps du bâtiment où elle produit un très-mauvais effet. Ces halles auroient pour lors eu l'apparence du plus grand monument. Quoique la forme circulaire soit pittoresque, je pense qu'elle est peu commode pour des édifices de cette nature ; on court moins de risque de revenir sur ses pas dans un édifice dont le plan est rectangulaire. On ne peut disconvenir que ces halles n'ayent un caractere de solidité que leur destination exige, & que les appareilleurs n'y ayent fait briller leur art.

(*) Cette colonne, qui est d'une espece de dorique, a 100 pieds de haut. On a pratiqué dans le fust un escalier à vis à l'imitation de la colonne trajane. On vient d'y faire un cadran solaire très-sçavant, mais plus propre pour une académie ou un observatoire, que pour une place publique, où l'on ne sçauroit se mettre trop à portée du peuple. On a construit une fontaine dans le piédestal de

dans ce qui a été fait, une voûte en cul de four de niche (1), qui est un chef-d'œuvre de coupe de pierre, sous laquelle est la principale porte. On admire cette fameuse trompe (2), sur laquelle il a bâti une maison considérable, à côté du pont de pierre de la même ville ; c'est l'ouvrage le plus hardi dans ce genre.

M. l'abbé Pernnetti nous apprend, dans son ouvrage intitulé *les Lyonnois dignes de mémoire*, une anecdote plaisante sur Philibert de Lorme ; j'ai cru devoir la rapporter dans son entier, pour son utilité morale, & pour l'amusement des lecteurs.

Catherine de Medicis récompensa les sciences de Philibert de Lorme au-delà de ses espérances. On le fit aumonier & conseiller du roi, quoiqu'il ne fût que tonsuré. Ronsard en conçut de la jalousie : il composa contre ce nouvel abbé une satyre piquante intitulée, *la truelle crossée*. De Lorme n'eut pas la sagesse de la mépriser : un jour que Ronsard vou-

_____

cette colone, sur laquelle on lit le distique suivant.

*Quæ quondam ornarat turris palatia regum,
Utilis, hæc populo, nunc dare gaudet aquas.*

(1) Cul de four de niche, c'est la fermeture ceintrée d'une niche, sur un plan circulaire.

(2) Trompe, c'est une espece de voûte en saillie, qui semble porter à faux, mais qui se soutient par l'artifice de sa coupe.

loit entrer dans le jardin des Thuileries; l'architecte qui en étoit le gouverneur, le fit repousser rudement. Ronsard, piqué à son tour, crayonna les trois mots suivans sur la porte qu'on lui avoit fermée.

Fort. reverent. habe.

De Lorme qui, ne sçavoit pas le latin, soupçonna que ces mots étoient une insulte; il crut par là que Ronsard l'appelloit, par ironie, fort révérend abbé; il s'en plaignit à la reine. Le poëte se justifia, en disant que c'étoit le commencement d'un distique d'Ausone, qui avertissoit les hommes nouveaux de ne point s'oublier.

Fortunam reverenter habe.

Galeas Alessi, né à Pérouse, en 1500, & mort en 1572.

Il s'appliqua dès l'âge le plus tendre à l'étude des belles lettres, & à celle des mathématiques; il apprit ensuite le dessin, pour embrasser l'état d'ingénieur ou d'architecte. Cet artiste eut pour maître Jean-Baptiste Caporali, architecte & peintre de Pérouse, qui traduisit & commenta Vitruve. Galeas Alessi alla ensuite à Rome pour se perfectionner; il se lia avec Michel-Ange, qui lui enseigna beaucoup de choses.

Galeas Alessi fit achever la forteresse de Pérouse, commencée par San-Gallo;

il y bâtit un logement très-commode pour le gouverneur, & conſtruiſit différens palais, qui paſſent pour être les plus beaux de cette ville. Genes a de grandes obligations à cet architecte, qui y demeura quelques années pour y faire bâtir pluſieurs édifices magnifiques. Il fit aligner les rues & répara les murs de cette ville. Galeas Aleſſi conſtruiſit ſur le ſommet d'une colline, nommée Carignan, une égliſe magnifique, ſous l'invocation de la Vierge. Le plan de cet édifice eſt un quarré parfait, avec une coupole dans le milieu, ſoutenue par quatre maſſifs de maçonnerie : on voit aux quatre angles, autant de petits dômes. Il y a trois nefs; le cœur, qui eſt de forme circulaire, termine celle du milieu : on voit un perron compoſé de quelques marches en ligne courbe devant la principale porte. On remarque enſuite un ſoubaſſement dont la hauteur égale la largeur du perron, ſur lequel s'éleve un ordre de pilaſtres corinthiens, placés à une diſtance convenable les uns des autres. Les reſſauts que forme ce ſoubaſſement dans ſon milieu & à ſes extrêmités, le rendent défectueux. La porte principale eſt dans un goût trop ſimple; les fenêtres ſont de mauvaiſe forme, & les ornemens lourds & mal exécutés. On voit au milieu de la façade un fronton triangulaire, avec une grande fenêtre en forme de demi-cercle. Au dessus de l'entablement, regne une attique couronnée par une baluſtrade. Deux petites coupoles aſſez mal entendues ſont placées aux deux extrêmités de cette partie de l'édifice, & l'on voit le grand dôme au milieu d'elles: le tambour eſt orné de pilaſtres corinthiens, entre leſquels ſont alternativement de petites arcades ſupportant un architrave & de grands arcs, qui produiſent un mauvais effet dans un édifice circulaire. L'entablement qui regne au deſſus des pilaſtres dont on vient de parler, ſupporte une baluſtrade de marbre blanc. On en remarque une ſeconde dans cette partie du grand dôme où s'éleve la lanterne. Celle-ci eſt couverte par une calotte hémiſphérique, ſurmontée par une pyramide ſoutenue par une eſpece de trépied. On voit à ſon extrêmité une boule de bronze doré, qui porte une croix. Galeas Aleſſi répara & embellit l'égliſe cathédrale de Genes, pour laquelle il fit le deſſin de la tribune. Notre architecte fit briller ſes talens d'une maniere plus éclatante ſur le port de cette ville; il y conſtruiſit la grande porte qui eſt flanquée de colonnes ruſtiques, & décora le port avec des grands portiques d'ordre dorique, couronnés par une baluſtrade de marbre. Ces différens ouvrages ſervent de défenſe au port de Genes, en tenant lieu de cavalier (1). On trouve au deſſus une grande place d'armes. Galeas Aleſſi allongea le mole de plus de 600 pas, en faiſant jetter des quartiers de rocher dans la mer pour ſervir de fondement. Cet artiſte dit un jour que ſi la république vouloit augmenter la longueur de cet ouvrage, il lui coûteroit mille écus romains ou cinq mille livres de France le palme. Galeas Aleſſi bâtit pluſieurs beaux palais dans les environs de Genes; il en conſtruiſit un à Biſignano, pour la famille Grimaldi, à ſaint Pierre d'Arêne, pour la famille Juſtiniani, pour le prince Doria, & pour pluſieurs autres ſeigneurs. Cet artiſte laiſſa encore beaucoup de plans & de modeles, que la nobleſſe opulente de Genes a fait exécuter dans la ſuite. Cette quantité conſidérable d'édifices magnifiques, a mérité à cette ville le nom de ſuperbe ; mais le peu de largeur de chaque rue empêche qu'on n'en puiſſe jouir (2).

---

(1) Cavalier, élévation pratiquée pour l'ordinaire ſur le rempart, pour y établir des batteries de canon, qui découvrent au loin dans la campagne.

(2) On doit en excepter la ſtrada nuova & la ſtrada

Aleffi bâtit plufieurs maifons à Ferrare, & fit d'autres ouvrages dont les noms ne font pas connus. Il éleva à Bologne la grande porte du palais public, qui eft entre deux groupes de colonnes accouplées. On remarque que tous les métopes y font tous égaux entre eux, mais que la hauteur de la frife eft beaucoup plus grande que celle qui eft indiquée par Palladio & par Vignole. Quoique cette frife foit plus haute que la cinquieme partie de la colonne, les métopes ne forment cependant pas un quarré parfait. Galeas Aleffi bâtit, dans le palais public de cette ville, une chapelle qui eft très-bien entendue ; il a achevé le bâtiment de l'inftitut (fameufe académie pour les arts & pour les fciences), d'après le deffin de Pellegrino Tibaldi, & donna quelques plans pour la façade de l'églife de faint Petrone. Cet architecte bâtit à Milan l'églife de faint Victor, & la grande falle du change ou la bourfe, qui eft très-bizarre : il éleva encore dans cette ville la belle façade de l'églife faint Celfe. Galeas Aleffi s'acquit beaucoup de gloire dans le magnifique palais de Thomas Marini, duc de Torre-nova, dont

---

Balbi, qui font très-larges : il faut avouer en même tems que les autres rues font fi étroites, qu'un carroffe n'y pourroit pas paffer.

il donna le plan. Ce seigneur l'envoya au duc de Savoye, pour traiter d'une affaire importante, qui le reçut avec la plus grande distinction.

Cet artiste fut souvent chargé d'envoyer des plans à Naples & en Sicile; il en fit un très-grand nombre pour la France, l'Allemagne & la Flandre. On ne lui demandoit pas seulement des desseins pour des palais & pour des églises, mais encore pour des fontaines publiques, des salles de bains, où il montra la fécondité de son génie.

La réputation de cet artiste s'accrut au point que le roi de Portugal le fit chevalier. Le roi d'Espagne l'attira auprès de lui pour le charger de la construction de quelques édifices ; il le combla d'honneurs & de richesses, & ne lui permit de retourner dans sa patrie qu'après avoir demeuré quelques mois auprès de lui. Galeas Alessi étant revenu à Perouse, fut très-bien accueilli par tous ses compatriotes. Pour lui donner une preuve plus éclatante de leur empressement & de leur joie, ils l'admirent au nombre des marchands, qui étoit pour lors le corps le plus respectable, & qui devroit l'être encore. Ils l'envoyerent auprès du pape Pie V, pour traiter des affaires particulieres de leur ville. Sa Sainteté fit beaucoup de cas des talens de cet artiste célebre. Cette commission étant remplie, il retourna dans sa patrie. Le cardinal Odoard Farnêse l'engagea à lui faire un dessin pour la façade de l'église de *Jesu* à Rome. Alessi en fit un très-beau, qui ne fut cependant pas exécuté, à cause de la grande dépense qu'il exigeoit.

Cet architecte bâtit ensuite un très-beau palais pour le duc de la Corgnac, sur les bords du lac de Perouse; il en construisit un autre pour le cardinal, frere de ce seigneur, dans une situation très-agréable, sur une colline éloignée de quelques milles de la ville. Galeas Alessi bâtit, avec Jules Danti, architecte de Pérouse, la plus grande partie de l'église de Notre-Dame des Anges, près la ville d'Assise, dont Vignole avoit donné les dessins.

Notre artiste envoya en Espagne les plans du monastere & de l'église de l'Escurial, qui fut préféré à tous ceux qui avoient été donnés par les plus fameux architectes de l'Europe. La cour de Madrid demanda l'auteur, pour le charger de l'exécution de ce magnifique projet; mais le grand âge & les infirmités de Galeas Alessi ne lui permirent pas d'accepter ces offres. Cet artiste étoit très-sçavant, & très-gai dans la conversation; il étoit capable de traiter les affaires les plus importantes.

Sa famille a donn plusieurs personnes de mérite:

André Vanone Lombard.

Il vint de Lanico (1) sa patrie, à Genes, où il bâtit le palais du doge, édifice immense, que l'on dit être renforcé par des chaînes de fer, cachées dans l'épaisseur des murs. Cet artiste fit creuser à Sarzane une cîterne publique très-profonde, au milieu de la place publique. Quoique plusieurs personnes de marque eussent débité qu'il échoueroit dans son projet, André Vanone réussit complettement. Cet architecte fut employé comme ingénieur, par la république de Genes, dans la conduite de plusieurs ouvrages publics; il mena une vie très-longue & très-honorable.

Guillaume Filander, né en 1505, & mort en 1565.

Cet amateur naquit d'une honnête famille à Châtillon sur Seine. George d'Armagnac, évêque de Rhodez, qui devint cardinal, étant charmé de ses talens & de son esprit, l'emmena en Italie, lorsqu'il fut envoyé en ambassade à Venise. Filander profita de cette occasion pour aller à

---

(1) Petit bourg du territoire de Cosme, nommé vulgairement le Comasque.

Rome; il étudia l'architecture sous Serlio, & fut fait chanoine de Rhodez; il se rendit célèbre par son commentaire sur Vitruve, où l'on remarque une grande érudition : étant allé à Toulouse pour y voir son illustre Mecene, il y mourut. Parmi ses ouvrages posthumes, on distingue un traité sur la maniere de tailler, de scier & de polir le marbre, & sur la couleur des pierres précieuses : on y trouve encore une dissertation sur la peinture, sur la composition des couleurs & sur les ombres.

Pierre Ligorio, Napolitain, mort en 1580.

Cet artiste, qui étoit noble du siege de *Porta-Nuova*, ou de la Porte-Neuve, fut nommé architecte de l'église de S. Pierre de Rome, sous le pontificat de Paul IV. Les discussions continuelles qu'ils eurent avec Michel-Ange, engagerent ce pape à le priver de son emploi, quoiqu'il fût son compatriote. Pie IV le chargea des desseins du mausolée de Paul IV; on croit que le petit palais qui est dans les bosquets du jardin de Belvedere du Vatican, a été bâti par cet artiste; on lui attribue encore le plan du palais Lancelloti, sur la place Navone.

Pierre Ligorio étoit peintre & architecte ; il peignit plusieurs ornemens en camayeux & en couleur jaune, qui imitoient parfaitement l'or. Cet artiste fut encore ingénieur d'Alphonse second, dernier duc de Ferrare, & répara par ses ordres, tous les dommages que les inondations du Pô avoient causés dans cette ville. Il y finit ses jours. Cet artiste s'appliqua particuliérement à l'étude des anciens monumens ; il les mesura presque tous, mais les dimensions qu'il leur attribue ne sont pas exactes ; les desseins qu'il en a faits de sa propre main, sont la plupart dans la bibliotheque du roi de Sardaigne à Turin.

Jacques Barozzio de Vignole, né en 1507, & mort en 1573.

Cet architecte célebre naquit à Vignole, terre du Modenois, où son pere, Clément Barozzio, gentilhomme Milanois, & son épouse, qui étoit Allemande, s'étoient retiré pour se soustraires aux horreurs de la guerre civile, qui déchiroit la ville de Milan, leur patrie. Jacques Barozzio s'appliqua de très-bonne heure à la peinture dans la ville de Bologne ; comme il n'y faisoit aucun progrès, il s'attacha à l'étude de la perspective, & trouva par le seul effort de son génie, les regles qu'il nous a tranfmifes dans le petit traité qu'il compofa fur cette matiere, & qui eft aujourd'hui entre les mains de tout le monde; notre artifte étudia en même temps l'architecture. Il s'apperçut bientôt qu'on ne poffédoit pas cette fcience pour en avoir lu les élémens, & pour avoir médité Vitruve, & fait quelques deffins; il réfolut d'aller à Rome pour confulter les véritables maîtres de l'art & les anciens monumens; il les mefura avec beaucoup d'exactitude, & les deffina plufieurs fois. Ces recherches donnerent lieu à fon traité des cinq ordres d'architecture, qui eft le premier ouvrage qu'on met entre les mains des jeunes artiftes. Pendant le tems que Vignole travailloit à cet ouvrage utile, il reprit le pinceau, pour fe procurer les moyens de fubfifter. Son gain étoit fi médiocre qu'il fe dégoûta pour toujours de la peinture. Il s'attacha à faire des deffins pour la nouvélle académie d'architecture établie à Rome.

Le Primatice étant venu de France, pour acheter des antiques, Vignole lui donna plufieurs deffins des anciens monumens, & alla à Paris avec lui; il y demeura deux ans, pendant lefquels il donna les plans de plufieurs édifices. Les guerres civiles qui furvinrent alors, empêcherent qu'ils ne fussent exécutés. Quelques personnes prétendent que le château de Chambord a été construit sur les desseins de cet artiste, mais elles se trompent très-grossierement : cette maison royale fut bâtie par un architecte de Blois, plusieurs années avant l'arrivée de Vignole en France ; c'est un mêlange informe de gothique & d'architecture grecque.

Vignole étant retourné à Bologne, donna un dessin pour la façade de l'église de saint Petrone, qui tenoit du gothique & du goût grec, pour mieux se lier avec l'intérieur de ce temple. Cette façade ne devoit avoir qu'un seul ordre, sans ornemens minutieux. Ce dessin mérita la préférence sur tous les autres. Il obtint les suffrages de Jules Romain, de Christophe Lombard, architecte de la cathédrale de Milan, malgré les intrigues des envieux, qui durerent pendant plus de deux ans. Vignole bâtit un palais magnifique pour le comte Isolani à Minerbio près de Bologne ; il conduisit dans cette ville la maison d'Achille Bocchi ; Il se vit obligé de la bâtir dans le goût le plus lourd, & d'y employer des bossages les plus désagréables, principalement dans les colonnes qui flanquent la principale partie. Telle fut la volonté du maître. Notre artiste eut ensuite l'avantage

vantage de déployer tous ses talens dans la façade de la bourse. Cet édifice peut être regardé comme une des ailes de l'église de S. Petrone. Quoique Vignole fût obligé de conserver la hauteur du vieux portique, deux passages & une foule de petites fenêtres qui donnent sur la place, il trouva le moyen de faire un si beau bâtiment, qu'il semble être d'un seul jet. Cet édifice paroîtroit encore plus noble, si l'on eût élevé deux petites tours sur les arcades qui passent sur les rues, comme l'indiquoit le dessin. L'ouvrage le plus utile que Vignole fit à Bologne, est, sans contredit, le canal del Navilio, qu'il acheva & conduisit jusqu'à la ville, dont il étoit jadis éloigné de plus de trois milles, ou une lieue de France. Notre artiste ayant été mal récompensé de ce travail, il se retira à Plaisance, où il donna le plan du palais ducal; il en jetta les fondemens, & laissa la conduite de cet édifice à son fils Jacinthe.

On ignore le temps précis où Vignole bâtit les églises de Massano, de saint Oreste, de Notre-Dame des anges à Assise, & la belle chapelle de saint François à Pérouse, de même qu'un grand nombre d'édifices répandus dans les différentes parties de l'Italie.

Notre architecte étant retourné à Rome
Tome II. B

pour la feconde fois, Georges Vafari le préfenta à Jules III ; ce Pape avoit connu Vignole à Bologne, pendant qu'il y étoit légat : il le nomma fon architecte, & lui confia la direction de l'eau de Trevi ; il lui fit conftruire, hors de la porte du peuple, une ville ou maifon de campagne, que l'on nomme aujourd'hui *papa giulio*. Vignole la décora avec de belles fontaines. A peu de diftance de cette ville, fur la voie flaminiene, cet artifte bâtit un petit temple dans le goût antique que l'on appelle l'églife de faint André de *Ponte-Molle*. Ce monument eft très-eftimé ; on le propofe ordinairement pour modele à tous les jeunes gens qui étudient l'architecture, fans les prévenir fur fes défauts ; fon plan eft un rectangle ; fes murs font ornés de pilaftres corinthiens, fans piédeftaux, & ce qu'il y a de mieux, fans corniches. On voit au fond de cette églife, en face de la porte, le principal autel qui eft dans un enfoncement. Jufqu'ici regne une noble fimplicité ; on ne doit point s'attacher aux niches qui font à côté du grand autel, & dans les murs qui forment les grands côtés du rectangle, de même qu'aux impoftes de ces niches, qui vont heurter les pilaftres. Au-deffus de l'architrave que portent ces derniers, on voit quatre com partimens en voussure (1), qui sont difformes à cause de leur irrégularité. Si Vignole les eût supprimés, on auroit vu à leur place, une attique élégante. C'est au-dessus de cette partie du temple, que s'éleve une petite coupole elliptique : on croiroit que notre artiste s'est repenti d'avoir supprimé la corniche au-dessus des pilastres, puisqu'il l'a mise aussi-tôt à l'imposte de la calotte, sans faire grace des modillons & du larmier, qui n'ont aucun rapport avec ce qui doit se trouver dans l'intérieur d'un édifice. La calotte de ce petit temple a pour contre-forts trois grandes marches ou gradins, à l'imitation du pantheon. Vignole auroit pu se dispenser de suivre cet exemple, parce que les contreforts de cette nature contribuent peu à la solidité de la coupole, & ne servent qu'à lui donner un air lourd & pesant. La façade de cette église, qui est décorée avec des pilastres corinthiens, se lie très-bien avec l'intérieur ; la porte est d'une noble simplicité, mais le fronton est inutile ; les fenêtres qui sont aux deux côtés de la porte, en guise de niches, sont d'une très-bonne proportion ; mais les ornemens qui se trouvent entre les

---

(1) On appelle ainsi ces portions de voûtes qui servent de bases aux plafonds, & toute sorte de courbure en forme de voûte.

B ij

chapiteaux des pilaſtres, ſont de mauvais goût. La hauteur de l'attique & de la coupole eſt preſque double de celle de la façade, ce qui eſt contre les bonnes proportions. On eſt étonné de trouver tant de défauts dans un petit monument, bâti à l'exemple de ce que les anciens ont conſtruit de plus parfait. On prodigue facilement les louanges ; mais il eſt encore plus difficile de bâtir avec une certaine pureté.

Vignole répara le mieux qu'il lui fut poſſible, pour les comtes de Monti, ce palais, qui paſſa dans la ſuite aux grands ducs de Toſcane, que l'on nomme communément le palais de Florence. Cet artiſte jetta les fondemens d'un autre édifice, pour les mêmes comtes Monti, vis-à-vis le palais de la maiſon Borgheſe ; mais il eſt reſté un peu plus haut que ſes fondations, & n'a point été achevé.

Le cardinal Alexandre Farneſe, qui eut toujours beaucoup d'eſtime pour Vignole, le chargea de conſtruire cette partie du palais qui porte ſon nom, où ſe trouve la fameuſe galerie, peinte par les Caraches. Notre architecte fit encore, par ſes ordres, pluſieurs deſſins pour la décoration des portes, des fenêtres & des cheminées. Le même cardinal, qui étoit vice-chancelier, ordonna encore à Vignole, de faire cette belle porte corinthienne de l'églife faint Laurent & S. Damafe; on y critique les modillons, quoiqu'ils foient très-biens compofés : en effet, ils repréfentent les têtes des folives qui ne peuvent être placées dans l'endroit où les a mifes cet architecte. Cette belle porte ne fe lie point avec la façade, & fert à faire connoître la grande différence qui fe trouve entre les talens de Vignole & de Bramante. La porte dorique, dont notre architecte donna le deffin, pour le palais de la chancellerie, & qui ne fut pas exécutée, a quelque chofe de lourd, joint à beaucoup d'incorrection. Quoique la grande porte ruftique, que Vignole a fait conftruire à Campo Vaccino, pour les jardins Farnefes, foit très-bien entendue, & d'une belle proportion, l'attique qui eft au-deffus, où l'on voit des cariatides, eft trop élevée; le fronton brifé qui la termine, paroît fi bizarre, qu'on a peine à croire que notre architecte en ait donné les deffins. La décoration extérieure de la porte du Peuple, que plufieurs perfonnes attribuent à Michel-Ange, & d'autres à Vignole, eft d'une affez bonne architecture. Les quatre colonnes de marbre qui la décorent, font trop petites, parce que les piédeftaux font trop élevés. On les a placés; *per fca-*

millos impares; c'eſt-à-dire, qu'ils ſont chacun un reſſaut qui produit un mauvais effet. L'ouverture eſt d'une proportion médiocre ; les colonnes ſemblent n'être comptées pour rien, & l'attique qu'elles ſupportent eſt trop élevée, ayant plus d'un tiers de l'ordre pour hauteur : la friſe eſt d'une bonne proportion, & bien diviſée par les métopes & par les triglyphes. Le cardinal dont on vient de parler, qui étoit très-zélé pour les jéſuites, dont le pape Paul III, ſon oncle, venoit d'approuver de nouveau l'inſtitut, voulut leur bâtir avec la plus grande magnificence l'égliſe que l'on nomme le *Jeſu*. Notre architecte fut chargé d'en faire les plans ; il en fit une croix latine, dont le fond ſe termine en demi-cercle ; ſa longueur eſt de 216 pieds de roi ; la largeur de la croiſée eſt de 104 pieds, & celle de la grande nef de 115 ; les chapelles ſont enfoncées. On pratiqua des tribunes au-deſſus, qui furent goûtées de tout le monde, à cauſe de leur nouveauté. Vignole jetta les fondemens de cette égliſe en 1568, mais il ne put conduire cet édifice que juſqu'à la corniche ; il employa toute l'application dont il étoit capable, pour que les profils fuſſent élegants, & que les moulures des entablemens fuſſent ſagement distribuées. Notre architecte n'acheva point ce bel édifice ; il fut remplacé par Jacques de la Porte, comme on le verra par la suite. Ce dernier architecte altéra le premier plan, & fit beaucoup de changemens. Il n'est aucun édifice bâti par Vignole, tels que l'église des Palefreniers, l'oratoire de saint Marcel, la chapelle Ricci, dans l'église de sainte Catherine *dei funari*, le mausolée du cardinal Ranuccio Farnese à saint Jean de Latran, & plusieurs autres édifices construits par cet artiste fameux, soit à Rome, soit aux environs, qu'on puisse comparer au palais de Caprarole. On peut le regarder comme le chef-d'œuvre de notre architecte, soit pour sa grandeur, soit pour sa magnificence. Le cardinal Alexandre Farnese eut envie de choisir un endroit solitaire à 30 milles (ou 10 lieues de France) de Rome, du côté de Viterbe, dont le terrein fut stérile & montagneux. Cet édifice est situé sur le sommet d'une colline environnée de précipices, & placée à l'entrée d'une gorge. Cette position singuliere offre au spectateur un amphithéatre très-agréable ; plusieurs cours à la droite & à la gauche, desquelles sont les écuries & les cuisines, annoncent le palais qui est bâti dans l'endroit le plus élevé. La forme

B iv

pentagone, flanquée de cinq baſtions, imite celle d'une forterefſe, & ce mêlange de l'architecture militaire avec la civile, donne une air de grandeur & de majeſté au tout enſemble. Tous les détails de la décoration ſont conformes aux regles les plus exactes de la bonne architecture, & la diſtribution du plan eſt une des plus commodes & des plus ingénieuſes. Indépendamment d'une grande galerie, & d'un bel eſcalier en limaçon, qui occupent un des côtés de ce polygogne, on trouve quatre appartemens complets à chaque étage. Un portique circulaire qui regne autour d'une grande cour de même forme, qui eſt au centre du palais, fournit le moyen d'entrer dans chacun d'eux, ſans être obligé d'en traverſer d'autres. Quoique cet édifice ne ſoit pas d'une étendue bien conſidérable, les parties en ſont ſi bien liées, qu'il renferme un grand nombre d'appartemens & beaucoup de commodités. La beauté des peintures répond à la ſageſſe de l'architecture ; elles ſont en général très-ingénieuſes, & les murs de preſque toutes les chambres en ſont couverts. Annibal Caro, l'un des plus beaux eſprits de ſon ſiecle, dirigea le pinceau des fameux Zuccari qui y furent employés. Ils ont repréſenté dans la grande ſalle les plus belles actions de l'illustre maison Farnese ; presque toutes les chambres ont leur nom particulier : les unes sont consacrées au sommeil, les autres au silence, à la solitude, certaines aux vertus & aux saisons qui y sont représentées avec tous leurs attributs. Toutes les perspectives ont été peintes par Vignole, qui réussissoit dans ce genre de peinture, & qui avouoit que cette science lui avoit facilité l'étude de l'architecture. Lorsque monseigneur Barbaro, fameux prélat, vit le palais de Caprarole, pour la premiere fois, il ne put s'empêcher de convenir que ce beau lieu étoit au-dessus de sa réputation. Vignole fut nommé architecte de l'église de saint Pierre, après la mort de Michel-Ange ; c'est lui qui fit construire les deux coupoles latérales, dont la forme est si élégante.

Le baron Berardino Martirani, étant venu d'Espagne en Italie, pour ramasser des plans pour le célebre palais de l'Escurial, en recueillit vingt-deux, parmi lesquels on en voyoit de Galeas Alessi, de Pellegrino Tibaldi, d'André Palladio, de l'académie de dessin de Florence, indépendamment de ceux que le grand duc Côme de Médicis fit faire à Dante Perugin, qu'il fit parvenir directement au roi d'Espagne. Ce seigneur les communiqua

B. v.

tous à Vignole, qui choisit, avec beaucoup de discernement, tout ce qu'il y avoit de bon dans chacun de ces projets, qui avoient été faits par les plus fameux artistes de son temps; il joignit à cet heureux choix ses propres pensées, & en fit un mélange si beau, que l'on dit hardiment qu'on ne pourroit rien faire de mieux dans ce genre. Philippe II choisit le dessin de Vignole, & invita cet artiste à venir en Espagne, pour le faire exécuter. Son âge avancé, & l'amour qu'il avoit pour Rome, l'empêcherent de faire un si long voyage.

Le pape Gregoire XIII chargea notre artiste de terminer les différends qui s'étoient élevés entre lui & le grand-duc de Toscane, pour les limites de leurs états, du côté de la ville de Castello. Vignole remplit sa commission en homme juste & éclairé. A peine fut-il arrivé à Rome qu'il y mourut, à l'age de 66 ans. Son corps fut porté en pompe à la rotonde, par les académiciens du dessin. Il étoit bien juste, selon la réflexion de Daviler, que le plus grand partisan de l'architecture ancienne, fût enterré dans ce beau monument de l'antiquité; mais si nous joignons notre opinion à celle de cet architecte, nous dirons qu'il est bien injuste, qu'en entrant dans le pantheon, on n'y apperçoive pas le mausolée de ce grand homme.

Vignole étoit d'une humeur gaie & très-sincere ; il étoit toujours disposé à rendre service, & doué d'une patience singuliere. L'architecture lui a des obligations éternelles : c'est lui qui l'a réduite en système, & qui a fixé ses regles. Cet artiste entendoit très-bien la commodité des distributions, le méchanisme de la construction ; son génie étoit fécond, & sa maniere de décorer très-agréable. Ses profils paroissent meilleurs vers la fin de sa carriere. S'il eût eu un peu plus de philosophie, il eût franchi le pas qui lui restoit à faire pour passer du beau à la perfection ; il auroit épuré l'architecture de tous les abus dans lesquels il est tombé avec ses contemporains & les anciens ; mais le siecle de la philosophie n'étoit pas encore arrivé.

George Vasari, d'Arezzo, né en 1512, & mort en 1574.

Il fut en même tems bon peintre & bon architecte ; il étoit très-lié avec Michel-Ange Buonarotti & tous les gens de lettres de son tems. Cet artiste veilla, conjointement avec plusieurs autres, à la construction du palais que Jules III. fit

B vj

bâtir près de Rome hors de la porte du peuple, dans le voisinage de l'arc, appellé *Scauro*. Si l'on jette un coup-d'œil sur cet édifice, pour en examiner tous les détails séparément, on verra que cet architecte n'avoit pas beaucoup de correction ; mais on ne peut nier que le tout ensemble ne soit très-élégant. Les défauts qui se trouvent dans la décoration intérieure prouvent que notre architecte a été obligé de déférer à la volonté de ceux qui l'employoient, ce qui n'est que trop commun. Ce lieu de délices est actuellement presque ruiné. Si l'on dit que les Barbares ont renversé les édifices superbes de Rome ancienne, on n'a qu'à parcourir Rome moderne & ses environs, on verra en ruine les monumens construits il y a deux ou trois siecles, & qui étoient l'objet de l'admiration de tout le monde.

Le Vasari bâtit plusieurs édifices en différens endroits. Il construisit à Pise le palais, & l'église des chevaliers de saint Etienne, & à Pistoya, la belle coupole de Notre-Dame de l'Humilité. Cet artiste eut beaucoup de peine à tirer quelque parti du vieux palais de Florence. Il changea l'escalier, décora les salles & les appartemens, & fit enfin construire le long corridor qui passe sur un pont &

qui conduit au palais Pitti. Le plus beau des édifices bâti par cet architecte, & en même tems l'un des meilleurs de Florence, est sans contredit le palais des Offices (espece de palais où l'on rend la justice). La façade est décorée avec des portiques formés par des arcs alternativement ceintrés & voûtés en platebandes, qui sont soutenus d'un côté par des colonnes isolées & accouplées, & de l'autre, par de grands pilastres, avec des niches entr'eux. On voit au dessus de l'entablement de ce portique, qui est d'ordre dorique, avec une frise lisse & des denticules à la corniche, une attique très-élevée. Il se trouve au dessus un appartement, entre les fenêtres duquel sont de petits œils-de-bœuf. On aura de la peine à justifier cette idée au tribunal des véritables connoisseurs.

La vie des peintres est l'ouvrage qui a le plus contribué à la réputation de Vasari. On peut dire que l'histoire des arts & de ceux qui les ont exercés avec distinction, nous seroit absolument inconnue, sans cet historien. Ces différentes vies ont été derniérement données au public, avec beaucoup de notes, par un habile homme. Je pense qu'il eût beaucoup mieux fait de réduire l'ouvrage de Vasari à ce qu'il contenoit d'intile & d'essentiel, pour n'en faire qu'un volume au lieu des trois gros *in-*4°. qu'il nous a donnés ; on l'eût tenu quitte de tous les rebus & autres propos qui caractérisent le mauvais goût du siecle où ils ont été dits, & la *loquacité* des Toscans. On ne peut se refuser d'admirer cet homme d'esprit, qui étoit parvenu à se faire une biliotheque choisie & nombreuse, quoique peu considérable au seul coup-d'œil. Il avoit eu le courage de déchirer les trois ou quatre pages d'un livre où se trouvoient les meilleurs choses, & jettoit le reste au feu. On peut donc dire que le meilleur ouvrage sera celui qu'on ne pourra pas abréger.

Le livre du Vasari réunit encore le grand avantage de faire connoître l'état des arts & leurs progrès. Il semble que ceux qui l'ont suivi, sur-tout les Italiens, se sont écartés de ses principes ; & qu'en écrivant la vie des artistes, ces historiens se sont attachés à entasser des superlatifs pour louer les héros & leurs productions. La meilleure maniere de louer les artistes célebres consiste dans l'exposition de leurs ouvrages. Lorsqu'on a fait connoître ce qu'ils ont fait de plus remarquable, on peut donner une idée de leur caractere, les suivre dans leurs études & examiner la route qu'ils ont tenue.

C'est ainsi qu'on ne travaille pas seulement pour la gloire, mais encore l'histoire de leur vie devient une leçon utile aux lecteurs, sur-tout aux jeunes artistes.

Le Vasari a encore composé un ouvrage très-rare & très-utile aux peintres, intitulé : *Réflexions sur les sujets allégoriques, peints par cet artiste*.

Pierre de Wit, Flamand, surnommé Leblanc.

Cet artiste naquit à Bruges dans la Flandre autrichienne, & alla en Italie pour y apprendre à dessiner. Il y prit le surnom de Leblanc, parce que son nom flamand signifioit la même chose. Pierre de Wit étudia à Florence, à l'école du Vasari, & surpassa bientôt son maître pour le dessin & pour la couleur. Il conserva cependant un peu de cette sécheresse qui semble particuliere à l'école Florentine.

Leblanc ou Pierre de Wit fut non seulement bon peintre, mais encore habile sculpteur & architecte. Le duc Albert V de Baviere le fit venir à Munich; & le duc Maximilien, son neveu, l'employa à bâtir le grand palais électoral, qui est un édifice immense, que l'électeur fit bâtir au commencement du siecle passé. Ce prince voulut en être le principal architecte. On croit pourtant que Pierre de

Wit eut beaucoup de part à tous les plans. Il est certain que la décoration intérieure lui fut confiée. L'escalier est un chef-d'œuvre d'architecture, mais il faut le chercher aujourd'hui, parce qu'on en a changé l'entrée.

Un des autres ouvrages de cet artiste, qui lui fait beaucoup d'honneur, c'est le mausolée de l'empereur Louis de Baviere, qui est dans l'église de Notre-Dame à Munich, & qui ne seroit pas déplacé dans l'église de S. Pierre de Rome. On voit aux quatre angles de ce monument quatre figures colossales, représentant des soldats armés de leurs lances, & tenant les étendards & les attributs de l'empire. Plusieurs autres statues de bronze concourent encore à la décoration de ce mausolée. L'église de Notre-Dame, dont on vient de parler, est un de ces édifices gothiques du quinzieme siecle, qui nous prouve clairement que ce n'est point la grandeur qui donne seule un air de magnificence aux temples, & que les ornements ne peuvent que les embellir. Cette église a un air de majesté, & inspire le respect sans avoir aucune décoration. On voit au milieu du pavé qui est de marbre, l'empreinte du pied d'un homme, d'où l'on ne voit aucune fenêtre, quoiqu'il y en ait un très-grand nombre auſſi hautes que celles de la nef. Ce ſiecle, qui fut celui des anagrammes, des allégories & autres puérilités, produiſit encore ces délires en architecture.

André Palladio, de Vicence, né en 1508, *& mort en* 1580.

Cet homme célebre s'appliqua, dès les premieres années de ſa jeuneſſe, à l'étude de l'architecture, qu'il fit précéder par celle des belles-lettres & de la géométrie. Il s'attacha ſinguliérement à méditer les ouvrages de Vitruve & d'Alberti.

Le fameux Jean-Georges Triſſin ſon compatriote, lui ſervit de Mécene & le mena trois fois à Rome avec lui. Palladio profita de ces différents voyages pour meſurer tous les anciens édifices de cette ville & de ſes environs. On ne ſçauroit trop admirer la ſagacité avec laquelle il en concevoit les plans & toutes les reſſources de l'art, dont les anciens faiſoient un ſi grand uſage dans leurs bâtimens. Notre artiſte ne vit jamais d'édifices antiques, qu'il n'en examinât les fondemens, quelque dégradés qu'ils fuſſent. Il concevoit facilement le plan de tous les monumens, d'après les veſtiges qu'il en appercevoit.

Le premier ouvrage de Palladio fut

la réparation qu'il fit faire à Cricoli, maison de plaisance du Vicentin, qui appartenoit au Trissin. On y remarque en même temps une belle idée & une sorte d'économie dans l'exécution. Quelques personnes ont attribué le plan de cet édifice à son possesseur.

Palladio n'avoit encore que vingt-neuf ans lorsqu'on lui confia la conduite du palais de la ville d'Udine, que l'on nomme le château, dont Jean Fontana passe pour avoir été le premier architecte. Ce vaste édifice seroit digne d'être habité par un souverain, s'il étoit achevé. Notre artiste donna dans le même temps un dessein, pour environner de nouveaux portiques la salle de la Raison (de la justice) de Vicence, pour laquelle on avoit consulté Jules Romain. Il fit même le modele de son projet. Cet édifice, qui coûta beaucoup de temps & de soins à Palladio, n'est autre chose qu'un grand portique qui environne de tous côtés la basilique ou le palais de la Raison de Vicence. Il est entierement bâti avec des pierres choisies. Le premier étage est d'ordre dorique; le second, d'ordre ionique. L'un & l'autre sont ornés avec des arcades, des colonnes, & de leurs entablemens qui sont de la meilleure proportion. L'ordre dorique a ses colonnes posées sur le pavé de la place. La plinthe de leur base continue sert elle-même de gradin pour monter au portique. Le second ordre a ses colonnes placées sur un piédestal, où elles font un très-bel effet. Au-dessus de l'entablement, s'éleve une attique ornée de statues avec des fenêtres quarrées. La cour est environnée de portiques, dont les colonnes qui sont d'ordre composite, sont aussi hautes que les deux étages pris ensemble. On voit derriere elles des pilastres qui soutiennent les galeries supérieures. L'escalier est placé sous le portique qui répond au milieu de la cour. Palladio le disposa de cette maniere, afin que ceux qui entreroient dans cet édifice, fussent obligés d'en voir la plus belle partie, qui est la cour dont on vient de parler. Il faut cependant avouer que cet escalier est un peu trop éloigné de la principale entrée, & que l'on est obligé de l'aller chercher.

Le palais Tienne, que Palladio bâtit à Vicence sur la place des seigneurs ou nobles, est un des plus beaux édifices que l'on connoisse, quoiqu'il ne soit pas entiérement achevé. On y admire également la distribution des chambres, dont celles des quatre angles de ce palais sont octogones, & la belle symmétrie qui regne dans la façade. Le premier étage est ruſtique, & le ſecond eſt d'ordre compoſite. On doit remarquer que les fenêtres du ſecond étage ſont décorées avec des colonnes ioniques, dont le fuſt eſt diviſé par des bandes ruſtiques. Il y a toute apparence que notre architecte ne s'eſt jamais permis cette licence que pour empêcher que l'élégance du ſecond étage ne fût trop éloignée de l'ordre qui regne au premier.

Notre architecte bâtit, pour la maiſon Foſcari, un palais ſur les bords de la riviere (la Brenta), près de la Malcontenta. Il plaça les offices & les ſalles pour les domeſtiques au rez-de-chauſſée, & deſtina les étages ſupérieurs pour le maître. On voit dans la façade de cet édifice, une magnifique galerie d'ordre ionique, où l'on monte par deux rampes très-nobles, qui aboutiſſent à ſes deux extrêmités. L'eſcalier intérieur qui répond à la galerie eſt en forme de croix. On trouve, à chaque bout, des chambres avec des mezzanines ou entreſolles au deſſus. Cette nouvelle idée & la beauté du plan rendirent ce palais célebre. Sa réputation s'eſt toujours ſoutenue.

Palladio bâtit à Feltri, petite ville de la Marche Tréviſane, le premier étage du palais public. Il y employa un ordre rustique, c'est-à-dire, des bossages. On y remarque cinq arcades d'une belle proportion. On ne travailla au second étage que plusieurs années après. Le soin en fut confié à un architecte médiocre, qui le rendit aussi défectueux, que celui sur lequel il est élevé a de noblesse & de majesté. Notre architecte construisit une porte de la ville de Bassano. C'est un arc majestueux, avec des bossages, qui est flanqué par des colonnes doriques, qui supportent un bel entablement, surmonté par un fronton décoré.

Les différens ouvrages dont on vient de parler, ayant contribué à répandre la réputation de Palladio jusques dans la ville de Venise, cet architecte y vint remplacer le Sansovin, qui étoit déjà vieux. Le monastere des chanoines de Lateran de la charité est le premier édifice qu'il bâtit dans cette ville. Il choisit pour modele une grande maison des anciens. Un beau vestibule, décoré par un ordre corinthien, sur lequel étoit un petit logement, formoit l'entrée du côté de l'église ; il avoit 56 pieds de long sur 40 de large & 35 de haut, à compter du rez-de-chaussée jusqu'aux toits, où l'on avoit pratiqué une grande ouverture quarrée pour donner de la lumiere ; elle étoit environnée par une balustrade qui embrassoit encore une belle terrasse qui répondoit au second étage. Deux galeries très-ornées répondoient aux deux côtés du vestibule ; c'est dans cet endroit que les anciens plaçoient les statues ou les bustes de leurs ancêtres. Palladio en changea la destination : l'une de ces galeries servoit de salle pour le chapitre, & l'autre de sacristie. Les chambres étoient sur les côtés, & l'on montoit aux deux étages par un escalier à vis, ouvert dans le milieu. On passoit du vestibule dans une grande cour environnée de portiques & de chambres. Après avoir traversé le chemin public, on alloit sous d'autres portiques, qui formoient un quarré, dans le milieu desquels on se proposoit de placer le réfectoire avec les cuisines, plusieurs autres commodités & un beau jardin. On avoit déja élevé le grand vestibule de cette somptueuse fabrique avec les deux galeries, l'escalier & une partie de la cour voisine, lorsqu'un incendie en détruisit la plus grande partie. Il ne resta sur pied qu'un des côtés de la premiere cour, une des galeries & l'escalier à vis. La galerie qui sert de sacristie est décorée de colonnes entremêlées avec des niches, & passe pour un chef-d'œuvre de l'art. Le côté de la cour, qui existe encore, est divisé en trois ordres, dont le premier est le dorique, dans la frise duquel on ne voit point de triglyphes; ils y sont remplacés par une suite de têtes de bœufs & de pateres, entremélées & liées avec art par des guirlandes & des bandelettes, qui forment des métopes continus. Palladio a jugé à propos de supprimer les triglyphes, parce que l'étage qui répond à la frise dont on vient de parler, est voûté, & n'est point séparé par un plancher, du rez-de-chauffée. Notre architecte n'a fait que la moitié du raisonnement, & sa logique est restée en défaut. S'il eût réfléchi davantage, il eût vu qu'une frise qui n'est composée que de métopes, ne sçauroit exister dans la nature, & qu'il ne l'a employé que comme un simple ornement. Le second ordre est ionique avec des arcades que l'on ne trouve pas assez sveltes (1) quand on les compare à celles qui sont au dessous. Le troisieme ordre est corinthien, avec des fenêtres quarrées. Tous les ornemens sont traités avec la plus grande délicatesse.

Palladio bâtit en même tems le réfectoire des religieux de S. Georges majeur. La voûte, l'entablement, les fenêtres & la porte sont de la plus belle propor-

_____

(1) Terme consacré dans les arts, qui veut dire dégagé.

tion, & donnent à cet édifice une grace & une majesté singuliere. Il construisit encore un beau vestibule, avec deux gouttieres de pierre de chaque côté entre deux colonnes corinthiennes. On voit en face un grand escalier, par lequel on descend communément dans le cloître. Le peristyle, qui est près de la porte du monastere, est encore du même architecte. Le premier ordre qui répond au portique, est composé d'arcades flanquées par des colonnes ioniques accouplées, & l'on voit de belles fenêtres au second ordre.

Notre artiste construisit ensuite l'église de saint George majeur, avec la façade qui est du côté de la petite place de saint Marc. Le plan est une croix latine avec trois nefs élevées de sept marches au dessus du sol. Une voûte en demi-cercle ou en plein ceintre, couvre les nefs, & dans le centre de la croisée, s'éleve sur quatre grands arcs une coupole majestueuse, bâtie en briques, dont l'extérieur est en charpente couverte de plomb. Des pilastres corinthiens avec leurs entablemens soutiennent les arcades des nefs latérales, & regnent dans tout l'intérieur de l'église, où ils se trouvent entremêlés avec des niches. La façade est décorée par un ordre composite sur un piédestal continu, qui entoure tout
l'édifice;

l'édifice ; elle est terminée par un fronton d'une grandeur proportionnée. On voit deux demi-frontons qui se joignent à celui-ci, en laissant un intervalle de quelques pieds entre leurs côtés inclinés, & qui indiquent les nefs latérales. L'unité & la simplicité des ornemens regnent dans tout cet édifice, & y produisent cette noblesse & cette majesté que l'on cherche en vain dans la plupart des églises. Les marbres sont si bien choisis & si bien assortis pour leur couleurs, qu'il en résulte un accord parfait. On remarque la même chose dans la chapelle des Strozzi, dans l'église saint André *della Valle* à Rome. Il est aujourd'hui d'usage de revêtir l'intérieur des temples avec des marbres, tels que les bréches violettes & les diaspres de Sicile, dont les couleurs sont très-éclatantes, & l'on ne fait pas attention que l'œil en est fatigué, & qu'il n'y a plus de repos dans la distribution des couleurs.

Palladio construisit la façade de l'église des récollets, qui est sous l'invocation de saint François de la Vigne, & qui avoit été bâtie par le Sansovin. Cet artiste avoit donné le dessin de la façade, mais on préféra celui de notre architecte; l'ordre corinthien y regne seul. Le soubassement est un piédestal continu, au dessus duquel s'élevent quatre colonnes d'un peu plus de la moitié de leur diametre au dessus du sol ; elles ont quarante pieds de haut, & soutiennent un riche entablement avec un fronton. La porte qui est ceintrée se trouve dans l'entre-colonnement du milieu ; elle est surmontée d'une fenêtre de la même forme, qui est divisée en trois parties par des platebandes perpendiculaires. On voit deux grandes niches dans les entrecolonnemens qui sont à chaque côté de la porte. Au milieu de ces entre-colonnemens, au dessus de la porte & des niches, regne un entablement d'un autre ordre plus petit, qui est également corinthien, Il embrasse les deux ailes de l'église, au dessus desquelles s'élevent deux demi-frontons, comme à l'église de saint George majeur. Cette façade, qui est si célebre parmi les artistes, est toute en pierre d'Istrie.

Le sénat de Venise ayant ordonné d'élever un temple dans un goût très-simple, à l'occasion de la peste qui fit de si grands ravages en 1576, Palladio bâtit pour cet événement l'église des capucins que l'on nomme le rédempteur, à la *Zuecca* (nom d'un quartier de Venise). Elle n'a qu'une seule nef longue de quatre-vingt-douze pieds & large de quarante-six, avec trois chapelles enfoncées de chaque côté, ayant une tribune au-dessus. On y voit une coupole majestueuse, derriere laquelle se trouve le chœur, avec deux sacristies de chaque côté, & deux clochers en forme de tour ronde, dans lesquels sont des escaliers à limaçon. Un grand ordre corinthien regne dans cette église, & l'on en trouve un plus petit du même genre qui soutient les arcs des chapelles, & dont la corniche architravée (1) fait le tour de ce temple entre les entrecolonnemens du grand ordre. Les autels sont très-beaux & d'une noble simplicité ; on en excepte le principal, qui est une de ces mauvaises productions du siecle dernier. La façade est d'un ordre composite très-riche, avec une porte ceintrée surmontée d'un fronton. On voit, sur le fronton de la porte, regner un entablement d'ordre corinthien qui contribue à la décoration des ailes de la façade, & qui forme des deux côtés deux demi-frontons qui viennent se joindre quelques pieds plus bas au grand fronton du milieu. Les trois églises, dont on vient de parler, ne sont pas sans défauts. On remarque entre autres, dans celle du Rédempteur, une attique avec des acroteres, qui s'éleve au-dessus du

---

(1) C'est un entablement dont on a supprimé la frise, soit par économie, soit pour quelqu'autre raison.

C ij

fronton, & qui semble être à cheval dessus, comme dans les anciens monumens. On ne peut nier en même tems que l'escalier, composé de seize marches qu'on est obligé de monter avant de parvenir à cette église, ne lui donne beaucoup de majesté.

Palladio donna le dessin de l'église des orphelines (*delle Zitelle*) qui est dans le voisinage de celle du Rédempteur. C'est un quarré parfait taillé à pans, coupé dans les angles, c'est-à-dire, dont les angles sont abattus, ce qui présente un octogone à la vue. Elle est couverte par une coupole qui détermina l'architecte à abatre les angles, pour éviter les portes-à-faux. Il étoit inutile d'employer deux ordres à la décoration de cette façade. Le premier répond à celui qui regne dans l'intérieur de l'église. Palladio bâtit encore l'église de sainte Lucie.

Cet architecte célebre fit ensuite quelques réparations au palais ducal de Venise, & auroit sûrement tiré un parti très-avantageux des salles du grand conseil qui furent brûlées, si l'on eût suivi son conseil, qui étoit de faire un nouvel édifice.

Palladio érigea un arc de triomphe dans le goût de celui de Septime Severe, lorsque Henri III, qui venoit d'abandonner la couronne de Pologne pour aller regner en France, arriva à Venise. Il donna encore le plan d'une galerie décorée de dix colonnes corinthiennes & flanquées de pilastres, qu'on acheva, pour que le prince vît plus commodément les fêtes que lui donnoit la république (1).

Le plus beau monument, dont Palladio ait décoré la ville de Venise, est sans contredit le pont de Rialto, dont on voit le dessin dans ses ouvrages sur l'architecture. Les guerres malheureuses que la république étoit obligée pour lors de soutenir, en empêcherent l'exécution. On ne construisit pas également à Bassano sur la Brenta le pont de pierre, dont notre artiste donna le dessin ; on en fit un de bois, dont la coupe est très-ingénieuse, & qui est de l'invention du même architecte.

Palladio bâtit dans la ville, ou vigne de Masser dans le Trevisan, un magnifique palais pour Marc-Antoine Barbaro, frere du célebre monsignor Daniel, patriarche d'Aquilée, qui a traduit & commenté Vitruve. Ce palais a une grande salle en forme de croix, avec des galeries,

---

(1) L'histoire nous apprend que l'on construisit un vaisseau sous les yeux de ce prince dans une après dînée, & qu'il le vit mettre à la voile.

des chambres & des portiques de chaque côté. Le rez-de-chauffée de la porte de derriere de ce palais répond au pied de la colline, d'où fort une fontaine qui forme d'abord un petit lac, & qui fe répand enfuite pour différens ufages agréables & utiles. La principale façade eft décorée d'un bel ordre ionique. On y voit trois arcades d'une belle proportion. Les chapiteaux angulaires font à deux faces, comme ceux du temple de la Fortune virile à Rome, que l'on nomme aujourd'hui l'églife de fainte Marie Egyptienne. Palladio en employa toujours de pareils, dans les angles de tous fes édifices ioniques. On trouve en face de la grande porte du jardin une place en forme de demi cercle, au centre de laquelle s'éleve un jet d'eau qui fort d'un vafe qui reffemble beaucoup à la fontaine que le pape Jules III fit faire dans fa maifon de campagne près de Rome, hors de la porte du peuple. On voit, dans le voifinage du palais dont on vient de parler, un temple rond d'environ trente-cinq pieds de diametre, avec un portique où l'on monte par un grand efcalier décoré de quatre colonnes corinthiennes & de deux pilaftres qui forment par conféquent cinq entrecolonnemens. On trouve deux arcades à fes extrêmités. L'entablement qui foutient le fronton n'est porté que par les colonnes. Les chapiteaux de ces dernieres sont de terre cuite travaillée en feuilles d'olives, & l'on voit pendre de leur abaque ou tailloir des fleurs ou des guirlandes, qui font un très-bel effet. La porte, qui est plus étroite par le haut, selon l'usage des anciens, par laquelle on entre dans l'église, se trouve dans l'entrecolonnement du milieu. La circonférence intérieure de cette rotonde est divisée en huit parties égales par un pareil nombre de colonnes corinthiennes. Quatre de ces intervalles sont occupés par des arcades qui servent d'entrée à autant d'enfoncemens, dont trois sont remplis par des autels, & le quatrieme est destiné pour servir de tambour à la porte d'entrée. Les quatre autres espaces sont occupés par autant de tabernacles bien décorés. Une coupole de brique, surmontée par une lanterne, couvre toute l'église. Derriere le grand autel, qui est en face de la porte, on trouve deux petites sacristies, avec deux escaliers en limaçon. Cette église est un petit modele du pantheon, où l'on voit les mêmes beautés & les mêmes défauts, tels que les arcades qui suivent la courbure des murs, contre lesquels elles sont placées; enfin les cornices dans l'intérieur, contre la destination de cette partie essentielle des ordres d'architecture.

Palladio donna le dessin d'un cassin ou petite maison de campagne, que les Trissins firent bâtir sur une colline à Meledo dans le Vicentin. Cet édifice ne fut point achevé. Notre architecte construisit encore, pour François Pisani, noble Venitien, un beau palais à Montagnana, avec une porte avancée. On ignore les beautés que contenoit le dessin que Palladio fit pour l'escurial, il est à présumer qu'il se surpassa lui-même.

Le même artiste donna quatre dessins pour la façade de l'église de saint Petrone à Bologne, dont l'un avoit trois ordres, deux avec un seul ordre corinthien ayant des piédestaux, & un attique au-dessus. Le quatrieme étoit un mélange de gothique, ou de tudesque, avec le goût romain ou grec. Le gothique regne dans le premier ordre, & un beau corinthien dans le second avec un fronton au-dessus. On attribue communément à Palladio le beau vestibule & la façade septentrionale du palais Ruini, qui appartient aujourd'hui à la maison Ranucci à Bologne.

Notre artiste fut appellé en Piémont, où il bâtit l'ancien parc royal, qui est aujourd'hui ruiné en grande partie. Il fut encore mandé à Trente, pour y rebâtir un palais; & il travailla beaucoup à Bresse à la cathédrale & au palais où l'on rend la juſtice.

Le palais des comtes Valmarana à Vicence fut entiérement achevé par Palladio. La façade eſt décorée de deux ordres de pilaſtres qui ſont chacun ſur des piédeſtaux continus, dont l'une atteint juſques à l'appui des fenêtres du rez-de-chauſſée. Les plus grands pilaſtres ſont d'ordre compoſite, & comprennent deux étages. Les petits pilaſtres, qui ſont corinthiens, ne montent qu'au premier étage, & ont leur entablement complet. Au-deſſus de l'ordre compoſite, s'éleve une attique, dont les fenêtres ſont quarrées, & dont la partie ſupérieure eſt ornée de ſtatues. On peut voir facilement que la combinaiſon de ces grands pilaſtres, avec de plus petits qui paroiſſent tous ſur le même plan, & ces entablemens coupés par les grands pilaſtres, ne ſont pas d'un goût bien épuré; ce qu'il y a de plus défectueux dans cette façade, c'eſt qu'à ſes deux extrêmités, les pilaſtres corinthiens ne vont que juſques au premier étage, & qu'il y a deux figures de ſoldats adoſſés contre le mur au ſecond.

Palladio bâtit dans ſa patrie, où il avoit ſa femme & ſes enfans, une maiſon pour

C v

lui, qui etoit très-bien diftribuée, & décorée extérieurement par un ordre ionique & un ordre corinthien. avec un attique au-deffus ; les murs étoient peints à frefque.

Le palais des comtes Chiericati, fur la place de Vicence qui eft de Palladio, eft compofé de deux étages, dont le premier eft décoré d'un ordre dorique & le fecond d'un ordre ionique. On voit regner fous le premier ordre un foubaffement qui environne tout l'édifice ; le rez-de-chauffée de la façade eft formé par une galerie de treize entrecolonnemens, dont les fept du milieu font une petite faillie , & ont devant eux un efcalier très-majeftueux, compofé de dix marches. Cette galerie ne devoit avoir qu'un fimple plafond, au lieu de la voûte que l'on y voit aujourd'hui ; c'eft la raifon pour laquelle la frife eft ornée de métopes & de triglyphes. Les fenêtres du fecond étage font décorées avec des frontons , qui foutiennent des figures couchées. On voit encore au deffus d'elles un autre rang de fenêtres avec des entablemens. On remarque enfin dans l'intérieur de ce palais plufieurs portes plus étroites par le haut que par le bas , felon le ftyle des anciens.

Le palais Barbarano , dans la même

ville de Vicence, & ceux de Caldogno, de Pioveni & de Shio, ont été bâtis par le même architecte. On voit aux environs de Vicence, sur une colline très-agréable, la fameuse rotonde de Capra; elle est ainsi nommée, parce que Palladio plaça une salle circulaire au milieu de l'édifice. On y trouve quatre galeries qui répondent aux quatre faces, avec des escaliers majestueux : il y a encore beaucoup de chambres qui forment quatre appartemens séparés & très-commodes.

On voit à Padoue, dans le fauxbourg de sainte Croix, un palais bâti par Palladio, où l'on admire comment cet artiste a pu se ménager tant de commodités dans un si petit espace. L'escalier qu'on trouve en face conduit à une petite terrasse environnée d'une balustrade ; on remarque dans cet édifice un sallon, des chambres, une petite chapelle avec des appartemens au dessus, & des offices ou cuisines au dessous. L'extérieur de ce petit palais est si bien décoré qu'on le prendroit pour un temple. Palladio a bâti un grand nombre de beaux édifices dans les états de la république de Venise, dont la plupart méritent l'attention des connoisseurs, & sur-tout des jeunes architectes. Tel est le palais qui est à Stra,

C vj

qui appartient à la maison Bernardo ; celui della Frata, dans le Polesin, qui est à la famille Baldoero; un palais à Fanzuolo, dans le Trevisan, à la famille Emo : enfin le palais de la maison Zeno, qui est est à la Motta, dans le Frioul.

 Palladio avoit construit deux petits théatres en bois dans le goût antique, l'un à Vérone & l'autre à Venise, pour y représenter différens spectacles, lorsque quelques troupes de comédiens passoient par ces deux villes. L'académie olympique de Vicence, dont il étoit membre, & l'un de ses premiers fondateurs, le pria d'en bâtir un à demeure. Notre architecte lui donna une forme singuliere, & fit non-seulement l'ornement de la ville de Vicence, mais encore celui de toute l'Italie. Ce monument est le célebre théatre olympique, bâti dans le goût de ceux des anciens, avec cette seule différence que son plan est une demi-ellipse, au lieu d'un demi-cercle. Palladio fut obligé d'adopter cette figure malgré lui, parce qu'il étoit gêné par le terrein. La scene est à demeure, & toute bâtie en pierre; on y voit trois ordres d'architecture, dont les deux premiers sont corinthiens, & le troisieme attique ; les uns & les autres sont décorés avec beaucoup de richesse. Cette scene, ou plutôt ces décorations en relief forment un carrefour (1) composé de trois rues qui aboutissent à la même place, & on y remarque encore deux sorties de chaque côté. Les édifices qui bordent ces différentes rues sont tous en perspective, c'est-à-dire que les premiers sont plus grands que les derniers, & que les lignes des toits & des fenêtres sont inclinées pour se réunir au point de vue, si elles étoient prolongées. L'orchestre, le podium ou le parterre & les gradins, qui font face à la scene, répondent exactement aux théatres des anciens. Au dessus de ces gradins est une gallerie, dont la courbure suit le plan de la salle, & dont l'entablement est chargé des statues des grands hommes de l'antiquité. Ce théatre fut achevé par Scamozzi, c'est pourquoi l'on ne voit point dans l'architecture représentée dans les décorations cette élegance qui caractérise les ouvrages de Palladio, de même que cette proportion entre les pleins & les vuides,

---

(1) Les anciens supposoient pour l'ordinaire que l'action de leur comédie se passoit dans un carrefour *in Trivio*. Lorsqu'un acteur vouloit parler sans être entendu de ceux qui étoient en scene, il se retiroit dans l'une des rues qui formoient le carrefour. La vraisemblance étoit moins choquée que chez nous, où le spectateur, qui est à dix toises de l'acteur, entend ce que son confrere, qui en est à demi-pied, est censé ne pas entendre.

& le rapport qu'il doit y avoir entre les parties lisses & celles qui sont décorées. On y trouve au contraire quelque chose de lourd, & ce bizarre accouplement d'une foule de membres d'architecture dont on accuse Scamozzi. On voit, au dessus du theatre dont on vient de parler, une longue table au dessus de l'avant-scene, sur laquelle on lit l'inscription suivante :

Olimpicorum academia theatrum hoc à fundamentis erexit.

Anno MDLXXXIII. Palladio architecto.

L'académie olimpique a fait construire ce théatre en 1583, & en confia l'exécution à l'architecte Palladio.

Le comte Jerôme Montanari a fait une ample description de ce théatre. Il s'est élevé dans ces derniers tems une question par rapport à ce monument. On demanda si ce théatre devoit être couvert ou découvert ; cette question exerça tous les sçavans de Verone & d'Italie, & j'ignore si elle a été résolue. M. Algarotti décida qu'il devoit être découvert, selon l'usage des anciens, que l'on avoit pris en tout pour modeles.

On attribue encore à Palladio le fameux théatre de Parme, où le Bernin mit la derniere main, selon la tradition. La platée, ou le lieu de la fcene, qui eft ovale, eft environné de gradins, au-deffus defquels s'élevent deux rangs de loges qui forment autant de galeries, dont la premiere eft d'ordre dorique & la feconde d'ordre ionique. Cet ouvrage eft de Lionello Spada peintre, & de Jean-Baptifte Magnani architecte.

Palladio mourut à l'âge de foixante-onze ans, eftimé & refpecté par tous les membres de l'academie olympique. Il fut enterré dans l'églife de la fainte Couronne qui appartient aux dominicains de Vicence. Il étoit d'une petite taille & d'une jolie figure; fon abord étoit doux & facile. Cet artifte aimoit la plaifanterie fine & délicate; il fut toujours plein de refpect pour les grands, modefte & familier avec fes inférieurs. Palladio étoit lié avec tous les artiftes & les gens de lettres de fon tems. Il parloit peu à fes ouvriers, mais il les inftruifoit avec bonté. Cet artifte eut trois fils ; le premier, qui fe nommoit Leonidas, fut architecte & l'aida dans fes travaux; le fecond, nommé Horace, s'appliqua à la jurifprudence : l'un & l'autre moururent jeunes. Le troifieme fils de Palladio fe nommoit Silla, il s'appliqua à l'architecture, & furvécut à fon pere.

Palladio ne fit de fi grands progrès dans la théorie de l'architecture, que arce qu'il avoit étudié, avec la plus grande attention, les anciens monumens & les ouvrages de Vitruve. Ce fut lui qui fit connoître à monsignor Barbaro la véritable forme des théatres des Romains, & qui lui traça exactement l'ancienne volute ionique. Il dessina encore toutes les figures de Vitruve, que ce prélat mit au jour pour la premiere fois en 1556. Il éclaircit les commentaires de Cesar, par de savantes notes & par quarante-une figures gravées en cuivre, qui représentoient les faits d'armes, les circonvallations des villes & les logemens des soldats. Cet artiste écrivit encore sur Polybe & le commenta. Cet ouvrage, qui n'a pas été imprimé, fut dédié au grand-duc François de Toscane, qui l'accepta en hommage avec la plus grande satisfaction. Palladio fit imprimer quatre fameux ouvrages qui forment un traité complet d'architecture, dont on a fait une foule d'éditions, & qui ont été traduits dans toutes les langues de l'Europe. Le même architecte avoit encore beaucoup écrit sur les théatres, les amphithéatres, les arcs de triomphes, les thermes, les aqueducs, & sur la maniere de fortifier les villes & les ports de mer. Mais la mort qui surprit ce grand homme, ne lui permit pas de publier ce grand ouvrage. Ces manuscrits demeurerent entre les mains du sénateur Jacques Contarini, son protecteur & son ami, qui avoit une très-belle bibliotheque & un cabinet des plus curieux. Ce seigneur étant mort subitement, les desseins de Palladio furent dispersés. Milord Richard, comte de Burlington, en acheta beaucoup & en publia un volume sous le nom des thermes des anciens ; il n'y manque que le plan des bains d'Agrippa.

Le public & la postérité, véritables juges du mérite des grands hommes, ont rendu à Palladio toute la justice que méritoient ses ouvrages. On voit son nom sur plusieurs des édifices qu'il fit construire. Les nations les plus policées & les plus instruites de l'Europe étudient ses œuvres, & les Anglois sur-tout le regardent comme le Newton de l'architecture.

Palladio avoit un tel goût pour l'antiquité, qu'il apprit jusques à la tactique des anciens. Il s'y rendit si habile, qu'il exerça un jour, en présence d'une foule d'officiers, plusieurs pionniers & plusieurs forçats, selon la méthode des Romains, & leur fit exécuter, sans la moindre confusion, toutes les manœuvres de la guerre. Cet artiste employa la brique dans tous ses édifices, à l'imitation des anciens ; il donnoit pour raison, que les bâtimens antiques, qui avoient été bâtis en brique, étoient beaucoup mieux conservés que ceux où l'on avoit employé la pierre. Il est hors de doute que les édifices bâtis selon la maniere de Palladio, sont d'une plus grande durée. Les briques, étant beaucoup plus poreuses que la pierre, attirent la chaux, & se lient fortement entr'elles pour ne former qu'une seule masse. Les pores trop serrés de la pierre empêchent au contraire cette liaison intime. D'ailleurs les briqnes sont beaucoup plus légeres, & ne sont point sujettes à être calcinées dans un grand incendie.

Quant à la commodité des édifices bâtis par Palladio, un bel-esprit a dit qu'il est plus agréable d'habiter une maison distribuée à la françoise, qu'un édifice construit par notre architecte ; le sentiment de cet auteur est juste au premier coup-d'œil. Ce n'est pas que Pallodio n'ait eu en vue la convenance & la commodité dans ses distributions ; mais il auroit dû, à l'imitation des plus célebres architectes, disposer ses appartemens selon l'usage & les mœurs de son tems. L'architecture varie en cela, selon le tems & les lieux.

C'est pour la noblesse & la magnificence des édifices que l'on doit sur-tout examiner avec attention les ouvrages de Palladio. Comme il eut toujours sous les yeux la maniere des anciens, il se forma un caractere simple & majestueux. Cet artiste n'altéra jamais la forme de ses piédestaux, coupa rarement ses architraves, & ne fit jamais faire aucun ressaut aux ornemens qu'il employa dans la décoration de ses édifices. Ses portes, ses fenêtres & ses niches sont dans un goût simple, & les frontons qu'elles supportent ne sont point brisés. Palladio conserva toujours le caractere particulier à chaque ordre, & ne surchargea pas les corniches de moulures inutiles. Cet artiste proportionna encore ses entablemens à la hauteur & à la nature de ses édifices, & varia les modulations des différens ordres, selon les bâtimens où il les employa ; il fit la même chose pour la proportion intérieure des chambres, des salles & des temples, en prenant des moyennes proportionnelles arithmétiques, géométriques & harmoniques. Palladio se servit indistinctement des cinq ordres d'architecture, selon les différentes occasions. Il paroît cependant qu'il employa l'ionique de préférence. Comme cet artiste suivoit exactement les préceptes de Vitruve, il se servit toujours, à son exemple, du chapiteau ionique à deux faces. Il resserra vers le tambour les feuilles du chapiteau corinthien, ce qui le fait paroître un peu plus lourd. Il lui arriva quelquefois de suppléer au fronton des fenêtres du premier étage de ses palais, par trois rangées de pierres rectangulaires, qui vont en diminuant peu à peu vers le haut, ce qui produit un très-bel effet. Tous les dômes qu'il construisit sont hémisphériques. On voit beaucoup d'incorrections dans les ouvrages de Palladio. Il est à présumer que celles qui sont contraires à ses principes, doivent être attribuées à l'exécution. En effet, cet architecte ne put pas conduire lui-même la plupart des édifices dont il fut chargé, & plusieurs n'ont été batis qu'après sa mort. On y remarque cependant quelques petites fautes, dont on ne doit pas tenir compte.

Non ego paucis
Offendar maculis quas aut incuria fudit,
Aut humana parùm cavit natura.

C'est-à-dire, » je ne ferai point étonné
» de trouver un petit nombre de fautes
» dans les ouvrages d'un si grand hom-
» me; on doit les attribuer au fort de
» la nature humaine, qui ne sçauroit at-
» teindre à la perfection & à l'impossi-
» bilité d'avoir la même attention dans
» tous les tems & dans tous les lieux.

Il est vrai qu'il y a des défauts d'un autre genre. Palladio n'eut d'autre guide que les ouvrages de Vitruve & les anciens monumens, dans l'étude approfondie qu'il fit de l'architecture. Il apperçut comme au travers d'un nuage, que l'essence du beau dans son art étoit dans la nature, & connut quelques abus.

Cet architecte fameux n'eut jamais une idée claire de l'origine & des principes de sa profession, & ne fut pas capable d'en tirer des conséquences, qui l'auroient empêché de tomber dans plusieurs inconvéniens. Palladio s'attacha plutôt à imiter l'antique, qu'à rechercher si l'antique n'avoit point de défauts. S'il eût plus réfléchi, il auroit moins fait usage des piédestaux sous ses colonnes, & n'auroit pas placé des colonnes de différentes hauteurs sur le même niveau. Il auroit encore évité de mettre si souvent des frontons sur ses fenêtres & sur ses portes, & auroit rejetté ses figures couchées sur leurs grands côtés. Cet artiste a supprimé les corniches dans le milieu de quelques-uns de ses édifices, & a laissé l'entablement dans son entier dans plusieurs autres. On les voit quelquefois interrompus par des pilastres ou par des colonnes. On trouve quelques-unes de ses chambres, dont l'intérieur est décoré par une corniche, & d'autres chambres où il n'a pas jugé à propos d'en mettre. Toutes ces observations annoncent un architecte qui ne marche qu'en tâtonnant. Palladio est cependant le Raphaël de l'architecture, & ses écrits méritent à juste titre la préférence sur tous les autres du même genre. Cet artiste fameux construisit un grand nombre d'édifices, mais il ne fut jamais assez heureux pour en avoir de vastes & de magnifiques à bâtir, où il eût développé l'étendue de son génie. Les Michel-Ange & les Bernin eurent cet avantage, si rare pour les artistes. L'immensité des talens, la noble & mâle simplicité de Palladio se feroient alors manifesté à toute l'Europe.

Sebastien Doya, né en 1523, & mort en 1557.

Cet artiste naquit à Utrecht, & servit en qualité d'ingénieur sous Charles V, & sous Philippe II. Il dessina avec beaucoup d'exactitude les thermes de Diocletien, qui furent gravés par un peintre nommé Jerôme Coke, & mis au jour à Anvers en 1558, par les soins d'Antoine Penenot, évêque d'Arras. Ces estampes sont devenues très-rares. Monseigneur Ballerini, prélat recommandable par ses lumieres & par la maniere honnête avec laquelle il accueille les artistes, en possede un exemplaire à Rome.

Bartholomé Ammanati, Florentin, né en 1511, & mort en 1586.

Il se distingua dans la sculpture, & se fit une grande réputation dans l'architecture. Cet artiste acheva le palais Pitti (à Florence), & donna le dessin de la cour, dont trois côtés sont ornés de galeries découvertes, placées les unes sur les autres; il y employa trois ordres d'architectures, dont les colonnes sont engagées de la moitié de leur diametre. Le premier ordre est dorique, le second ïonique, & le troisieme corinthien; les uns & les autres sont en bossages, qui sont d'un meilleur goût que ceux qui ont été employés dans la façade. J'ignore pour quelle raison les frontons qui couronnent les fenêtres de cette cour sont brisés pour la plupart. Ammanati fit construire dans le fond de cette même cour une grotte magnifique, dont le plan est ovale. Elle est ornée d'une maniere très-agréable, par des rocailles & des colonnes doriques isolées; on y voit encore plusieurs fontaines, des niches & des statues. La voûte étoit embellie par de belles peintures.

Le pont de la sainte Trinité, à Florence,

ayant été ruiné par une de ces inondations de l'Arno, dont il y a eu peu d'exemples, fut rebâti dans un si bon goût par Ammanati, qu'on n'en a pas construit un plus beau depuis la renaissance de la bonne architecture. Il donna le plan du collège romain, confié aux jésuites ; mais son dessein ne fut pas exécuté dans son entier ; on n'en conserva que la cour & la façade, le reste fut absolument changé. Quoique la façade de cet édifice soit grande & imposante, elle est cependant défectueuse dans ses détails ; on y blâme la forme des fenêtres ; les portes sont d'une mauvaise proportion, & les consoles qui devroient les décorer sont lourdes & de mauvais goût.

Ammanati construisit à Rome le vaste palais de la maison Rucellai (1), qui a passé successivement dans la maison Gaëtani & dans celle des princes Ruspoli ; la cour est d'une mauvaise architecture, & son principal défaut consiste dans les portiques, dont les archivoltes portent

---

(1) Cette famille, qui est une des plus anciennes & des plus illustres de Florence, a produit un poëte estimé, auteur d'un ouvrage en vers sur les abeilles, intitulé le *Api*. J'ai fait imprimer ce poëme avec la traduction françoise à la tête du traité complet que j'ai donné sur l'éducation de ces insectes. On le trouve à Paris, chez Delalain, rue & à côté de la comédie Françoise ; il forme un petit volume *in*-12, dont la partie typographique est très soignée.

sur

sur les chapiteaux des colonnes. Il y a toute apparence que l'on n'aura pas suivi la premiere idée de l'architecte. Les étages sont mal distribués dans la façade, puisque le rez-de-chauffée occupe presque la moitié de la hauteur de l'édifice ; le reste comprend deux autres étages, dont le dernier est trop près de l'entablement. Ammanati commença à faire bâtir un autre palais dans le voisinage de celui dont on vient de parler, sur la rue des conduits, où l'on n'en voit que quelques vestiges. Le palais du marquis Sagripante, près du palais du duc Altemps, est encore du dessin de cet architecte.

Ammanati composa un ouvrage considérable, intitulé *la città*, ou la ville. Il renfermoit tous les plans des différens édifices qui rendent une ville célebre & agréable. Cet artiste avoit commencé par les dessins de différentes portes ; il donna ensuite ceux du palais du prince, de l'hôtel-de-ville, de diverses églises, des fontaines, des places, de la bourse, des ponts & des théatres. Cet ouvrage important tomba par hazard entre les mains du célebre Viviani, d'où il passa au sénateur Louis del Riccio, qui en fit présent à Ferdinand de Medicis, grand-duc de Toscane. On ignore l'endroit où ce livre est aujourd'hui.

Tome II. D

Vincent Danti, de Perouse, né en 1530, & mort en 1576.

Sa famille a donné plusieurs grands hommes; il fut poëte, peintre & sculpteur. Il fit à l'âge de vingt ans pour sa patrie la statue de bronze de Jules III, qui passe pour un chef-d'œuvre. Danti s'appliqua à l'architecture, où il fit de rapides progrès; ses compositions étoient ingénieuses, sans être bizarres. Les dessins que le grand duc Cosme de Medicis lui fit faire pour l'escurial, plûrent tellement à Philippe II, que ce prince le fit prier avec instance de passer en Espagne, pour les faire exécuter. La foible complexion de notre artiste, & la vie douce & tranquille qu'il menoit dans sa patrie, ne lui permirent pas de faire ce voyage. Il répara avec beaucoup d'art la grande fontaine de Perouse, & conduisit plusieurs autres travaux. Son frere, connu sous le nom de frere Ignace, dominicain, s'attacha à la peinture; il peignit la galerie du vatican, & s'appliqua aux mathématiques. Nous lui sommes redevables de la vie de Vignole, & des démonstrations des regles de perspective que nous a laissé cet artiste fameux; il fut enfin nommé à l'évêché d'Alatri, petite ville de la campagne de Rome.

François de Volterre, mort en 1588.

Il paſſa de l'état de graveur en bois à celui d'architecte. Il bâtit à Rome l'égliſe de ſaint Jacques des Incurables, dont le plan eſt une ovale, dont le grand diametre paſſe par la principale porte & par l'autel. On y voit deux grandes arcades, l'une à la porte & l'autre en face, où ſe trouve la principale chapelle. Aux extrêmités du petit diametre de l'égliſe dont on a parlé, on trouve encore deux autres chapelles enfoncées ; il y a encore d'autres arcades entre les grandes & les petites, où l'on voit dans un enfoncement circulaire des chapelles couvertes par de petits dômes ſphériques ou en calottes. Il faut avouer que ces arcs de différentes grandeurs produiſent un mauvais effet à l'œil. Un ordre de pilaſtres compoſites regne autour de cette égliſe, avec une corniche, dont les reſſauts multipliés ſont très-déſagréables. La voûte eſt tourmentée par des lunettes triangulaires, qui partent des fenêtres : ces défauts ne doivent point être attribués à Volterre, puiſque l'égliſe fut finie par Maderno, qui donna même le deſſin de la façade.

François de Volterre bâtit le palais Lancelloti, la nef de la Scala ou de l'Echelle fainte, qui a quelque chofe de majeftueux. On y trouve plufieurs défauts dans les détails, tels que des reffauts dans les corniches, & des pilaftres pliés. Le même architecte donna le deffin de l'églife de Monferrat, dont on n'a fait que le premier ordre, qui eft corinthien, avec des reffauts inutiles & des petites niches, fans aucune proportion. L'églife de fainte Claire eft dans le même goût. Cet artifte auroit peut-être mieux fait pour fa gloire de continuer fa premiere profeffion.

Rocco Lurago, Lombard, mort en 1590.

Cet artifte naquit à Pelfopra, petit endroit du territoire de Côme. Parmi les différens édifices qu'il a fait conftruire à Genes, on cite le palais du duc de Turri, dont les marbres & la fculpture font prefque toute la magnificence. On parle des mafcarons avec éloge, mais on ne juge pas auffi favorablement de l'architecture, qui eft des plus irrégulieres & des plus bizarres. Lurago, fit bâtir, par ordre de Pie V, l'églife & le couvent des dominicains à Bofco qui étoit la patrie de ce pape. Cet édifice plut tellement à Pie V, & à fon neveu Ghifleri, qu'ils inviterent l'architecte à fe fixer à Rome ; mais il ne jugea pas à propos de quitter Gênes, où il s'étoit établi.

François de Nove, éleve de Lurago, bâtit à Genes une église de saint Bernard, & une autre en l'honneur du même saint, à Albaro.

Frere Jean-Vincent-Cazali, Servite, Florentin, mort en 1593.

Il étoit fils d'un teinturier; il apprit la sculpture du Frere-Jean-Ange Florentin, qui s'étoit fait une grande réputation, & entra dans l'ordre des serviteurs de Marie. Il fit plusieurs statues dans différens pays. Le grand autel de marbre que l'on voit dans l'église des servites de Luques, & dont on admire la forme & les statues qui le décorent, est du Frere Cazali. Cet artiste fut appellé à Naples par le duc d'Ossone, qui étoit alors viceroi, pour qu'il trouvât les moyens de faire écouler les eaux qui croupissoient dans le territoire de ce pays & qui en infectoient l'air. Ces travaux, quoique d'une nature bien différente que la combinaison des différens ordres d'architecture, lui réussirent complettement, & lui valurent le titre d'architecte du roi. Il fit construire la darsenne de Naples, dans un endroit que personne avant lui, n'avoit pu dessécher, selon la tra-

D iij

dition. Vincent Cazali fit encore bâtir dans la même ville, hors de la porte de Tolede, que l'on nomme aujourd'hui la porte du Saint-Esprit, un beau manege. Le duc d'Offonne le mena en Espagne, où Philippe II le combla d'honneurs. Ce prince le chargea d'examiner & de réparer les forteresses du Portugal. Vincent Cazali mourut comme il se disposoit à exécuter cette importante commission.

Louis de Foix.

Cet architecte, qui étoit ingénieur en même temps, demeura long-tems en Espagne, où il fit exécuter les deffins du monastere & de l'église de l'escurial que Vignole avoit donnés avec ceux du palais. Les Espagnols disent que leur roi, Philippe II, fit vœu d'ériger ce monument pour la victoire mémorable qu'il remporta fur les François, près de Saint Quentin en Picardie, le jour de saint Laurent, son protecteur (1). Les au-

___
(1) On raconte qu'un Espagnol, montrant l'escurial à un François, crut l'humilier, en lui rappellant le motif qui avoit déterminé Philippe II à le faire bâtir. Celui ci ne fe déconcerta point, & lui dit : « il falloit que votre roi eût une terrible frayeur, pour faire un vœu si confidérable ». Ce trait rappelle encore la répartie d'un autre François, à qui l'on difoit, en lui montrant la prison de François premier à Madrid, que ses compatriotes n'avoient jamais pris de roi d'Espagne : « comment cela se pourroit-il, repliqua-t-il, ils ne se trouvent point dans les batailles ». Il prétendoit parler de Charles-Quint & de Philippe II, qui avoient toujours fait la guerre par leurs généraux.

teurs de leur nation se servent des termes & des épithetes les plus pompeux, dans la description qu'ils ont faite de l'escurial. C'est, disent-ils, *un ouvrage merveilleux offert à dieu, comme un ciel sur la terre, un temple d'une magnificence divine, dédié à saint Laurent, un mausolée chrétien pour les ancêtres de Philippe II, une habitation auguste pour les peres Hiéronimites, & une merveille, dont on ne vit jamais la pareille.*

L'escurial est en effet un édifice immense, composé de cinq grandes cours ou cloîtres pour le monastere, & d'un pareil nombre pour le college & pour le palais du roi, qui communiquent toutes entr'elles. L'extérieur est entiérement bâti avec une pierre blanche, veinée de bleu & d'une couleur brune, qui est très-unie. La façade qui est tournée vers l'occident, a sept cents pieds de long & six cents de haut ; elle est flanquée par deux tours, qui ont deux cents pieds d'élévation. On y remarque trois portes principales. Le milieu de cette façade est ornée par huit colonnes d'ordre dorique de cinquante six pieds de hauteur, qui sont engagées dans les murs, de la moitié de leurs diametres ; elles supportent un second ordre, qui comprend quatre colonnes ioniques. L'église, où l'ordre dorique regne dans l'intérieur comme au dehors, est décorée d'une coupole accompagnée de deux clochers.

Si l'on en croit les Espagnols, la dépense de ce vaste édifice & de ses ornemens surpasse la somme de six millions d'écus : ils prétendent que tous ceux qui voient une pareille magnificence, en restent interdits, & que leur silence vaut les plus grandes éloges.

La grandeur, la multiplicité des ornemens, la rareté de la matiere, la réflexion sur la dépense, peuvent nous étonner, & exciter en même temps notre admiration ; mais ces différentes choses ne produisent pas le vrai beau, & ne font point éprouver au connoisseur ce sentiment agréable que lui cause un monument parfait dans toutes ses parties.

On a déja dit que Louis de Foix fit exécuter les dessins que Vignole donna pour l'escurial ; mais on ignore quelle est la partie de ce vaste édifice, qui fut confiée aux soins de ce dernier. Une inscription indique que Jean-Baptiste de Tolede, que les Espagnols mettent au dessus de Vitruve, a été le premier architecte, & qu'un de ses éleves, nommé Herera de Villa, conduisit une grande partie de cet édifice. Un autre architecte, qui s'appelloit Antoine de Villacestro, y fit travailler, & fut chargé de la surintendance de ce vaste bâtiment. Il ne pouvoit résulter, de la réunion des plans de tant de différens artistes Espagnols & Italiens, qu'un composé de bon, de mauvais & de médiocre.

Il y a dans l'intérieur de l'escurial, une chapelle souterreine, destinée pour la sépulture des rois d'Espagne; elle a cent-treize pieds de circonférence, & trente huit de haut, les murs en sont revêtus de marbres précieux, & d'ornemens de bronze doré : elle fut commencée sous le regne de Philippe III. Jean-Baptiste Crescenci, né à Rome, & frere du cardinal de ce nom, en fut l'architecte; elle fut achevée sous Philippe IV. Un religieux, nommé frere Nicolas, qui étoit vicaire de l'escurial, se fit une grande réputation, en détournant les eaux qui s'y rendoient ordinairement ; & en construisant la voûte, il trouva encore le moyen de l'éclairer.

Louis de Foix mérita les éloges des François, ses compatriotes ; il entreprit de combler l'ancien canal de l'Adour, près de Bayonne, & d'en construire un nouveau, qui aboutiroit au port; il exécuta ce projet avec le plus grand succès en 1570. L'édifice le plus curieux que

D v

cet artiste ait fait construire, est sans contredit la fameuse tour de Cordouan, bâtie sur un écueil, à l'embouchure de la Garonne, à six lieues de Bordeaux. Cette tour sert, non-seulement de fanal pendant la nuit dans cette partie de l'océan, qui est pleine de rochers & de bancs de sable, mais encore de signal pendant le jour pour ceux qui naviguent dans ces mers dangereuses. Cet édifice, qui fut commencé en 1584, & fini en 1610, est circulaire. Il a cent soixante-neuf pieds de haut; on a encore ajouté à sa hauteur en 1720. Les marins ne connoissent point de phare aussi magnifique ni aussi élégant que celui dont on parle. On a employé trois ordres d'architecture dans sa décoration, sçavoir, le toscan, le dorique, le corinthien. Les fenêtres sont couvertes par des frontons, & l'édifice est terminé par un dôme. On trouve dans l'intérieur, de beaux appartemens ornés de sculpture, & revêtus en marbre, où l'on voit les bustes de Louis le Grand & de Louis XV. Un lieu assi horrible & presque inaccessible, où l'on a prodigué toutes les richesses de l'architecture, peut être comparé, selon l'auteur Italien, à un grenier orné des tableaux du Correge.

Dario Varotari de Vérone, né en 1539, & mort en 1606.

Cet artiste étoit neveu de Theodoric Weiroter, préteur de Strasbourg, qui abandonna sa patrie pour se soustraire aux troubles que causoient les nouvelles hérésies, & vint s'établir à Vérone. Dario apprit la peinture sous le fameux Paul Véronese, & peignit beaucoup à Venise & à Padoue; il bâtit à Dolo une maison de campagne pour l'illustre famille des Moncenigo, & plusieurs autres édifices, parmi lesquels est un casin sur la Brenta, qui appartenoit au fameux médecin Aqua-Pendente. Tandis que Dario traçoit un cadran solaire dans ce casin, le premier échaffaud sur lequel il travailloit, se rompit tout-à-coup; il tomba sur le second, sans se faire aucun mal. Il regarda cet évenement comme un miracle qu'il attribua à Notre-Dame du Mont-Carmel, qu'il invoqua pour lors. Comme cet artiste étoit très-pieux, il alla sur le champ à Venise, pour prendre l'habit de cet ordre. Tandis qu'il faisoit sa priere dans l'église du Carmel, il fut frappé d'apoplexie, & mourut sur le champ.

Jacques Androuet du Cerceau.

On croit que cet architecte naquit en

France ; il bâtit le pont-neuf à Paris, qui eſt un des plus beaux de l'europe ; il s'étend ſur les deux bras de la ſeine, qui forment l'iſle du palais. Sa longueur eſt de cent ſoixante-dix toiſes, & ſa largeur, qui eſt de douze, eſt partagée en trois parties : celle du milieu a cinq toiſes, qui eſt pour les carroſſes & autres voitures ; les deux autres ſont des banquettes ou trotoirs élevés des deux côtés, pour la commodité des gens de pied. On trouve ſur chaque pile, des eſpeces de tours rondes, qui communiquent avec le terreplein des banquettes : il regne autour de ce pont, une corniche fort ſolide, portée par de grandes conſoles, ſoutenues ou arrêtées par de très-beaux maſcarons, ce qui produit le plus bel effet. Ce pont fut commencé le 30 mai 1578, ſous le regne de Henri III. Le plus bel ornement de ce pont eſt la ſtatue équeſtre d'Henri IV, le pere du peuple, qui attire avec juſtice les regards des paſſans ; elle eſt ſur un piédeſtal de marbre, aux quatres angles duquel ſont attachés quatre eſclaves de bronze, qui foulent aux pieds des armes de toutes eſpeces. La figure du roi eſt très-belle ; elle eſt d'un ſculpteur nommé Dupré : le cheval eſt médiocre, quoiqu'il ait été fait par Jean de Boulogne. Coſme II, grand duc de Toscane, en fit présent à Marie de Médicis, pour lors régente de France. Ce monument fut commencé en 1614, mais il ne fut achevé qu'en 1635. Je remarquerai que depuis que le plus grand poëte & le plus grand philosophe de notre siecle a célebré le meilleur de nos rois d'une maniere digne de lui, ce monument n'est plus connu que sous son véritable nom, & qu'on a même renoncé à lui donner la dénomination vague de *cheval de bronze*, sous laquelle on le connoissoit auparavant. Elle donna lieu à l'épigramme suivante.

Superbes monumens, que votre vanité
    Est inutile pour la gloire
    Des grands héros dont la mémoire
    Mérite l'immortalité !
Que sert-il que Paris, au bord de son canal,
Expose de nos rois ce grand original,
Qui sçut si bien regner, qui sçut si bien combattre ?
    On ne parle point d'Henri quatre
    On ne parle que du cheval.

On voit encore sur le même pont la samaritaine, qui est une espece de petit bâtiment qui renferme une pompe qui éleve l'eau & la distribue par plusieurs canaux au louvre ; elle seroit encore un des ornemens de ce pont, si elle n'étoit pas chargée d'ornemens minutieux. On y remarque un grouppe qui représente Jesus-Christ auprès du puits de Jacob, figuré par un bassin, dans lequel tombe une nappe d'eau, qui sort d'une coquille au-dessus. L'inscription suivante, *Fons hortorum, puteus aquarum viventium*, tirée de l'écriture, est d'autant plus heureuse, qu'elle indique la destination de la pompe, qui fournit l'eau au jardin des Thuilleries. Ducerceau décora Paris de plusieurs hôtels, tels que ceux de Sulli, de Mayenne & des fermes générales. Cet artiste donna encore le dessin de la grande galerie qu'Henri IV fit ajouter à son palais du Louvre. Jacques Ducerceau, dont la maniere étoit un peu seche, a fait imprimer plusieurs ouvrages, dont les principaux sont, 1°. *différens morceaux d'architecture*, 2°. *les plus fameux bâtimens de France*. 3°. *description des édifices des anciens Romains*, 4°. *un traité de perspective, auquel on a joint un receuil de compositions grotesques*.

Jean Antoine Dosio, Florentin, né en 1513.

Cet artiste alla à Rome dès l'âge de quinze ans, où il exerça d'abord la profession d'orfevre. Il s'appliqua ensuite à la sculpture, dans laquelle il fit les plus grands progrès. Dosio étudia encore l'architecture & fit bâtir plusieurs édifices dans cette capitale des arts, & construisit à Florence, pour la fameuse famille Nicolini, la belle chapelle de sainte Croix, qui est décorée d'un bel ordre corinthien, & enrichie des marbres les plus rares & les plus précieux. Le palais de l'archevêché est encore du même architecte.

Octavien Maschérino de Bologne.

Cet artiste, qui étoit en même tems peintre & architecte, mourut à Rome sous le pontificat de Paul V, à l'âge de quatre-vingt-deux ans. Il construisit dans cette ville le portique & la galerie qui est au fond du palais de Monte-Cavallo, avec la façade qui est décorée avec des pilastres accouplés : il bâtit encore l'escalier de ce palais, qui est en limaçon, sur un plan ovale. Le palais, où se trouve aujourd'hui le mont de Piété (nom d'une banque publique) qui appartenoit anciennement au prince de Sainte-Croix, a été élevé sur ses dessins, de même que l'église de saint Laurent *in Lauro*. Le plan est une croix latine avec une coupole. On voit regner dans sa décoration un grand ordre de colonnes corinthiennes accouplées qui sont à peine détachées du mur. Les ressauts de l'entablement & les pilastres qui sont pliés dans les angles de cet édifice, y produisent le plus mauvais effet. La façade du palais, dépendant de l'église du Saint-Esprit est du même architecte ; le style en est simple & très-bien entendu. Celle de l'église, qui est élevée au-dessus d'un grand escalier ou perron en demi cercle, a deux ordres de pilastres composites, avec des niches & des tablettes quarrées dans les entre-pilastres. Elle est terminée par un beau fronton qui n'est point brisé, & qui ne fait aucun ressaut. Ces deux derniers édifices annoncent que la simplicité caractérisoit en général le style de Mascherino. La façade de l'église *della Scala*, qui est composée de deux ordres, sçavoir, le corinthien & le composite, qui a été bâtie par le même, peut être mise au rang des choses passables. Notre architecte acheva la façade de la *Transpontina*, qui avoit été commencée par Salluste Peruzzi, fils du célebre Balthazar.

Pellegrino Pellegrini, dit Tibaldi, de Bologne, né en 1522, & mort en 1592.

Il fut surnommé Tibaldi, parce que son pere, qui étoit un maçon né dans le fief de Valsoda dans le Milanois, s'appelloit communément maître Tibaldo. Il fit de si grands progrès dans la peinture que les Carraches le nommoient le Michel

Ange épuré. Cet artiste avoit en effet adopté la maniere terrible de ce grand maître, & y joignoit un coloris agréable & flatteur. Mais quels efforts ne fut-il pas obligé de faire, pour parvenir à ce degré d'habileté ? On raconte que Octavien Mascherino le trouva un jour dans les environs de Rome, du côté de la porte *Portèse*, en proie au désespoir, parce qu'il étoit si mécontent de ses ouvrages qu'il vouloit se laisser mourir de faim. Mascherino le dissuada peut-être plus facilement qu'on ne pense, de faire une pareille sottise, & lui conseilla d'étudier l'architecture. C'est ainsi que Tibaldi embrassa un art, où bientôt après il devint si habile qu'il fut nommé architecte de la cathédrale de Milan & ingénieur en chef du duché de ce nom. Cette église fut commencée en 1387, sous le duc Jean Galeas Visconti. Henri Zamodia ou Gamodia architecte Allemand en donna le dessin. Si l'on ne fait attention qu'à la grandeur de ce vaste édifice, à la beauté des marbres qui le décorent, & à la quantité des statues & de sculptures qu'on y remarque, on peut le comparer aux plus fameuses églises de l'Europe. Mais il est défectueux dans son ensemble ; on n'y voit ni forme ni liaison entre le tout & ses parties : celles-ci sont foibles & altérées dans leurs dimensions. On peut comparer cet édifice immense à une montagne de marbre & d'autres matériaux amenés à grands frais, travaillés à jour & mis sans goût & sans ordre les uns sur les autres.

Pellegrino fit le pavé de cette église, que l'on regarde comme un bel ouvrage. Il donna encore le dessin de la façade qui fut approuvée par saint Charles Borromée, & commencée par le Baffi. Elle est dans un goût qui tient le milieu entre le gothique & l'architecture grecque.

Martin Baffi, Milanois, qui étoit pareillement architecte de cette fameuse cathédrale, s'opposa avec vigueur à quatre choses que le Pellegrini vouloit faire. Il rejetta 1°. un certain bas-relief qui devoit être placé sur la porte septentrionale de cette église ; le second point regardoit le baptistere ; le troisieme avoit pour objet la petite église souterreine que l'on nomme *lo Scurolo* ; le quatrieme enfin regardoit le chœur. Le Pellegrini vouloit que la composition du bas-relief fut sur deux plans, & que toutes les figures ne se trouvassent point sur la même ligne, afinqu'elles produisissent un effet plus pittoresque. Il prétendoit ensuite que le baptistere devoit être quarré & soutenu par des colonnes éloignées les unes des autres de six fois leur diametre, ou de douze modules. Cet artiste vouloit faire de grands changemens au chœur & à la petite église. Le Bassi lui opposa les raisons les plus fortes, & consulta Palladio, Vignole, Vasari & Bertani qui, désapprouverent unanimement le projet de Pellegrini, & comblerent d'éloges celui du Bassi. Ce dernier publia à cette occasion un ouvrage intitulé: *dispareri in materia d'architettura & di prospectiva*, c'est-à-dire, disputes sur différens sujets d'architecture & de perspective. La réponse de Vignole, au sujet du baptistere dont on vient de parler, mérite la plus grande attention. Le Pellegrini, qui étoit très-prévenu pour ses opinions, proposa de mettre des tirans de fer dans son baptistere, pour lui donner cette solidité que des entre-colonnemens aussi prodigieux lui refusoient; Vignole lui répondit que les édifices ne devoient point se soutenir avec des chaînes. Les architectes ne devroient jamais oublier cette sentence (1).

Sur ces entrefaites, Philippe II, roi

---

(1) On tombe assez volontiers dans le défaut contraire à Paris. On met par-tout des tirans de fer. Les architectes ne devroient pas ignorer que ce métail est sujet à se dilater & à se retirer, selon la température de l'air, & qu'il se détruit bientôt. Les anciens se servoient de crampons de bronze, qui sont à l'abri de toute altération. On doit leur attribuer en même temps la ruine d'une foule de monumens antiques. Les Goths ne les ont souvent détruits que pour retirer ces crampons, comme on peut le remarquer à Rome au collisée & à l'amphithéatre de Marcellus.

d'Espagne, engagea le Pellegrini à venir à Madrid pour peindre le palais de l'Escurial, & rebâtir l'ancien palais, & pour d'autres grands travaux. Cet artiste se rendit aux ordres du prince, & retourna en Italie, avec une fortune considérable, évaluée à plus de deux cens mille écus. Philippe II lui fit encore présent de la terre de Valsoda, où il étoit né & l'érigea en marquisat en sa faveur.

Le Pellegrini a donné les plans de plusieurs édifices, tels que celui de saint Laurent à Milan. On y voit une coupole octogone, dont les côtés sont égaux, sur un soubassement dont les côtés sont inégaux. L'église des jésuites dans la même ville, où l'on voit deux ordres dans la façade a une foule de défauts dans la décoration extérieure & intérieure. La ville d'Ancone se glorifie d'avoir une belle bourse, d'après les dessins de Pellegrini. Le même artiste a fait construire dans la ville de Bologne 1°. le palais & la chapelle de la maison de Poggi qui appartient aujourd'hui à la famille Celsi ; 2°. l'église de Notre-Dame près de saint Celse, celle de la Vierge *di Rho* ; 3°. la cour de l'institut, c'est-à-dire, de l'académie des sciences, où l'on voit un ordre dorique, dont les métopes sont rectangulaires, & forment un double quarré entre les pilastres accouplés.

Dominique Tibaldi de Bologne, né en 1541, & mort en 1583.

Il étoit fils & éleve du Pellegrino dont on vient de parler. Il excella comme lui dans la peinture & dans l'architecture, & fut de plus un fameux graveur. Cet artiste universel bâtit une chapelle dans la cathédrale de Bologne que Clement VII ne put s'empêcher d'admirer en revenant de la conquête de Ferrare ; il dit même qu'il n'en connoissoit point à Rome qui pût lui être comparée. Tibaldi bâtit plusieurs édifices à Bologne qui lui font beaucoup d'honneur, sur-tout la douanne qui passe pour le plus bel édifice de ce genre. Il éleva encore la petite église de la bienheureuse Vierge *del Borgo*, ou du fauxbourg, sur les murs de la ville, la grande porte de l'hôtel-de-ville, où l'on plaça la statue de Gregoire XIII, & sur-tout le palais Magnani. Cet édifice est décoré de deux ordres d'architecture, sans entablement dans le milieu, d'où il résulte une unité qui plait à la vue. Ce palais, quoique d'une étendue bornée, est traité d'une grande maniere, ce qui le fait paroître beaucoup plus vaste qu'il n'est. Il en est de même de la cour qui, malgré sa petitesse, semble être très-spacieuse. Ce grand architecte mourut à la fleur de son âge, & laiſſa beaucoup d'enfans. Il fut enterré dans l'égliſe de l'Annonciade à Bologne.

Jean-Baptiſte Bertano de Mantoue.

Cet architecte célebre avoit fait une étude particuliere des anciens monumens de Rome, & poſſédoit la perſpective. Indépendamment de la lettre qu'il écrivit au Baſſi, ſur les diſputes qui s'éleverent au ſujet de la cathédrale de Milan, on a encore imprimé un autre ouvrage de cet artiſte, où il éclaircit les endroits les plus obſcurs & les plus difficiles de Vitruve, & ſur-tout ce qui regarde l'ordre ionique. Guillaume III de Gonzague, duc de Mantoue, le fit chevalier, & lui confia la direction de tous les édifices publics de ſes états. Il lui fit bâtir en 1565 l'égliſe de ſainte Barbe, avec un beau clocher décoré de quatre ordres d'architecture, où l'on voit une inſcription à l'honneur de l'architecte.

Bernard Buontalenti Florentin, né en 1535, & mort en 1608.

La maiſon de ſon pere, qui étoit ſituée ſur les bords de l'Arno, s'écroula pendant ſon enfance, & tous ſes parens furent écraſés ſous les ruines. Il échappa ſeul à ce funeſte accident à la faveur d'une voûte, ſous laquelle il se trouva par hazard. Le grand duc Cosme de Medicis l'accueillit à sa cour, & prit soin de son éducation. Il montra de bonne heure beaucoup de vivacité & de dispositions pour les arts. Ses progrès dans la sculpture & dans l'architecture civile & militaire qu'il apprit sous Michel-Ange Buonaroti & sous le Vasari, furent très-rapides. Buontalenti se distingua encore dans la peinture, & surtout dans la miniature. Il étoit très-inventif & avoit un goût particulier pour les méchaniques, & sur-tout pour les feux d'artifices ; ce qui lui fit donner le surnom de Bernard *delle Girandole*, c'est-à-dire, des fusées.

Cet artiste donna le plan d'une maison de campagne appellée Marignole qui appartient aujourd'hui à la maison Capponi. C'est un petit palais à trois étages bien distribués, avec une belle porte corinthienne, & des balustrades à chaque fenêtre qui, sont à une distance bien proportionnée les unes des autres, & décorés avec sagesse. Il bâtit encore la maison de campagne d'Artimino pour le grand duc, & celle de Pratolino, qui est très-fameuse, pour le même prince. Le plan en est si ingénieux que, sans y avoir de cour & de galeries ni autres espaces vuides, par le moyen desquels un architecte peut éclairer facilement ſes appartemens, l'édifice dont on parle eſt cependant très-bien éclairé. Les machines, qui ont été conſtruites dans cette maiſon de plaiſance, pour y amener & y élever les eaux, méritent l'attention des connoiſſeurs. Il en eſt de même des autres machines hydrauliques, tels que des orgues mûes par l'eau, qui ont ſervi depuis de modele à tout ce qui a été fait dans ce genre dans tout le reſte de l'Europe. Cette maiſon de campagne couta ſept cents quatre-vingt-deux mille écus romains, c'eſt-à-dire, trois millions neuf cents dix mille livres de France. Buontalenti fit des réparations conſidérables & de nouveaux embelliſſemens aux maiſons de campagne, appellées Caſtello & la Petraya qui appartenoient au grand-duc. Il fit beaucoup travailler aux jardins Boboli, dont Tribolo avoit déjà donné les plans.

Cet architecte conſtruiſit pour ce grand-duc un palais très-agréable, que l'on nomme le caſin, derriere l'égliſe de ſaint Marc; on admire la commodité de ſa diſtribution & la belle proportion des portes & des fenêtres; les ornemens ſont encore très-eſtimés. Buontalenti bâtit la façade du palais Piazza, qui eſt décorée d'un ordre toſcan qui paſſe pour être très-beau dans ſon genre. La fameuſe galerie de
Florence

Florence a été bâtie fur les deffins de cet architecte ; il y fit même placer toutes les ſtatues antiques, felon fon goût particulier. Les autres édifices qu'il fit conſtruire à Florence, font 1°. la façade de l'églife de la Trinité ; 2°. le palais Acciajuoli, qui appartient aujourd'hui à la maifon Corfini ; 3°. la façade du palais Strozzi du côté de la rue *Maggio*. Le premier étage de ce dernier palais eſt le feul qui foit de Buontalenti ; le fecond a été élevé fur les deffins de Scamozzi. Il eſt décoré avec des pilaſtres ïoniques, entre lefquelles font des fenêtres flanquées par de petites colonnes du même ordre, au-deſſus defquelles font d'aſſez mauvaiſes fenêtres qui appartiennent aux mezzanines ou entrefolles.

Buontalenti bâtit encore dans la même rue *Maggio* la façade du palais Riccardi & celle du palais Martelli. Il conſtruiſit à Piſe le palais du grand-duc, la façade de l'églife des chevaliers de faint Etienne, de même que le palais des grands-ducs à Sienne. Les Toſcans font beaucoup de cas des talens de cet architecte ; ils louent même les chevrons briſés mis à rebours, fur les fenêtres, en guife de cornes d'abondance. Il eſt vrai que cet architecte employa de pareils ornemens dans l'intérieur de fes édifices ; mais ils n'en font

Tome II. E

pas moins bizarres & ridicules. Buontalenti paroissoit les avoir adoptés. Cet artiste fortifia plusieurs villes, telles que Tronto, dans le royaume de Naples, & Porto-Ferrayo, dans l'isle d'Elbe ; il fit bâtir la nouvelle citadelle de Livourne, ajouta plusieurs bastions à l'enceinte de la ville de Pistoya, & fortifia Prato & Florence, où il construisit la forteresse de Belvedere. Buontalenti, comme ingénieur en chef de toute la Toscane, fit bâtir des ponts dans toute l'étendue de cette contrée, éleva des digues, & construisit un grand nombre de machines. Ce fut sur-tout dans les décorations de théatres & dans les fêtes publiques, qu'il fit briller son génie & son goût pour les grandes choses.

Cet artiste trouva encore le moyen de conserver la glace & la neige. Le grand-duc, pour lui en témoigner sa reconnoissance, lui donna, à perpétuité, le produit de l'imposition qu'on mit sur cette marchandise. Ce prince avoit une telle affection pour lui, qu'il le menoit dans son carrosse, non-seulement dans ses différentes parties de nuit, mais encore pendant le jour. Comme ses courtisans critiquoient quelques dessins que Buontalenti avoit présentés à ce prince, il leur dit de lui crayonner leurs idées, parce qu'il étoit fatigué, & qu'il ne pouvoit juger de la solidité de leurs réflexions qu'en les voyant tracées sur le papier : ceux-ci, qui ne sçavoient pas dessiner, resterent comme pétrifiés, & ne sçavoient comment se tirer d'une position aussi embarrassante. Le grand-duc fut enchanté de cet évenement, & fit une chanson sur leur compte.

Notre artiste étoit naturellement plaisant & plein de bonté pour ses éléves, & sur-tout pour ceux qui étoient pauvres, & qui annonçoient de grandes dispositions ; il leur faisoit même beaucoup de bien. Buontalenti étoit désintéressé, & dépensoit tout ce qu'il gagnoit en modeles de différentes machines. Les envieux empoisonnerent le cours de sa vie : il fut persecuté de différentes manieres, & sa vieillesse fut des plus tristes.

Jules Parigi, Florentin, mort en 1590.

Il étoit fils d'Alphonse Parigi, architecte, qui n'étoit que praticien, qui acheva le palais des nouveaux offices à Florence, après la mort du Vasari. Il fut éleve de Buontalenti, & devint très-bon architecte, & habile ingénieur. Jules Parigi se distingua sur-tout dans le dessin, dans les méchaniques, & dans toutes les autres parties des mathémati-

E ij

ques. Sa réputation s'accrut au point qu'il fut choisi pour enseigner ces sciences aux princes de Toscane : il se fit beaucoup d'honneur par les décorations qu'il fit exécuter pour différentes fêtes, de même que par le plan de la maison de plaisance appellée *Poggio* impériale ; il soutint cette réputation dans le plan qu'il donna pour le couvent des augustins de Florence, & pour celui de la Paix, qui appartient aux religieux de saint Bernard, hors de la porte de Rome. Le palais Marucelli, qu'il fit bâtir à Florence, est d'une architecture passable.

Santi di Tito, né en 1530, & mort en 1693.

Il naquit au bourg San-Sepolcro, dans la Toscane, & devint un peintre habile & correct pour le dessin. Son architecture, quoique très-exacte, n'a rien de magnifique ni d'élégant. Cet artiste bâtit à Peretola une maison de campagne de forme octogone, pour la famille Spini. Il construisit encore une maison de plaisance à Casciano, pour les Corsini, & une autre à Mont-Olivet, pour la famille Strozzi. Santi di Tito bâtit à Florence une maison pour lui, dont la principale porte est biaise, & d'une coupe très savante. Il eut beaucoup de désagremens pour l'escalier qu'il fit construire dans le palais Strozzi. Il bâtit à Florence le palais Dardinelli, qui est composé de trois étages mal distribués, & dont les fenêtres sont de différentes grandeurs & mal décorées. Cet artiste fut admis au nombre des bourgeois de cette ville.

Dominique Fontana, né en 1543, & mort en 1607.

Cet artiste quitta à l'âge de vingt ans le petit village de Mili, sur le bord du lac de Côme, où il étoit né. Il se rendit à Rome, auprès de Jean Fontana son frere aîné, qui apprenoit l'architecture. Il s'appliqua à cette science par occasion : l'étude qu'il avoit déja faite des élémens de la géométrie, la lui rendit plus facile. Le cardinal Montalte, qui devint ensuite pape, sous le nom de Sixte-Quint, le chargea de bâtir la chapelle de la crêche, dans l'église de sainte Marie majeure, & le petit palais qui appartient aujourd'hui à la maison Negroni, qui est dans le voisinage de cette basilique. Gregoire XIII soupçonnant que ce cardinal étoit riche, puisqu'il faisoit bâtir, lui ôta ses pensions. Les travaux furent sur le point d'être suspendus, faute d'argent ; ils n'auroient jamais été achevés, si Fontana, qui étoit sincerement attaché

E iij

au cardinal Montalte, & qui defiroit d'ailleurs de voir finir fon ouvrage, n'eût fait venir de fon pays mille écus romains (cinq mille livres de France), qui étoient le fruit de fon induftrie & de fon économie. C'eft avec cette fomme médiocre que l'on tâcha de finir la chapelle le mieux qu'il fut poffible. Ce trait de générofité fut la caufe de la fortune de Fontana. Peu de temps après, le cardinal Montalte fut élu pape, fous le nom de Sixte V, & notre artifte fut nommé fon architecte. Sa chapelle fut bientôt achevée, & mérita les fuffrages de tout le monde. Son plan eft une belle croix grecque, fur lequel s'élevent quatre grands arcs, qui fupportent une belle coupole. Cette chapelle eft ornée de pilaftres corinthiens, qui fupportent une corniche inutile, & qui fait plufieurs reffauts encore plus déplacés. L'intérieur du tambour de la coupole eft également décoré avec des pilaftres du même ordre, qui portent tous à faux, étant placés fur les arcs ou archivoltes. Les ornemens des fenêtres font trop lourds, & l'on ne fçauroit fupporter les frontons qui les couvrent, & qui font abfolument déplacés dans les dedans. On ne parle point ici de la quantité confidérable de morceaux de fculpture, qui contribuent à la décoration de cette chapelle, parce que notre artiste n'y eut aucune part. Quant à l'architecture des deux mausolées, on y remarque des défauts très-considérables. Fontana plaça sous le grand autel de cette chapelle, l'ancienne crêche, qui étoit dans une autre partie de l'église. Il la transporta toute entiere, quoiqu'elle fût très-vieille & qu'il y eût des arcades & autres espaces vuides. La petite maison de campagne, dont on a déja parlé, fut achevée dans le même tems. On ne peut disconvenir qu'elle ne soit très-agréable ; elle a trois étages, dont le premier est orné de pilastres doriques ; le second, d'un ordre ionique, & le troisieme est corinthien. Fontana pouvoit s'épargner de mettre deux corniches dans le milieu. Cette vigne ou maison de campagne fut embellie par de grandes allées & par des fontaines, & sur-tout par un grand nombre de statues de marbre. On voit encore dans son enceinte un petit palais qui regarde les thermes de Dioclétien. Les deux rangs de grandes fenêtres, qui sont au premier étage, produisent un mauvais effet. Il en est de même de cette espece d'attique, qui occupe le milieu de l'étage supérieur ; elle est si prodigieusement élevée, qu'on y voit jusqu'à trois rangées de fenêtres, tandis qu'une seule eût été plus que suffisante. On trouve à côté du palais dont on vient de parler, & en face d'une grande allée, un beau portail, flanqué de colonnes ioniques, engagées, qui produisent un très-mauvais effet.

Sixte-Quint forma le dessin de faire élever au milieu de la place de saint Pierre, l'obélisque qui étoit couché à côté de la sacristie de cette église, où étoit jadis l'ancien cirque de Neron. D'autres papes avoient eu la même pensée, mais la difficulté de l'entreprise en avoit empêché l'exécution. Cette aiguille ou obélisque de granit rouge, que les anciens Romains nommoient marbre de Thebes, parce qu'on le tiroit des carrieres qui étoient aux environs de cette ville, fut transporté d'Egypte à Rome, du temps de César. C'est le seul qui soit resté entier parmi tous ceux que l'on voit encore dans cette capitale du monde ; il est sans hiéroglyphes; sa hauteur est de cent sept palmes & demie, & sa largeur, vers le pied, de douze palmes, & de huit vers le haut. Un pied cubique de ce marbre pese quatre-vingt six livres, d'où l'on conclut que le poids total de l'obélisque approche d'un million de nos livres. Il ne nous reste aucune tradition sur la maniere dont les Egyptiens & les Romains pouvoient remuer des fardeaux aussi lourds. Comme il s'étoit écoulé plusieurs siecles, sans qu'on eût transporté des masses aussi considérables, la proposition de Sixte-Quint pouvoit passer pour nouvelle. On fit venir de toutes parts les mathématiciens, les ingénieurs & les sçavans les plus habiles; il se présenta plus de cinq cents personnes, qui montrerent leurs projets, ou des modeles de leurs machines à Sa Sainteté, dans une assemblée qui se tint exprès.

La plupart étoient d'avis de transporter cet obélisque debout, par le moyen d'une espece de château de fer, & de trente-deux leviers. D'autres inventerent une demi-roue, sur laquelle on devoit élever peu-à-peu l'obélisque. Les uns proposerent des vis, & les autres s'offrirent pour le transporter dans une espece de balance. Barthelemi Ammanati, architecte & sculpteur Florentin, que le grand-duc avoit envoyé exprès à Rome, se fit présenter au pape, sans avoir aucun dessin ou modele à lui présenter: il demanda un an pour penser à l'exécution de ce vaste projet. Sixte-Quint le reçut mal. Fontana expliqua le modele de sa machine:

E. v.

à sa Sainteté, & éleva & abaissa avec facilité, un petit obélisque de plomb, par le moyen d'une certaine quantité de moufles de cabestans. Cet artiste fit plus, il transporta hors du mausolée d'Auguste, un petit obélisque qui étoit rompu, par le moyen d'une machine pareille à celle qu'il venoit de proposer. Après de longs débats sur la bonté de cette invention, on finit par l'approuver. Comme Fontana ne jouissoit pas encore d'un grande réputation, Sixte-Quint chargea deux fameux architectes, Jacques de la Porte & Ammanati, d'exécuter ce projet. Ceux-ci firent planter sur le champ une grande piece de bois dans l'endroit de la place où devoit être l'obélisque.

Fontana, justement indigné de ce qu'on ne l'avoit pas trouvé capable d'exécuter un projet dont il étoit inventeur, demanda à parler à Sixte-Quint. Il lui représenta que personne n'étoit plus en état de tirer parti d'une nouvelle invention, que celui à qui elle étoit dûe. Le pape resta persuadé de la solidité des raisons de Fontana, & lui donna toute sa confiance. Cet artiste fit toutes les dispositions nécessaires, avec la plus grande célérité. On fit par ses ordres une excavation au milieu de la place, de soixante palmes en quarré, & de trente-trois de profondeur. Comme on ne trouva qu'un fond de terre glaise & aquatique, notre architecte le rendit plus solide, en y faisant enfoncer une grande quantité de pilotis, sur lesquels on fit établir un massif de maçonnerie. Fontana faisoit fabriquer en même tems un grand nombre de cables de chanvre, d'un tiers de palme de diametre, & de deux cents cannes de long, de même que plusieurs cercles de fer très-considérables, pour embrasser l'obélisque; on préparoit encore toutes les ferrures nécessaires pour la charpente de la machine, & des instrumens de toutes especes. Les cercles qui devoient embrasser l'obélisque pesoient seuls quarante milliers; ils furent fabriqués dans les forges de Rome, de Ronciglione, de Subiaco. On amena enfin, des forêts de Nettuno, des pieces de bois d'une longueur & d'une grosseur si prodigieuse, qu'il falloit jusqu'à sept paires de buffles, (1) pour les tirer. Les madriers

___

(1) Bufle, animal qui ressemble au taureau, pour la forme; mais il a le corps plus court & plus gros, les jambes plus hautes, la tête proportionnément plus petite, les cornes moins rondes, noires & en partie comprimées; un touper de poil crêpu sur le front. Sa peau & son poil sont d'une couleur brune foncée; son poil est fort comme celui du sanglier; le ventre, la poitrine, la croupe, sont en-

faits avec du bois d'orme, pour embrasser l'obélisque, venoient de Terracine ; & les poutres, de bois de hêtre, pour la construction des machines, furent tirées de Sainte-Severe.

Fontana donna ordre qu'on élevât une charpente considérable pour placer l'obélisque ; il fit élargir la place, & abattre un mur de la sacristie de saint Pierre, pour y mettre des machines. Comme le terrein avoit peu de solidité, notre architecte prit les précautions suivantes, afin qu'un si grand poids ne s'y enfonçât pas. Il fit faire une plate-forme avec deux rangs de poutres, placés l'un sur l'autre en sens contraire, c'est-à-dire, que chaque piece de bois du dessus se croisoit avec celles qui étoient dessous. Ce fut sur de pareilles fondations que l'on éleva une charpente prodigieuse, qui étoit soutenue par huit pieces de bois debout, qui formoient autant de colonnes. Chacune d'entre elles étoit composée d'un si grand nombre de pieces jointes ensemble,

---

tiérement ras, & en général, il n'y a que peu de poil sur le corps de cet animal ; sa peau est dure & très épaisse.

Le buffle est d'un naturel moins traitable que le bœuf, & plus fort. Une paire de buffles tire autant que huit chevaux. Il y en a beaucoup en Toscane, & dans les états du pape. J'en ai vu plusieurs en Pologne, sur les frontieres de Turquie. Cet animal est originaire d'Afrique. Il pâture volontiers dans les marais, & mange du foin comme le bœuf,

qu'elles avoient dix-huit palmes de circonférence. Ces poutres étoient réunies les unes avec les autres, avec des cables extrêmement gros, sans aucun cloux ni aucun assemblage, afin que l'on pût avoir la facilité de les réunir & de les défaire en très-peu de temps. Comme la hauteur de ces différentes pieces de bois, prises en particulier, n'étoit pas suffisante pour atteindre à celle de cent vingt-trois palmes, que devoit avoir toute la charpente, on les hanta les unes sur les autres, & on les assujettit avec des cercles de fer. Les pieces de bois étoient étayées par quarante-huit jambes de force ou poinçons & assemblées de tous les côtés. L'obélisque étoit enveloppé d'une double natte, de peur qu'il ne vînt à se rayer & à s'écorner. On l'entourra ensuite avec de forts madriers, le long desquels on mit encore de longues barres de fer, que l'on assujettit avec des cercles de fer, qui embrassoient cette espece d'encaissement. L'obélisque, ainsi disposé, pesoit environ quinze cents mille livres. Fontana calcula que chaque cabestan, garni de ses leviers & de bons cordages, pouvant vaincre une résistance évaluée à vingt milliers, quarante cabestans seroient donc capables de faire mouvoir un poids de huit cents mille livres. Il suppléa à ce qui lui manquoit de force pour soulever l'obelisque, en se servant de cinq leviers, formés par de grosses poutres, qui avoient soxante-dix palmes de long.

Un appareil aussi extraordinaire & aussi nouveau, excita en même tems la curiosité des Romains, & celle des étrangers. On vint de toutes parts pour juger de l'effet que devoit produire une machine, dont la charpente ressembloit à une forêt, & où il y avoit une si grande quantité de moufles, de leviers & de cabestans. Pour éviter toute confusion, Sixte-Quint donna une ordonnance, par laquelle il étoit défendu, sous peine de la vie, à toutes personnes, de quelque qualité qu'elles fussent, excepté aux ouvriers, de se trouver dans l'enceinte, le jour qu'on éleveroit l'obélisque; il étoit enjoint de ne faire aucun bruit, & même de ne point parler à ses voisins. Le 30 d'avril 1586, le barigel, suivi de ses sbirres, entra le premier dans l'enceinte, avec le bourreau qui planta la potence. Fontana alla prendre la bénédiction du pape, qui lui dit de prendre garde à ce qu'il alloit faire, parce que le mauvais succès de cette entreprise lui coûteroit la vie. L'auteur Italien dit que Sixte-Quint éprouvoit alors un contraste entre sa gloire & l'amitié qu'il avoit pour son architecte. On raconte que Fontana, saisi de crainte, fit cependant tenir des chevaux prêts à toutes les postes du *Borgo* (quartier de Rome où est l'église de saint Pierre), pour se soustraire, en cas d'accident, à la sévérité du pape, qui étoit inexorable. On célébra deux messes du Saint-Esprit au point du jour; les ouvriers s'assemblerent & se rendirent dans l'enceinte avant le lever du soleil, après avoir reçu la bénédiction du pape. Le concours des spectateurs fut si grand, que les rues voisines étoient pleines de monde ; les toits des maisons, qui sont sur la place de saint Pierre, étoient entiérement couverts. La plus haute noblesse, les prélats & les cardinaux se tenoient derriere les gardes Suisses & les chevaux-légers, qui étoient en bataille sur la place. Tout le monde, attentif à l'effet que devoit produire une si grande quantité de machines, gardoit le plus profond silence.

L'architecte avoit donné ordre que les ouvriers se missent à travailler dès qu'ils entendroient le son des trompettes, & qu'ils cessassent lorsqu'une des cloches de saint Pierre sonneroit. On comptoit plus de neuf cents ouvriers & soixante & quinze chevaux. La trompette fe fit entendre ; dans l'inftant les hommes, les chevaux, les cabeftans & les moufles furent en mouvement: l'effort fut fi grand que la terre en trembla, la charpente fut ébranlée, & les plus groffes pieces de bois, dont elle étoit compofée, fe raprocherent, par l'énorme pefanteur de l'obélifque ; mais l'on parvint à redreffer cette aiguille, qui étoit penchée de deux palmes vers le chœur de l'églife de faint Pierre. Cette opération ayant eu un fuccès auffi heureux, la cloche fonna pour faire fufpendre les travaux. On parvint enfin, à douze reprifes, à élever l'obélifque à près de trois palmes de terre, ce qui fuffifoit pour le placer fur les rouleaux. On le fixa avec des coins de fer & de fortes pieces de bois. On tira le canon du château Saint-Ange, pour annoncer cet heureux événement, & la joie fut univerfelle dans la ville de Rome.

Fontana vit alors qu'on devoit plus compter fur les cordages pour ferrer des pieces de bois, que fur des cercles de fer; car ces derniers furent prefque tous fauffés ou rompus, & quitterent leur place. Le fept de mai, l'obélifque fut placé horifontalement fur des rouleaux & fur le lit de charpente qu'on avoit fait depuis l'endroit où il fe trouvoit, jufques à celui où on devoit le placer à demeure. Lorsqu'il fut étendu sur cette plateforme, il fallut le désarmer pour le conduire sur la place, qui en étoit éloignée de cent quinze cannes. Comme le sol de la place se trouvoit plus bas de quarante palmes que celui d'où l'on vouloit tirer l'obélisque, il fallut faire une coupure ou tranchée, dont le fond fût garni de poutres & de forts madriers, depuis cet endroit jusques au centre de la place. Ces différentes précautions ayant été prises, Fontana fit conduire avec facilité son obélisque, sur quatre rouleaux, jusqu'à l'endroit qui lui étoit destiné. Il n'employa que quatre cabestans pour cette manœuvre, qui se fit le 13 juin. Le pape jugea à propos de renvoyer jusques à l'automne suivant l'élévation de l'obélisque sur son piédestal, afin que les ouvriers & les spectateurs ne fussent point incommodés par les grandes chaleurs.

Le piédestal de l'obélisque, qui étoit enterré de quarante palmes, fut mis en place. Il étoit composé de deux parties, savoir, la cymaise (1) & le soubassement,

---

(1) La cymaise est une moulure concave par le haut, & convexe par le bas, ondée dans son profil, qui sert à couronner les autres moulures dans la corniche d'un entablement. Les ouvriers l'appellent *gueule*.

pris dans le même bloc de marbre blanc, de même que le focle. Ces difpofitions ayant été faites, on fit la derniere opération le 10 de feptembre, avec les mêmes cérémonies qu'on avoit faites pour la premiere. On y employa huit cents hommes & cent quarante chevaux. Le pape affigna ce jour pour l'entrée du duc de Luxembourg, ambaffadeur d'Henri IV, roi de France: au lieu de le faire paffer par la porte du peuple, felon l'ufage ordinaire, il voulut qu'il entrât par la porte angélique. Lorfque ce feigneur arriva fur la place de faint Pierre, il s'arrêta pour voir travailler cette foule d'ouvriers, au milieu de cette forêt de charpente & de cette quantité prodigieufe de machines. Il vit agir les hommes & les chevaux par deux reprifes, & ne put s'empêcher d'admirer Rome, qui renaiffoit par les foins de Sixte-Quint. L'obélifque fut élevé en cinquante-deux reprifes, & fcellé fur fon piédeftal au coucher du foleil. Le château faint-Ange annonça cet événement par une décharge de toute fon artillerie. Les ouvriers, pleins de joie, prirent Fontana fur leurs épaules, & le porterent en triomphe dans fa maifon, au milieu des cris d'allégreffe, & au fon des trompettes & des tambours. Le peuple qui l'accompagnoit ne ceffoit de répéter les louanges que notre artiste venoit de mériter.

Fontana crut qu'il en coûteroit moins & qu'il seroit plus facile d'élever l'obélisque & de le laisser poser tout doucement sur les dés ou globes de bronze qui devoient le supporter, que de suivre la méthode des anciens. Ceux-ci commençoient par appuyer la base de l'obélisque sur deux de ces globes, & le soulevoient par la pointe pour le faire retomber sur le piédestal. On conjecture que les anciens opéroient ainsi, parce qu'on n'a trouvé que deux de leurs dés qui fussent plombés dans le piédestal, & parce qu'ils paroissoient de plus être écrasés vers les bords. Sixte-Quint fit mettre une croix de bronze, haute de dix palmes, que l'on porta processionnellement. La hauteur totale de l'aiguille est donc de cent quatre-vingt palmes.

Notre artiste fut fait chevalier de l'éperon d'or, & noble Romain. Le pape lui donna une pension de deux mille écus d'or, reversible à ses héritiers, indépendamment de cinq mille écus d'or comptant. Sixte-Quint lui fit encore présent de toute la charpente, & des machines dont on vient de parler, ce qui montoit à plus de vingt mille écus romains, ou deux cents cinquante mille livres. On frappa deux médailles de bronze en son honneur; & le pape voulut que l'on gravât l'inscription suivante sur la base de l'obélisque : *Dominicus Fontana ex pago agri novo comensis transtulit & erexit.* C'est-à-dire, Dominique Fontana a amené cet obélisque du milieu d'un champ voisin, & l'a élévé sur son piédestal. Il est si peu apparent, qu'il faut être prévenu pour l'appercevoir.

Sixte V & Fontana se couvrirent de gloire en élevant cet obélisque, tandis que ceux qui en ont taillé & transporté un si grand nombre, sont aujourd'hui dans l'oubli. Si nous jettons les yeux sur l'histoire, & que nous réfléchissions sur les prodiges opérés par Archimede, nous verrons qu'à bien des égards nous ne sommes que des pygmées en comparaison des anciens. De quelle utilité sont aujourd'hui les soins qu'ils ont pris pour tailler & pour transporter ces masses énormes? Ces obélisques me paroissent froids & insipides, sur-tout celui du Vatican, dont le corps & le piédestal sont si maigres; il me semble qu'ils n'ont d'autre mérite, que celui de la difficulté vaincue. Il est cependant résulté quelques avantages de ces monumens de la vanité des hommes. On a inventé différentes machines, pour les élever; une foule considérable d'ouvriers a été employée pour les amener & les mettre en place; enfin les artistes se sont couverts de gloire & se sont procuré par de pareils travaux des richesses considérables.

Le chevalier Fontana fut chargé par Sixte-Quint de faire élever les différens obélisques qu'on voit dans Rome, à la place de la porte du peuple, à Saint-Jean de Latran, & à sainte Marie Majeure.

Cet architecte décora la façade de l'église de saint Jean de Latran, c'est-à-dire, celui qui est du côté de sainte Marie Majeure ; il y fit construire le portique de Travertin, composé de cinq arcades, soutenues par des pilastres d'ordre dorique, avec une galerie d'ordre corinthien, pour la bénédiction (1). Cet artiste jugea à propos d'accoupler les pilastres aux angles de ce portique, pour lui donner plus de solidité. C'est pour cette raison que les métopes de ces entre-pilastres sont rectangulaires dans cet en-

___

(1) Le pape est dans l'usage de donner sa bénédiction au peuple, du haut d'un balcon, le jour des grandes fêtes. La populace, malgré son respect pour la cérémonie, lui crie : « saint pere ! faites les pagnotes (espece de petits pains) » grosses » Il faut sçavoir que le pain ne change jamais de prix à Rome, mais qu'il change souvent de poids. Les pagnotes actuelles ressemblent à des pastilles, en comparaison de leur premiere grosseur.

droit. Fontana mit encore sous la corniche, des denticules, à la place des mutules, ce qui ne convient point à l'ordre dorique.

Cet architecte bâtit à côté de l'église de saint Jean de Latran, un palais superbe pour Sixte-Quint, où l'on trouve trois étages; les moulures des fenêtres sont trop fortes & les appuis trop larges; le troisieme étage est plus éloigné du second, que celui-ci ne l'est du premier, ce qui devroit être tout le contraire. Les fenêtres qui sont pratiquées dans la frise de l'entablement, font un mauvais effet, de même que deux grandes portes qui sont en bossages ; quoiqu'elles soient d'une belle proportion & d'un bon genre, considéré en particulier, il me semble qu'elles ne conviennent pas à la majesté du palais, qui est sans contredit l'un des plus beaux de Rome. Pour le bâtir, on fut obligé de transporter l'église de la *Scala Sancta* dans l'endroit nommé *Sancta sanctorum*, c'est-à-dire, *le lieu saint par excellence*. Fontana y ajouta deux nouveaux escaliers, pour la commodité de ceux qui ne veulent pas monter dans l'église à genoux. Il donna encore le dessin de la facade, qui n'est autre chose qu'un portique composé de plusieurs arcades accompagnées de quelques pilastres d'ordre dorique. Notre artiste s'est absolument oublié dans cet ordre ; la trop grande quantité de triglyphes fait une confusion dans certains endroits de l'entablement, & dans d'autres, les métopes sont trop longs & sans ornement. On y remarque encore des denticules & des mutules en même tems. On ne sauroit dire que de pareilles fautes ont été commises en l'absence de l'architecte, ou après sa mort, puisqu'on les trouve décrites dans le recueil d'édifices bâtis par Fontana, que cet artiste a donné au public.

Sixte-Quint, qui vouloit faire plusieurs choses dans le même tems, employa Fontana dans la bibliotheque du vatican. Il forma le projet de la construire au travers de la belle cour du Belvedere, qui étoit le plus bel ouvrage de Bramante d'Urbin. Il eût été à desirer que cette bibliotheque eût été sur le même niveau que les deux longs corridors entre lesquels elle est située ; on est obligé de descendre une marche en entrant, & d'en monter une autre en sortant par la porte opposée. L'architecture de cette bibliotheque, dont la voûte est soutenue par un grand nombre de piliers, ne paroît point convenir à un édifice de cette nature. Fontana fit commencer dans le même tems cette partie du palais du vatican qui regarde la place de faint Pierre & la ville de Rome, & qui eſt le plus apparent de ceux qui compoſent ce grouppe de palais. On peut comparer ce nouvel édifice à celui que notre architecte fit bâtir près de faint Jean de Latran, pour le même pape.

Fontana eut beaucoup de part à la conſtruction du palais Quirinal; il fit élever cette partie qui eſt du côté de la place Pie, & le long de la rue de ce nom. Il élargit la place, fit tranſporter des thermes de Conſtantin, ces deux coloſſes, qui tiennent en main ces deux fameux chevaux attribués à Phydias & à Praxiteles, & les plaça avantageuſement vis-à-vis cette longue rue qui va à la porte Pie. Cet artiſte donna encore le deſſin des quatre fontaines qui ſe trouvent aux quatre angles que forme la rue Felice, en croiſant celle dont nous venons de parler. Elles ne répondent point à la beauté du lieu, qui eſt le plus agréable de Rome. Il eût plutôt fallu conſtruire une belle place dans cet endroit, & la décorer avec de belles fontaines. Fontana bâtit dans le voiſinage le palais Matei, qui appartient aujourd'hui à la famille Albani; quoiqu'on y ait fait

beaucoup

beaucoup d'augmentation, l'architecture n'a rien de remarquable.

Cet architecte répara les deux fameuses colonnes Antonine & Trajane, & bâtit l'hôpital pour les mendians, qui sert aujourd'hui de retraite aux pauvres prêtres qui sont infirmes & âgés, près du pont de Sixte. On cite encore parmi ses ouvrages, la porte du palais de la chancellerie. Il dirigea le conduit de l'eau dite *Felice*, qui vient d'une montagne, sous un petit château nommé la Colonne, qui est éloigné de seize milles, ou cinq lieues & un tiers de Rome. L'aqueduc a cependant vingt-deux milles, ou sept lieues & un tiers de long, pour éviter les collines & les vallées. Les arcades qui le supportent ont jusqu'à soixante-dix palmes de haut, dans certains endroits. L'aqueduc paroît pendant l'espace de quinze milles, ou cinq lieues, & va sous terre pendant sept milles, ou trois lieues deux tiers. Le pape employa constamment deux mille hommes à ces travaux, & même jusqu'à trois ou quatre mille. Fontana bâtit une belle fontaine, sur la place dite *Termini*, par où se répandent ses eaux. On y voit une statue colossale de Moïse, dans la niche qui occupe le milieu de ce monument ; & sur les côtés, des bas-reliefs, qui représentent les

Juifs qui se désaltèrent dans le désert. Cette fontaine auroit dû être d'un ordre rustique, & les eaux devroient sortir de quelques montagnes ou rochers, au lieu d'une muraille très-unie, qui est entre des colonnes d'ordre ionique. On trouve encore à redire que les eaux sortent par des lions, qui de leur nature ne jettent point d'eau, & qui ne se trouvent jamais dans la société des hommes. D'ailleurs l'attique de cette fontaine est trop élevée.

Sixte-Quint forma le projet d'établir une manufacture de laine dans le collisée. Fontana en donna le dessin, qu'il avoit adapté à la forme de l'ancien amphithéatre. Ce plan étoit ovale, & on y voyoit quatre portes aux extrêmités des deux diametres de cette figure, & un pareil nombre d'escaliers. Il devoit y avoir une belle fontaine au milieu de la cour, & des galeries tout autour, derriere lesquelles auroient été les logemens des ouvriers, de même que les boutiques & les magasins. On avoit déja commencé à applanir le terrein; mais la mort du pape empêcha l'exécution de ce projet.

Tandis que Fontana faisoit construire un pont de pierre sur le Tibre, à Borghetto, près de la Marche, on fit de si mauvais rapports sur son compte, que

Clément VII lui ôta sa place d'architecte pontifical, & voulut encore lui faire rendre compte des sommes considérables qu'il avoit employées dans la construction d'un si grand nombre d'édifices. Le comte de Monterey, viceroi de Naples, l'engagea alors à se fixer dans cette capitale, & le nomma architecte du roi des deux Siciles & premier ingénieur des deux royaumes.

Etant arrivé à Naples, en 1592, il rassembla les eaux de plusieurs sources de la terre de Labour, & fit nettoyer l'ancien canal de Clanio, que l'on nomme communément Lagno, pour le conduire depuis Sarno jusques à la tour de l'Annonciade, pour la commodité des moulins de Naples.

Ce fut sous la viceroyauté du comte Olivarez, qu'il commença la rue de Chiaja, le long de la mer, & qu'il la décora de plusieurs fontaines. Il redressa la rue de sainte Lucie, qui conduit à la mer. Cet artiste fit encore applanir la place qui est devant le château neuf, y éleva la fontaine Medine, qui est la plus belle de la ville. Fontana fit ensuite placer près de la porte de l'archevêché, trois tombeaux de marbre, sur lesquels sont autant de statues qui représentent Charles premier, Charles Martel, &

Clémence sa femme, qui y sont ensevelis. Il fit élever l'autel de la chapelle de saint André, dans le palais de l'archevêché d'Amalfi; celui de saint Mathieu, à Salerne, avec la chapelle souterreine au dessous, & où l'on descend par une double rampe.

Le plus grand ouvrage que Fontana entreprit pendant son séjour à Naples, est le palais du roi, qui fut bâti sous la viceroyauté du comte de Lemos. Ce palais a trois étages; le rez-de-chaussée est orné d'un portique, dont la corniche est soutenue par des pilastres d'ordre dorique. Le second étage est d'ordre ionique, & le troisieme est composite, avec des pilastres, & entre lesquels se trouvent les fenêtres. Le palais a trois grandes portes, dont celle du milieu est ornée de colonnes doriques, isolées, qui sont de granite de l'isle d'Elbe: la porte du milieu conduit dans une cour d'une grandeur médiocre; les deux autres portes conduisent à des cours beaucoup plus petites, de la même forme que la premiere. La principale façade, où l'on compte vingt-une fenêtres, a cinq cents vingt palmes de long; celle des côtés du palais est de trois cents soixante; enfin la hauteur de ce bel édifice est de cent dix. On a entiérement changé la distribution de Fontana. Le comte de Monterey gâta absolument ce palais, en rejettant l'escalier dont notre architecte avoit donné le dessin, & en substituant celui qu'il disoit être dans le goût militaire, parce qu'il n'y observa aucune proportion. Les Napolitains vantent cependant cet escalier, quoiqu'ils dussent s'appercevoir que sa longueur est trop considérable pour sa largeur. Mais le peuple, frappé de son étendue extraordinaire, confond le grand & le vaste, avec le vrai beau. Ce mauvais escalier a été cause que l'on a altéré la proportion des salles. On vient de faire beaucoup d'augmentations à ce palais ; on a bâti dans les endroits où l'on ne devoit pas le faire, & l'on a conservé l'ancien bâtiment qui menace ruine. Il est humiliant pour la ville de Naples, de n'avoir pas un seul édifice dont l'on puisse vanter l'architecture.

Fontana donna encore le plan d'un port, qui devoit être formé à la tour de Saint-Vincent. Le mole devoit avoir quatre cents cannes de long ; mais l'on n'en fit que quarante, & l'on abandonna le projet. Cet architecte mourut à Naples, extrêmement riche & comblé d'honneur. Il fut enterré dans l'église de sainte Anne, qui appartient à la nation Lombarde, dans une chapelle qu'il avoit fait construire. Son fils, Cefar Fontana, qui lui fuccéda dans fa qualité d'architecte du roi, lui fit ériger un beau maufolée. On connoît un ouvrage *in-folio* de Dominique, où il parle, dans le plus grand détail, de la conftruction de la bibliotheque du vatican, & de quelques édifices qu'il a fait bâtir à Rome & à Naples.

Cet artifte eut beaucoup de talens pour les méchaniques ; mais fon ftyle en architecture n'eft pas correct ; il n'a point confervé aux différens ordres le caractere qui leur convient, & a donné dans le fec & dans le maigre ; d'ailleurs fes compofitions font nobles & majeftueufes, mais elles ne fouffrent pas l'examen des détails. Le chevalier Dominique Fontana mérite un rang diftingué parmi les architectes.

Jean Fontana, né en 1540, & mort en 1614.

Il aida fon frere Dominique dans tous les grands travaux dont cet artifte fut chargé à Rome. Il fut également architecte de l'églife de faint Pierre, & l'on croit que le palais Juftiniani, qui eft d'affez bonne architecture, a été bâti fur fes deffins. Le plus grand talent de Jean Fontana, étoit pour l'hydraulique. Il nettoya l'embouchure du Tibre, à Oftie; régla le cours du Velino, qui étoit une fource intariffable de démêlés entre les habitans des villes de Terni & de Narni. Cet architecte a encore conduit des eaux à Civita-Vecchia & à Velletri, amena l'eau dite Algida à Frefcati, pour faire les délices de la maifon de plaifance du Belveder, & ceux de la ville de Mondragone. Il y fit plufieurs fontaines très-agréables & très-ingénieufes. Jean Fontana rétablit les anciens aqueducs d'Augufte, pour amener l'eau du lac de Bracciano, felon l'intention de Paul V. Elle fe décharge par cinq endroits au-deffus de Saint-Pierre-Montorio, où notre artifte bâtit cette fameufe fontaine qui peut être comparée à celle de la place Dei-Termini. On y voit couler l'eau en fi grande abondance, qu'on feroit tenté de croire qu'un petit fleuve a fon embouchure dans cette partie de la ville. Les colonnes d'un ordre ïonique trop maigre, qui décorent la fontaine dont on vient de parler, & qui font placées fur des piédeftaux trop étroits, femblent foutenir avec peine l'attique, qui eft trop élevée & furchargée des armoiries du pape, qui paroiffent trop lourdes. Jean Fontana continua les conduits jufqu'au pont de Sixte, pour former cette belle

F iv

cascade qui est au pied de ce pont, en face de la strada Giulia (la rue de Jules). On remarque encore dans cette fontaine, des colonnes trop engagées, qui ont quelque chose de sec & produisent un très-mauvais effet.

Le même architecte amena pareillement des eaux à Recanati & à Lorette; il établit la digue qui sert à former la belle cascade du Teverone, à Frescati. Le pape envoya enfin Jean Fontana à Ferrare & à Ravenne, pour y réparer les dommages causés par une inondation du Pô, & par d'autres rivieres qui sont les fléaux de cette contrée. Notre artiste y tomba malade & revint promptement à Rome, où il mourut à l'âge de soixante-quatorze ans. Il fut enterré dans l'église de *l'Ara-cæli*.

Jacques de la Porte, de Milan.

Cet artiste, qui travailla d'abord en stuc, étudia l'architecture sous Vignole, & devint architecte de l'église de saint Pierre. Il exécuta le projet de Michel-Ange Buonarotti, en voûtant cette fameuse coupole, qui donne une sorte de supériorité à Rome moderne sur Rome ancienne. On a construit des dômes dans tous les tems, il en reste encore quelques-uns dans les anciens monumens, tels que la coupole du temple de Minerve, à Athenes; celle du Panthéon, à Rome, qui malgré leur élévation intérieure, n'offrent qu'une maſſe lourde & informe, quand on les regarde de dehors. Il en eſt de même de la coupole de ſainte Sophie à Conſtantinople, de celle de ſaint Marc à Veniſe, & de ſaint Auguſtin à Rome. Le dôme de Piſe a quelque choſe de gothique qui déplait; c'eſt-à-dire, cette forme trop pointue, dont le Brunelleſchi ne s'écarta pas beaucoup dans la coupole de la cathédrale de Florence. Il eſt vrai qu'il ſauva ce défaut à ceux qui ſont dans l'égliſe, en faiſant une ſeconde coupole moins aiguë dans la première. Michel-Ange donna le deſſin de la double coupole de ſaint Pierre, où il raſſembla la beauté, la nobleſſe & la grandeur; qualités qui font l'objet principal des beaux-arts. Sixte V, qui vouloit mériter l'immortalité, ſur-tout en embelliſſant Rome, chargea Jacques de la Porte, ſon premier architecte, & Dominique Fontana, de voûter la coupole. On y employa ſix cents hommes pendant vingt-deux mois; ils travailloient non-ſeulement le jour, mais encore pendant la nuit, & acheverent cet ouvrage ſans pareil, dans l'espace de tems dont on vient de parler (1.).

Ces deux architectes donnerent un peu plus de hauteur à l'axe de la coupole, que n'avoit fait Michel-Ange, soit à l'extérieur, soit à l'intérieur, & firent par conséquent ce dôme un peu plus oblong ; mais ils ne changerent point le deffin de la lanterne. Il eft inutile de rapporter que cet artifte étoit convenu publiquement qu'il ne fe croyoit pas capable d'en faire un plus beau que celui que donna le Brunellefchi pour la lanterne du dôme de Florence. Il faut convenir que celle de faint Pierre eft fi peu fvelte (dégagée) & d'une fi mauvaife proportion, fur-tout cette enceinte garnie de chandeliers, dans le goût antique, qui occupe la partie fupérieure de l'entablement, qu'on peut révoquer en doute que Michel-Ange en ait donné le deffin. Cette lanterne, toute défectueufe qu'elle eft, fe trouve cependant dans le modele de la coupole de faint Pierre, exécuté fous les yeux de ce grand homme, &

---

(1) On raconte à Rome que Sixte-Quint fit venir fon premier peintre, pour lui demander combien il faudroit de temps pour peindre cette fameufe coupole, qui eft toute en mofaïque ; celui-ci lui répondit que « c'étoit l'ouvrage de cent ans ». Le pape lui dit froidement que l'on y mette cent peintres, & que cela foit fait dans un an.

que l'on conserve avec soin derriere l'église. Le plus grand défaut de cette lanterne consiste dans les colonnes qui posent sur la partie la plus foible du dôme.

On oublia pour lors de mettre sur les colonnes qui décorent le tambour, les statues que l'on voit dans le projet. On a jugé à propos de les placer depuis. On a peut-être eu raison, car elles eussent causé une sorte de confusion & augmenté considérablement le poids de la coupole. Sixte V fit mettre sur la coupole sept côtes ou plates-bandes de bronze doré, depuis la base de la lanterne, jusqu'à celle de la coupole, du côté qui se présente à la vue, lorsqu'on veut entrer par la principale porte de cette église. On enleva dans la suite ces plates-bandes, pour les employer à un autre usage.

Jacques de la Porte & Fontana firent tracer sur le pavé de l'église de saint Paul le plan & l'élévation de cette coupole célebre; mais les lignes en sont presque toutes effacées; d'ailleurs, les pierres sur lequelles on les avoit tracées, sont en général très-mal jointes.

Le diametre du tambour de la coupole du vatican est de cent quatre-vingt-treize palmes & deux tiers, celui du Pantheon est de cent quatre-vingt dix, &

deux tiers. En y comprenant les murs, le premier eſt de deux cent ſoixante-ſix palmes & demie, & le ſecond de deux cent cinquante-quatre palmes. La circonférence extérieure du tambour de la coupole de ſaint Pierre du vatican contient huit cent trente-ſix palmes; celle du pantheon, ſept cent quatre-vingt-dix-huit. La hauteur intérieure du dôme de ſaint Pierre, meſuré depuis l'entablement du tambour, juſqu'à l'œil de la lanterne, eſt de deux cent quatorze palmes; celle du pantheon, meſuré de la même maniere, eſt de cent quatre-vingt-treize palmes & deux tiers. La hauteur du dôme de ſaint Pierre, meſuré extérieurement, eſt de deux cent trente-deux palmes, & celle du panthéon eſt de deux cent deux. On compte, depuis le commencement du tambour, juſqu'à l'extrêmité de la croix, trois cent quatre-vingt-ſept palmes & deux tiers : d'où il eſt aiſé de voir que la hauteur de la lanterne du dôme de ſaint Pierre, en y comprenant celle de la croix, eſt égale à celle du palais Farneſe. On compte, depuis le pavé de l'égliſe juſqu'au tambour, deux cent neuf palmes & demie; d'où l'on voit que la hauteur totale de l'égliſe & de la coupole, juſqu'à l'extrêmité de la croix, eſt de cinq cent quatre-vingt-seize palmes. La hauteur de la coupole de Florence est de cinq cent quarante-une palmes & un sixieme. Le solide de la coupole de saint Pierre est évalué à dix millions cent deux mille palmes cubiques. L'espace compris entre les murs du dôme, équivaut à cinq millions cinquante-quatre mille quatre cent quarante palmes cubiques. Les quatre massifs qui supportent la coupole, en y comprenant les fondations, renferment huit millions cent trente-quatre mille quatre cent quarante palmes cubiques.

Les mathématiciens ont démontré que la chaînette est la courbe qui oppose la plus grande résistance pour les voûtes; de sorte qu'un ceintre ou une voûte ayant été fait selon cette courbure, leurs parties se soutiendront réciproquement par leurs propres poids, sans avoir besoin d'aucun secours, tels que le plâtre ou la chaux. Cette courbe est produite par une chaîne considérée comme un fil parfaitement flexible, chargée d'une infinité de petits poids, & suspendue par ses deux extrêmités à un plan vertical. Une voile gonflée par le vent, a la même courbure ; ceux qui desireront en connoître la construction & les proprietés, peuvent consulter les ouvrages de

MM. Bernoulli, qui sont les inventeurs de cette courbe, & ceux de M. Frézier. Le célèbre marquis Poléni n'a pas trouvé que la coupe du dôme du vatican fût une chaînette parfaite, mais qu'elle en différoit peu. Ce fameux mathématicien assura donc que la forme de cette coupole étoit très-bonne. On en parlera plus en détail par la suite.

Jacques de la Porte continua les travaux du capitole, selon les desseins de Michel-Ange, & fit placer les statues sur les balustrades qui terminent les trois palais. Il acheva encore l'église de *Jesu*, selon le plan de Vignole. Cette église est décorée de pilastres corinthiens, qui sont accouplés, & si voisins les uns des autres, que les aletes de leurs pié droits deviennent maigres, & les archivoltes ne sont point proportionnées. Les pilastres qui ornent les quatre massifs de la coupole, & qui reçoivent les arcs doublés, paroissent avoir leurs chapiteaux & leurs bases mutilés. La coupole de cette église, étant vue extérieurement, n'a aucune grace ; elle paroît même trop basse, par rapport à sa circonférence. Les fenêtres sont de mauvais goût, & sa convexité ne paroît pas assez considérable ; d'ailleurs cette coupole est octogone, & par conséquent moins agréable à la vue que si elle eût été circulaire. La façade de cette église est très-simple, en comparaison de l'intérieur, qui est très-orné. Les pilastres extérieurs paroissent très-petits, en comparaison de ceux qui sont dans l'église. On y voit plusieurs ressauts inutiles, de même que les cinq frontons, qui sont les uns sur les autres. Le seul mérite de cette façade est d'être entiérement bâtie en travertin ou pierre de Tivoli. On demande pourquoi on ne s'est pas servi du dessin de Vignole.

Jacques de la Porte fit encore construire la façade de l'église de saint Louis des François, qui est décorée de deux ordres, sçavoir, le dorique & le corinthien. Il tomba dans l'abus ordinaire d'employer ces deux ordres de suite, & commit la même faute dans la façade de l'église de Notre-Dame des Monts, & dans celle de sainte Marie in Via. L'église que cet architecte a bâtie pour les Grecs unis, dans la rue Babouin à Rome, est d'une belle forme. Le palais du marquis Serlupi, à côté du séminaire Romain, a été bâti par le même architecte. Son aspect est noble & majestueux ; mais la multitude des fenêtres, qui sont surchargées d'ornemens, le fait paroître trop lourd. Jacques de la Porte fit construire le joli palais Gottofredi, sur la place de Venise à Rome. On y remarque trois ordres d'architecture, dont le premier est un dorique, altéré dans les proportions de sa frise. Notre artiste bâtit encore le palais Nicolini, sur la place Colonne, qui est très-noble dans sa simplicité, & fit jetter les fondemens du palais Spada au cours, vis-à-vis la colonne Antonine. Cet édifice a été défiguré par la suite, au point qu'on devroit le démolir, pour la gloire de Rome. Jacques de la Porte eut encore la conduite du bâtiment de la Sapience, & fit construire les fenêtres du dernier étage du palais Farnese, avec la galerie qui donne sur la strada Giulia, & se raccorde très-mal avec le reste du palais. On met encore au nombre des édifices construits par cet architecte, le beau palais Marescotti. Jacques de la Porte donna les dessins de plusieurs fontaines pour la place Navone, pour la place Colonne, la place du Peuple, & pour celle de la rotonde de Notre-Dame des Monts. La plupart sont très-médiocres. Les meilleures fontaines qu'il a fait construire sont, 1°. celle qui est dans l'intérieur du capitole où est la statue de Marforio (1); 2°. la fontaine des Tortues,

---

(1) Statue fameuse, que l'on dit représenter le Danube.

à la place Mattei, qui est si renommée pour ses sculptures.

Jacques de la Porte donna enfin les plans de la Ville (maison de campagne) à Frescati. C'est avec raison qu'on l'appelle *Belvedere*, c'est-à-dire, lieu d'où l'on jouit de la plus belle vue, & qui est lui-même digne de l'attention des connoisseurs. Il y construisit un petit palais, d'une architecture très-agréable. Comme cet architecte, qui étoit très-gros, revenoit un jour de Frescati, avec le cardinal Pierre Aldobrandini, il lui survint un besoin causé par la quantité prodigieuse de melon & de fruits glacés qu'il avoit mangés. Le respect qu'il portoit à cette éminence, l'engagea à se contraindre ; mais il se trouva si mal, qu'on fut obligé de le laisser demi-mort à la porte de saint Jean de Latran ; il mourut peu de jours après, à l'âge de soixante-cinq ans.

Vincent Scamozzi, de Vicence, né en 1552, & mort en 1616.

Son pere Jean-Dominique, qui étoit versé dans l'art de lever les plans & dans

---

Elle fut trouvée dans le champ de Mars, *in Martis foro*, d'où lui est venu le nom de Marforio. Elle est censée répondre à la célèbre statue de Pasquin, dans toutes les satyres qu'on leur prête.

l'architecture, lui donna une bonne éducation. On dit même qu'il avoit fait bâtir plusieurs édifices dans sa patrie, & dans les villages voisins, & qu'il composa cette fameuse table raisonnée, qui est à la suite de l'ouvrage de Serlio. Elle porte à la vérité le nom de Jean-Dominique Scamozzi ; mais il paroît qu'elle a été faite par son fils. Vincent Scamozzi apprit l'architecture de son pere : à peine étoit-il parvenu à sa dix-septieme année, qu'il fit le plan d'un palais pour les comtes Oddi, qui lui fit beaucoup d'honneur, quoiqu'il n'ait pas été exécuté. Les édifices que le Sansovin & Palladio faisoient alors bâtir à Venise, furent ses véritables maîtres. Excité par la réputation de ces deux grands hommes, il suivit leurs bâtimens avec la plus grande assiduité, & forma le projet de les surpasser. Vincent Scamozzi prit sur-tout Palladio pour modele, & crut l'avoir effacé, parce qu'il en parloit toujours avec mépris. Ce n'est point en dénigrant les grands hommes, ou en les méprisant, qu'on les efface, mais en faisant mieux qu'eux, & en en parlant avec respect.

Scamozzi s'appliqua particuliérement à l'étude des ouvrages de Vitruve, pendant le séjour qu'il fit à Vicence, & s'attacha en même tems à la perspective, où il fit de si grands progrès, qu'il en composa un traité divisé en dix livres. Cet artiste y parloit d'une maniere très-claire de la construction des théatres & des décorations. Scamozzi n'avoit alors que vingt-deux ans, & sa réputation commençoit déja à se répandre. Les chanoines de saint Sauveur s'adresserent à lui, sur sa renommée, pour ouvrir les lanternes des coupoles de leur église, qui eût toujours été très-obscure sans cet expédient.

Cet artiste alla à Rome, pour acquérir de nouvelles lumieres ; il y étudia les mathématiques, sous le fameux Clavius, & dessina avec beaucoup d'exactitude & d'intelligence les plus beaux édifices de l'antiquité, sur-tout le collisée, les thermes d'Antonin & de Dioclétien, qu'il rendit publics. Cet ouvrage est en général peu estimé. Scamozzi fit ensuite le voyage de Naples, pour examiner les différens monumens de l'antiquité, qui sont dans cette ville & dans ses environs.

De retour à Venise, où il se fixa, il fut chargé par le sénateur Marc-Antoine Barbaro, d'élever un mausolée dans l'église de la Charité, en l'honneur du doge Nicolas de Ponte. Ce monument peut aller de pair avec tout ce qui a été fait de mieux dans ce genre. La réputation de notre artiste s'etant considérablement augmentée, on lui confia la continuation de la bibliotheque de saint Marc, commencé par le Sansovin. Scamozzi acheva cet ouvrage avec beaucoup de succès, & y ajouta le *museum*, ou la salle d'antiquités qui le précede.

Cet artiste alla à Rome pour la seconde fois, avec les ambassadeurs que la république envoya pour féliciter Sixte V, sur son exaltation au pontificat. Il examina dans cette circonstance les différens projets & les modeles des machines que les plus fameux architectes présenterent pour élever l'obélisque du vatican. Les monumens antiques avoient cependant beaucoup plus d'attraits pour lui, & son goût pour l'antiquité fut si grand, qu'il alla quatre fois à Rome, pour en examiner ses plus beaux restes.

Lorsque l'impératrice Marie d'Autriche passa à Vicence, en 1585, Scamozzi fut envoyé dans cette ville par la république de Venise, pour diriger toutes les fêtes. Comme on s'étoit proposé de représenter sur le théatre olympique de cette ville, l'Œdipe de Sophocle, notre artiste fut chargé des décorations, & s'en acquitta avec le plus grand succès. Il donna deux dessins pour le pont de Rialto, l'un de trois arches, & l'autre d'une seule; mais aucun d'eux ne fut exécuté ; on préféra le plan de Nicolas de Ponte. Scamozzi fut aussi malheureux dans la conduite de l'église & du monastere dit *della celestia*, dont il donna le plan. A peine cette église, qui devoit être construite dans le goût du pantheon, fut-elle commencée, qu'une intrigue de femmes fut cause qu'on la démolit. Notre architecte éprouva une destinée bien différente auprès de Vespasien Gonzague, duc de Sabionette, pour lequel il construisit un théatre dans le goût de ceux des anciens, qui fut universellement approuvé par les connoisseurs.

La fameuse forteresse de Palma, dans le Frioul, a été bâtie par Scamozzi ; il eut la satisfaction d'y mettre la premiere pierre en 1593, avec les généraux Vénitiens. On le chargea quelque temps après de faire achever le palais des nouvelles procuraties, sur la place de saint Marc à Venise. Il altéra, dans ce bel ouvrage, le plan du Sansovin, en ajoutant un troisieme ordre, qui forme le second étage. Je doute que l'on applaudisse à ce changement. Scamozzi n'acheva point cet édifice, & ne le conduisit pas jusqu'au coin de saint Germigniano ; ce soin étoit réservé à Balthazar Longhena, qui lui succéda dans ses emplois, & qui ne changea point ses desseins.

Notre architecte avoit formé le projet de son grand ouvrage intitulé, *idée de l'architecture universelle*, pour lequel il avoit besoin d'acquérir des connoissances que l'on ne peut se procurer que par les voyages. Il profita donc de l'occasion que lui fournirent les ambassadeurs que la république de Venise envoya dans les différentes cours. Il voyagea à leur suite dans toute la France, en Lorraine, en Allemagne & en Hongrie. De retour à Venise, avec une foule de connoissances précieuses, il se trouva si occupé qu'il ne sçavoit plus quel parti prendre. La liste des différens édifices publics ou particuliers qu'il fit non-seulement construire à Venise, mais encore à Padoue, à Vicence & dans les autres endroits de la république de Venise, seroit très-considérable, si l'on vouloit se donner la peine de les marquer. Nous ne parlerons que des pincipaux. Scamozzi bâtit à Venise le palais Cornaro, où l'on voit trois ordres d'architecture ; sçavoir, le dorique, l'ionique & le corinthien. Il éleva encore près de Lunico un casin ou petite maison de campagne, pour la famille Pisani. Le plan est un quarré parfait, au milieu duquel est une rotonde & des petites chambres dans les angles. La coupole qui couvre cette salle, surpasse de beaucoup le toit des chambres qui sont autour : la façade est décorée par un portique de colonnes ioniques mal disposées, qui supportent un fronton de mauvais goût. On critique encore la forme & les proportions des fenêtres du casin que notre architecte fit construire pour la famille Cornaro, dans un endroit nommé le *Paradis*, près de Castel-Franco. Le casin qu'il bâtit près de Padoue, pour la famille Molino, est beaucoup meilleur. On estime encore le palais Trissino, que l'on nomme aujourd'hui de Trento, qu'il fit construire dans sa patrie, dans un emplacement très-étroit : le plan en est très-ingénieux, & la décoration noble & majestueuse. Scamozzi devoit aller à Florence pour y bâtir le palais Strozzi, dont il ne fit que le second étage ; il se proposoit encore de faire le voyage de Gênes, pour construire le palais Ravaschieri, qui a trois étages, dont le premier est rustique, le second ionique, & le troisieme corinthien. Cet artiste se rendit enfin à Saltzbourg, à la sollicitation de l'archevêque de cette ville, pour sa cathédrale, qui fut bâtie sur ses desseins. Le nombre des plans que

Scamozzi fit pour différens princes de l'Europe, & pour plusieurs grands seigneurs, est très-considérable.

Notre artiste n'eut point assez de tems pour achever son traité de l'architecture universelle. Il l'avoit d'abord divisé en douze livres, & le réduisit ensuite en dix ; il le publia en 1615, avec un frontispice qui promettoit dix livres ; mais l'ouvrage n'en renfermoit que six dans le fond, sçavoir, le premier, le second & le troisieme de la premiere partie; & le sixieme, le septieme & le huitieme de la seconde. Il y a toute apparence que Scamozzi avoit composé les quatre livres qui manquent à son traité, mais qu'il n'avoit pas eu le temps de les rédiger. Comme il avoit grande envie de publier ceux qu'il avoit achevés, il aima mieux donner son ouvrage mutilé. Il ne put point y mettre la derniere main, ayant été surpris par la mort peu de temps après, à l'âge de soixante-quatre ans. Scamozzi fut enterré à Venise, dans l'église de saint Jean & Paul, où l'on devoit lui ériger un beau mausolée. Ce projet ne fut point exécuté, à cause des difficultés qui survinrent au sujet de son testament ; il choisit pour son héritier fon fils adoptif (1) André Toaldo Scamozzi, de la famille Gregori. Celui-ci érigea un monument à son bienfaiteur, dans l'église de saint Laurent, à Vicence, sa patrie. L'inscription qu'il y mit est des plus singulieres ; elle rapporte entr'autres, que presque toute l'Europe a été embellie par les édifices de Scamozzi. Il n'y a rien de plus éloigné de la vérité que la plupart des épitaphes, excepté les vers faits en l'honneur de presque tous les grands, & les oraisons funebres. L'homme garde rarement un juste milieu, quand il s'agit de blâmer, ou de donner des louanges.

Vincent Scamozzi fut un architecte, d'un mérite rare ; ses ouvrages sont simples, majestueux & purs : il eût été à désirer que son caractere ressemblât à ses productions. La vanité & l'orgueil furent ses vices dominans. Le titre fastueux d'*Architecture universelle*, qu'il donna à son traité, en est la moindre preuve : il y prodigua une érudition superflue & mal digérée. Le sixieme livre, qui traite des cinq ordres, passe cepen-

---

(1) Les adoptions ont encore lieu dans quelques villes d'Italie, sur-tout à Bologne. Lorsqu'une famille noble s'éteint, on fait tirer les enfans trouvés au sort. Celui sur lequel il tombe, prend le nom & les armes du défunt & succede à sa fortune.

Tome II. G

dant pour un chef-d'œuvre, & prouve que Scamozzi possédoit supérieurement son art. D'Aviler rendit service à la nation, en le traduisant en François. Du Ruy augmenta cette traduction, en y joignant différentes connoissances nécessaires à un jeune architecte, qui sont tirées des autres ouvrages de Scamozzi.

Cet artiste célebre donna le plan & la description de la ville Laurentiana, de Pline II, d'après les détails que cet auteur en a donnés dans une de ses lettres. Scamozzi composa encore une dissertation sur les fameux *Scamilli impares* (1), ou saillies d'un soubassement

___

(1) M. le marquis Galiani, l'un des meilleurs commentateurs de Vitruve, dit, au sujet de cette phrase, *stylobatam itâ oportet exæquari, ut habeat per medium adjunctionem per scamillos impares* (*); qui a donné lieu à la dissertation de Scamozzi, que l'on ne sçauroit trop regretter dans la perte des figures de Vitruve, celle où cet architecte montre la maniere de faire cette espece de piédestal. On regarde cette explication comme une des plus difficiles; ce n'est pas que l'on ne convienne facilement de la signification du mot *scamillum*, qui, étant un diminutif du mot larin *scamnum*, un banc ou un escabeau, ne peut signifier autre chose qu'un petit banc, comme un gradin ou une scabelle; ainsi, toute la difficulté n'est que dans son application. Plusieurs savans hommes parmi les modernes ont

(*) Pour ce qui est du stylobate ou piédestal, il doit être égal; en telle sorte néantmoins, qu'au droit de chaque colonne, il y ait des saillies en *forme de scabeaux*, qui fassent une inégalité. Traduction de Vitruve, par Perrault, édition de 1684, pag. 88.

continu sous les colonnes, en forme de piédestal (marches en nombre impair de Vitruve, qui ont exercé si long-temps la sagacité des antiquaires & des savans). Ce petit ouvrage n'est point parvenu jusques à nous, de même que le traité

---

travaillé à suppléer à la figure dont on a parlé. Philander avoue, dans le commentaire qu'il a fait sur cet endroit, qu'il ne le comprend pas bien. M. Galiani, sans prétendre positivement être mieux instruit, paroît adopter le sentiment de ceux qui regardent ces *scamilli impares*, comme des ressauts que fait le piédestal sous chaque colonne, & qui, dans un soubassement continu, semblent faire autant de piédestaux particuliers. L'épithete d'*impares* vient de l'inégalité qu'ils causent dans le piédestal continu. Cette opinion est fondée sur deux passages de Vitruve, dans le premier desquels il est dit que ce moyen détruit la trop grande uniformité du soubassement. *Si enim ad libellam dirigetur alveolatus, oculo videbitur.* Vitruve, chap. III du liv. III. Dans le cas où le soubassement ne seroit point interrompu par ces ressauts ou *scamilli*, ils ressembleroient à un canal, dont la cymaise d'une part, & les moulures de la base formeroient les bords. L'autre endroit est celui du même chapitre. *Utique adjectis in stylobatis facta fuerit, in superioribus membris respondeat symmetria epistyliorum* (*). On ne sçauroit rien ajouter à un piédestal, si ce n'est les ressauts que l'on fait faire à un socle continu, sous les colonnes. Il n'existe aucun monument antique, qui puisse donner la moindre lumiere sur cet objet. On voit seulement entre Rome & Tivoli, les ruines du tombeau de Plautius, où l'on voit des ressauts dans le soubassement continu qui portoit six colonnes au frontispice; mais les ornemens de l'entablement n'existent plus, & l'on ne sçauroit voir si ces ressauts étoient répétés dans l'architrave.

(*) Afin que la symmétrie des architraves fasse répondre les membres supérieurs aux saillies qu'on a données aux piédestaux. Vitruve de Perrault, page 98. Edition de Paris, 1684, *in-folio.*

G ij

de perspective de cet artiste, & le quatrieme livre de son architecture universelle.

Pierre-Paul Olivieri, Romain, né en 1551, & mort en 1599.

Cet architecte donna le plan de l'église de saint André *della Valle* à Rome. C'est une croix latine, avec une grande nef & des chapelles enfoncées de chaque côté. Le chœur est en forme de demi-cercle. Olivieri mourut de mort subite, avant que ce grand édifice fût achevé. On l'enterra dans l'église de la Minerve.

Jean Caccini-Florentin, né en 1562, & mort en 1612.

Il fut éleve de Dosio, & devint également bon sculpteur & bon architecte. Il bâtit, aux dépens de Baillif Pucci, un portique avec des arcades soutenues, & attenant à l'église de l'Annonciation de Florence par des colonnes de pierre dittes *Sirena*. Le même artiste fit construire le bel oratoire de la famille Pucci, & donna les dessins du chœur & du grand autel de l'église du Saint-Esprit.

Martin Lunghi, Lombard.

Cet artiste qui naquit à Vigiù, dans le

Milanois, exerça d'abord la profession de tailleur de pierres, & devint ensuite architecte, à force de soins & de travail. Il bâtit, sous le pontificat de Gregoire XIII, cette partie du palais de Monte Cavallo, qui se nomme la tour des vents. Martin Lunghi construisit, pour les peres de l'Oratoire, l'église nouvelle, connue même des François, sous le nom de *Chiesa nuova*, extrêmement décorée, mais dont le plan est très-ordinaire. C'est une croix latine mal éclairée, & dont les chapelles sont encore plus obscures que la nef. On critique, avec juste raison, les deux longs corridors, qui sont paralleles à cette partie de l'église. Cet architecte donna encore le dessin de la façade, mais elle fut bâtie long-temps après, par Fausto Rughesi de Monte Pulciano. Quoique cette façade ait plusieurs frontons inutiles, avec des ressauts & des trumeaux déplacés, elle ne laisse pas que d'avoir un air majestueux. La façade de l'église de saint Jerôme des Esclavons à Ripette (quartier de Rome, sur les bords du Tibre) est beaucoup plus belle & plus pure ; elle est décorée de deux ordres d'architecture, comme la premiere. Les façades des églises des Converties au cours & de la Consolation, sont à peu près dans le même genre, &

n'ont été élevées qu'au premier ordre. Martin Lunghi éleva le clocher du Capitole, répara l'églife de fainte Marie en Traftevere, & le palais des ducs d'Altems à S. Apollinaire. Le palais des princes Borghefe, paffe pour un des plus beaux édifices bâtis par cet architecte. Ce n'eft point la bizarrerie de fa forme qui approche d'un clavecin, qui lui a donné cette préférence (1) ; il en eft redevable à la belle diftribution de chaque étage, à la beauté des proportions des fenêtres, & à la maniere dont elles font efpacées. Il eft dommage de voir entre chaque étage, les fenêtres des mezzanines, qui font d'un très-mauvais goût, & qui déparent toute la façade. La cour, qui eft fuffifamment grande, eft environnée d'un portique très-noble, foutenu par des colonnes accouplées, fur l'entablement defquelles s'élevent les archivoltes ou arcs doubleaux. Le portique inférieur eft d'ordre dorique, & les colonnes de la galerie fupérieure font ioniques. Il entre cent colonnes dans la décoration de cette cour. On voit deux efcaliers dans ce palais, dont le plus

---

(1) Cette forme fi finguliere n'eft due qu'aux différentes augmentations faites à ce palais, entre deux rues, qui l'ont obligé à prendre cette figure.

grand est un peu rapide : le plus petit, qui est en limaçon, & qu'on estime pour sa coupe, est orné de colonnes isolées ; il paroît très-propre à faire tourner la tête à ceux qui ne sont pas accoutumés de s'en servir.

Le seizieme siecle est celui qui a produit les plus grands architectes. Qu'on parcourre les temps depuis cette époque, jusqu'à Auguste, & qu'on descende jusques à nous, on verra que l'Italie n'a jamais eu un si grand nombre d'artistes célebres dans cette carriere. Peruzzi, San Micheli, Buonarotti, Jules Romain, le Sansovin, Serlio, Vignole, Palladio, Vasari, furent contemporains. Ces grands hommes excellerent tous dans l'architecture. S'il s'agissoit de leur assigner la place qui convient à leur mérite, il me semble que la premiere seroit due à Palladio, & que l'on devroit faire asseoir à sa droite Vignole, Buonarotti, Sansovin & le Vasari. On mettroit à sa gauche Peruzzi, San-Micheli, Jules Romain & Serlio. Si quelques souverains ou quelques Mecenes, doués d'intelligence, comme on en comptoit alors un grand nombre en Italie, eussent réuni ces grands hommes, pour les faire travailler de concert à un traité complet d'architecture, quelles lumieres n'auroit-on pas eu droit d'attendre de ce concours de connoissances ? Il est vrai que chacun d'eux nous a transmis, soit dans ses écrits, soit par ses ouvrages, ce que l'expérience, aidée de la réflexion, leur avoit appris sur les principes de son art. Si ces architectes eussent été réunis, ne fût-ce que pendant l'espace d'un an, pour se communiquer leurs idées, & pour discuter leurs sentimens, dans l'unique intention de trouver la vérité, il est hors de doute qu'ils auroient découvert les véritables principes de l'architecture, & qu'ils en auroient tiré des conséquences applicables à tous les cas. Notre auteur dit que le résultat des conférences de ces artistes célebres eût été un code d'architecture, qui auroit été une regle sûre pour la postérité. Le seizieme siecle ne fut point celui des académies (1). L'I-

―――――――――――――――

(1) On s'est élevé dans ces derniers tems contre l'établissement des académies, parce que l'on a prétendu que les arts y dégénéroient en routine, & que l'éleve imitoit son maître ou celui qui présidoit à ces assemblées, pour lui plaire. Cet inconvénient, qui est balancé par une foule d'avantages, pourroit peut-être avoir lieu dans les académies de peinture, mais il n'en est pas de même des académies d'architecture. Les données de problêmes qu'on y résout, sont toujours si différentes, qu'il n'est pas à craindre que les artistes se calquent exactement les uns sur les autres ; on desireroit seulement que tous les grands travaux du royaume fussent soumis au jugement de l'académie de Paris, qu'elle en fît l'analyse, & les rendît publiques, enfin qu'elle exposât les productions de ses membres, comme celle de peinture, à la place de ceux de ses éleves.

talie n'en a point eu jusqu'ici pour les arts & pour les sciences, qui aient une forme constante & des réglemens, si l'on en excepte l'institut de Bologne. Elle abonde cependant en académies qui, à l'exception de celle de la Crusca à Florence, n'ont pour but que des objets frivoles, & ne sont gueres connues que par les noms bizarres quelles portent. Il y a néanmoins à Rome une académie de dessin, qui est sous la protection de saint Luc. Quoiqu'elle ait été établie pour faciliter le progrès des beaux-arts, notre auteur fait des vœux pour que ses succès secondent efficacement les desirs de ses membres, & de l'instituteur.

L'Italie devroit avoir une académie d'architecture, dans le goût de celles des sciences de Paris, de Londres, de Berlin, & de Petersbourg, dont les membres s'assembleroient pour communiquer leurs observations, & pour examiner leurs dessins; on desireroit enfin qu'un secrétaire habile tînt un registre de leurs décisions, & qu'il en publiât les mémoires (1). C'est ainsi que

---

(1) Les avantages & les inconvéniens des académies sont très-sagement discutés dans la dissertation de M. Algarotti, sur l'académie de France, à Rome. Elle se trouve à la suite de l'essai sur la peinture, qu'il publia en Italie en 1762, & que j'ai fait connoître en 1768 dans notre

G v.

l'Italie exciteroit les talens & perfectionneroit les arts qui, depuis le siecle d'Auguste, ont fait sa principale gloire.

CHAPITRE III.

Des architectes du dix-septieme siecle.

CE siecle n'a pas produit d'aussi grands architectes en Italie que le précédent; il a été cependant très-brillant pour l'architecture, qui s'est répandue depuis dans plusieurs parties considérables de l'Europe.

Honoré Lunghi, né 1569, & mort en 1619.

Cet artiste, qui étoit fils de Martin Lunghi, se distingua dans ses études, & profita beaucoup des leçons de son pere. Comme il étoit très-singulier & peu sociable, il parloit mal de tous les artistes de son temps, ce qui le rendit odieux. Cet Architecte fit construire à Rome le chœur & le grand autel de l'église de saint Paul hors des murs, la cour, la

---

langue. Elle se trouve à Paris, chez Merlin, libraire, rue de la Harpe.

galerie & le belvedere du palais Vérofpi, & l'églife de fainte Marie libératrice à Campo Vaccino. Ces différens ouvrages ne lui font pas beaucoup d'honneur, de même que le grand autel de fainte Anatafie, dont il donna le deffin. L'églife dans laquelle il fe trouve eft de bonne architecture ; on voit quinze colonnes antiques très-belles, dont huit font d'un marbre violet très-rare, deux de granite rouge, & deux autres d'un marbre africain ; ces colonnes font toutes très-mal placées & embarraffées dans des ornemens de ftuc d'un certain Gimmachi, gentilhomme du cardinal Cugna, titulaire de cette églife, & qui s'imaginant fçavoir l'architecture, fit exécuter toutes fes extravagances. La façade de cette églife eft de Louis Arrigucci Florentin. Quoiqu'elle ait deux ordres avec un entablement qui les fépare, & qu'on y voye des pilaftres & quelques reffauts inutiles, elle ne laiffe pas que de préfenter un afpect agréable.

Honoré Lunghi prit un parti beaucoup plus fage dans le plan de l'églife de faint Charles au Cours, que dans fes autres édifices. C'eft une croix latine à trois nefs, qui eft très-noble, & d'une grandeur confidérable. Cet artifte fit plufieurs deffins pour les pays étrangers, & en fit exécuter quelques-uns à Bologne, à Ferrare & en Toscane; il alla même à Naples pour y faire bâtir quelques palais qui ne sont pas connus. Honoré Lunghi étoit très-versé dans l'architecture militaire, de même que son pere; il étoit de plus docteur en droit, & très-profond dans la connoissance des anciens auteurs grecs & latins.

Martin Lunghi, mort en 1657.

Il étoit fils d'Honoré Lunghi, dont on vient de parler. Il bâtit plusieurs édifices en Sicile, à Naples à Venise & à Milan, qui sont tous dans le goût de la façade de l'église de saint Antoine des Portugais, qu'il fit élever à Rome, & de celle de saint Anatase, près de la fontaine de Trevi. Comme cet artiste s'écarta de toutes les regles, il tomba nécessairement dans le bizarre, & ses ouvrages furent très-médiocres. Martin Lunghi répara l'église de saint Adrien, & donna le dessin de la façade de Notre-Dame dell'Orto (du jardin), qui est assez bonne; le grand autel de saint Charles au Cours, qui est très-simple, est du même. On n'y voit point d'ordre d'architecture, excepté celui qui regne dans l'église. Le fronton qui est sur l'entablement, au-dessus de cet autel, pasoit très-inutile, & d'une saillie trop considérable. L'ouvrage le plus célebre de cet architecte est l'escalier que le cardinal Gaëtani lui fit faire dans son palais au Cours. C'est le seul que l'on cite à Rome. Le palais où il se trouve, porte aujourd'hui le nom de Verospi; les marches sont d'une belle proportion. La cage (1), qui est rectangulaire, est très-simple & bien proportionnée. Voilà en deux mots en quoi consiste toute sa perfection. Du reste, les marches qui sont de marbre poli, sont un piege propre à faire rompre le col dans les temps pluvieux & humides. Les rampes composées de vingt-neuf marches, sont trop rapides & trop longues, par rapport à leur largeur. Ces deux défauts sont peut-être causés par la médiocrité de l'espace où cet escalier est bâti, quoiqu'il y ait beaucoup de terrein mal employé dans le reste du palais. On voit, à droit & à gauche de l'escalier, des pilastres ioniques, qui paroissent très-inutiles, & dont la base coupe les marches. Le plus grand défaut de cet escalier est de conduire directement dans le bel appartement, & non point à la porte d'une salle

---

(1) On appelle ainsi un espace compris entre quatre murs, qui renferme un escalier.

ou d'un vestibule. On y a suppléé par une niche d'assez mauvais goût. On auroit de la peine à croire qu'un morceau si célebre eût tant de défauts. Si l'on vouloit descendre dans un plus grand détail, on en trouveroit encore de plus considérables. Les murs du premier pallier sont décorés de niches d'une mauvaise proportion, de même que les portes qu'on y a percées, sans observer aucune symmétrie. Nous achevons cette analyse, en y faisant observer que les corniches qui couronnent les niches & les portes, coupent mal-adroitement les pilastres. Le cardinal Ginetti, qui étoit passionné pour cet escalier trop vanté, voulut en avoir un pareil dans son palais à Velletri. On dit qu'il est beaucoup plus beau, parce que l'architecte fut moins gêné par le terrein, & que le jour y est mieux ménagé, & plus considérable. Cet escalier est décoré de baustrades de marbre précieux

Martin Lunghi étoit aussi versé dans la connoissance des loix, & dans les sciences ; mais il étoit insolent, & du caractere le plus dangereux. Il fut mis en prison pour sa mauvaise conduite. Comme parmi les reproches qu'on lui faisoit, il étoit accusé d'avoir tenu de mauvais propos sur le pape, il courut de très-grands risques.

Charles Maderno, né en 1556, & mort en 1629.

Cet artiste naquit à Bissone, dans le territoire de Côme, & vint à Rome sur la réputation de Fontana, son oncle. Il exerça d'abord la profession de stucateur (1), & devint ensuite architecte, en voyant pratiquer son oncle, & en réfléchissant sur ses ouvrages. Charles Maderno conserva toujours son goût pour les ornemens en stuc, puisque il les prodigua dans la plupart de ses édifices. Il acheva l'église de saint Jacques des Incurables, & fit bâtir la façade, qui est décorée de deux ordres de pilastres. Le premier est dorique, avec des métopes lisses, & d'une grandeur démesurée, & le second corinthien, sur des piédestaux détachés, quoique voi-

---

(1) Cette profession, qui est connue depuis plusieurs siècles en Italie, sur-tout à Bologne, où le marbre est très-rare, ne s'est introduite en France que depuis quelques années. Ceux qui s'y appliquent font un très-grand mystere de leurs procédés. Je les ai dévoilés dans ma lettre sur le composto, la scagliosa & la mosaïque, que j'ai rendu publique par la voie des journaux d'agriculture, arts & commerce. Le stuc étoit connu des anciens, & j'en ai vu de beaux restes à Pompeia, ville engloutie par le Vésuve, qui a été découverte depuis Herculanum. On le fait avec du marbre blanc mis en poudre, & du plâtre ou de la chaux. Il se gâche avec de l'eau, dans laquelle on a dissout du savon blanc ; alors il se polit beaucoup mieux.

fins les uns des autres. Cet artiste tomba enfin dans tous les abus ordinaires, en décorant cette façade. Il fit bâtir le chœur & la coupole de saint Jean des Florentins. On trouve que le dôme est un peu aigu, & qu'il se rapproche trop du goût gothique. Charles Maderno éleva encore la façade de l'église de sainte Susanne, qui est d'une grandeur considérable, & très-ornée de sculpture. On peut la définir un grouppe ou un assemblage de défauts. Il suffira de dire que le fronton supérieur a une balustrade sur ces côtés inclinés. Si l'on réfléchit sur la nature du fronton, & sur celle de la balustrade, on verra clairement qu'ils ne doivent point aller ensemble.

Les différens ouvrages que l'on vient de nommer, valurent, à Charles Maderno, la place d'architecte de saint Pierre. Il fut chargé d'achever le chef-d'œuvre des plus fameux artistes, depuis, la renaissance de l'architecture. Il ne restoit plus rien à faire à cet auguste temple, que de finir la partie antérieure, & à lui donner la même forme qu'à celle du fond, où est la chaire de saint Pierre; on eût alors achevé la croix grecque, selon le beau projet qu'en avoient donné le Bramante, Balthasar Peruzzi & Michel-Ange. Cette église célebre étoit presque finie : trois des branches de la croix grecque étoient achevées ; il ne falloit plus que construire la quatrieme. Maderno, pour en vouloir faire davantage, gâta tout le plan. Il voulut rendre l'église plus grande, comme si la beauté & la vaste étendue étoient la même chose. Il changea donc la forme de la croix grecque en celle d'une croix latine, ce qui donna lieu à une foule de défauts. Avant ce changement, les différentes parties de l'église de saint Pierre avoient un certain rapport entre elles, & avec le tout ensemble ; il en résultoit cette harmonie & cet accord, qui fait l'étonnement & les délices du connoisseur, & qui inspire le respect à tous les spectateurs. Le changement que Maderno jugea à propos de faire, détruisit tous ces rapports & cette harmonie, qui devoient regner entre les parties & le tout. Quiconque entre pour la premiere fois dans l'église de saint Pierre, croit voir une église ordinaire, puisqu'elle lui paroît beaucoup moins grande qu'elle ne l'est effectivement. O prodige de belles proportions ! s'écrient les ignorans, qui disent pour lors une absurdité dont ils conviennent dans le fond. La même erreur est échappée au célebre Montesquieu dans son essai sur le goût; il n'a pu résister au torrent. On pourroit dire avec vérité, qu'un édifice ne paroît plus grand qu'il n'est, qu'autant qu'il est très-bien proportionné : on peut en voir la preuve dans la chapelle des Sforzes, qui est dans l'église de sainte Marie majeure, dans la chapelle sépulcrale de saint Laurent à Florence, le vestibule de la bibliotheque de la même église, & dans l'église de Notre-Dame des Anges auprès d'Assise, réduite par Michel-Ange à cette proportion qu'on y remarque aujourd'hui. Lorsqu'on entre dans ces édifices ou dans d'autres qui leur ressemblent, on est frappé de les voir plus grands dans l'intérieur qu'ils ne paroissent en dehors; ils semblent s'élargir à la vue par une espece de miracle. Si l'on entre dans l'église de saint Pierre, sans regarder ni à la droite ni à la gauche, ou la main sur les yeux, & qu'on se laisse conduire à l'une des extrêmités des deux bras de la croix, vers l'autel de saint Simon & saint Judes, ou vers celui de saint Procès & saint Martinien, on reste étonné en ouvrant les yeux. C'est alors qu'on apperçoit dans ce vaste temple, cette magnificence dont on n'étoit pas frappé en entrant par l'une ou par l'autre des principales portes. On ne peut s'empêcher de blâmer la présomption de Maderno. Il s'ensuit donc que la fameuse église de saint Pierre ne paroît pas aussi grande qu'elle l'est en effet. Il est aisé de voir que ce grand défaut est une suite de la disproportion monstrueuse, qui se trouve entre la grande nef du milieu, bâtie par Michel-Ange, & les deux nefs latérales, ajoutées par Maderno. Ces dernieres ne sont pas plus larges qu'un des autels qui s'y trouvent. Si cet architecte ne les avoit pas élevées par le moyen des petites coupoles elliptiques, la disproportion en seroit encore plus frappante ; il en eût résulté un autre inconvénient. Ces petites coupoles, en posant sur quatre arcs, dont il y en a deux grands & deux petits, paroissent mesquines & écrasées dans leur hauteur ; elles cachent toute la courbure des arcs ; & ceux-ci paroissent d'autant plus mauvais, qu'on les a surchargés d'ornemens. Notre auteur prétend qu'il ne faudroit plus que les fermer, & mettre un tableau dans le milieu, pour qu'ils formassent un rétable d'autel. On doit donc considérer les deux nefs latérales de saint Pierre comme deux corridors, qui ne servent qu'à communiquer d'une chapelle à l'autre. Le peu de largeur de ces communications influe fur la totalité de l'églife, par rapport aux entrées principales. Nous allons rapporter une autre faute de Maderno. Les deux premiers arcs de la grande nef, du côté de la coupole, font plus grands que les autres en defcendant vers la porte. On pourroit lui demander pourquoi il a mis cette différence : il paroît qu'il ne cherchoit qu'à faire le plus mal poffible : en effet, cet architecte, qui étoit, comme tant d'autres, au deffous de fa réputation, fe trouva tellement embarraffé, au feul afpect des matériaux de l'ancienne églife, qu'il ne fçut pas même tirer une ligne droite, c'eft-à-dire qu'il n'aligna pas les augmentations qu'il fit faire, avec le milieu de l'ancienne bafilique, lorfqu'il les raccorda les unes avec les autres ; il fe jetta un peu du côté du midi ; c'eft pourquoi la coupole n'eft plus au milieu de l'églife, & que lorfqu'on regarde du milieu de la porte de bronze, on voit l'obélifque, qui eft au centre de la place, un peu du côté du feptentrion. Il eft réfulté du changement de la croix grecque en une croix latine, qu'on n'a pas affez de place, pour voir dans toute fon étendue la fuperbe coupole, qui devroit paroître prefqu'à plomb fur la façade. Le tambour de cette coupole, qui est sa partie la plus belle, ne sçauroit être apperçue d'un certain éloignement. Ce dôme, que l'on voit à une très-grande distance de Rome, ne s'apperçoit plus dès que l'on entre dans l'église; il faut même marcher un peu en avant pour le découvrir. Les deux belles coupoles que Michel-Ange avoit si heureusement imaginées, pour accompagner le grand dôme, se voient à peine à la distance d'un mille, ou un tiers de lieue de ce temple. On critique encore avec raison l'attique qui environne l'église de saint Pierre. Il paroît que Michel-Ange n'en donna point le dessin, parcequ'on n'en voit aucun vestige dans les anciens dessins qui ont été faits de cette fabrique, & que l'on conserve à la bibliotheque du vatican. Cette attique, dont la hauteur devient extraordinaire, est encore défectueuse dans ses fenêtres, qui sont d'une mauvaise proportion, & d'un lourd extraordinaire. On blâme encore les niches mesquines qu'elle renferme. Ces niches n'ont aucun relief, & ne servent qu'à contenir des chandeliers ou torcheres d'une forme ridicule.

Il importe peu de connoître le véritable auteur de cette mauvaise attique; il est certain que Charles Maderno donna le dessin du portique, & de la façade de saint Pierre. Avant de l'élever, il commit une des plus lourdes fautes contre la partie la plus essentielle de l'architecture, qui est la solidité. Comme il devoit bâtir sur un terrein mouvant & peu solide, tel que celui de l'ancien cirque de Neron, il auroit dû prendre de plus grandes précautions pour les fondemens, & au lieu de les faire en pierre de taille, placées sur des pilotis, il les fit en blocage (1). Le portique fut à peine achevé, qu'il commença à menacer ruine du côté du midi, où le sol est le moins solide. Charles Maderno se vit obligé de renforcer les fondemens; il oublia cependant de leur donner la solidité convenable, pour supporter les deux clochers qu'une si longue façade exigeoit à ses deux extrêmités. Nous verrons par la suite ce que ce défaut de précaution coûta au chevalier Bernin, lorsqu'il voulut les construire. Si nous considérons la façade de saint Pierre, du côté de sa forme, nous y appercevrons une quantité de défauts si considérables, que le détail en deviendroit trop long & trop ennuyeux. Les portes sont mal dis-

---

(1) Les fondemens en blocage ou à pierres perdues, se font en jettant des pierres, sans ordre, dans du mortier, & en les y enfonçant avec une demoiselle, sorte de machines dont se servent les paveurs.

posées, & d'une mauvaise proportion, ayant pour hauteur le double de leur largeur. Quoiqu'elles soient ornées d'un ordre composite, avec des bayes ioniques, qui sont les plus mauvaises de toutes, les ornemens en stuc, qui décorent la voûte du portique, sont trop confus (1). Ce qui choque le plus dans cette façade, & qui ne répond point aux ornemens extérieurs de cette belle

---

(1) Lorsqu'on considere la prodigieuse quantité de rosaces & de compartimens en stuc doré, qui embellissent la plupart des voûtes des églises de Rome, & de quelques villes d'Italie, on conclut qu'elles ont dû coûter des sommes immenses. L'industrie des Italiens a mis depuis long-temps ce raisonnement en défaut. Toutes ces voûtes se font d'un seul jet. Comme cette opération est peu connue en France, & qu'on pourroit l'y introduire, je vais répéter ici les procédés que décrit le Vasari, dans sa vie des peintres & des architectes, qui sont les mêmes dont on se sert encore aujourd'hui.

Après avoir fait les ceintres de la voûte à l'ordinaire, & les avoir établis le plus solidement qu'il est possible, on les recouvre avec des planches assemblées à languette, afin que la matiere liquide, qui doit être coulée par dessus, ne fuie point. Cette voûte étant achevée, on y place, avec la plus grande régularité, les moules des ornemens qui doivent entrer dans la décoration de la voûte. Ces moules sont formés avec du plâtre gâché avec de l'huile de lin chaud, qui contribue à leur donner une grande dureté. Comme j'écris pour les jeunes artistes, je crois devoir leur faire observer que les parties qui doivent être de relief, se coulent dans des moules creux, & que celles qui sont creuses, comme les soffites des compartimens, sont faites par des reliefs. Tous les moules étant solidement arrangés, on les saupoudre avec de la terre ordinaire, que l'on passe au tamis, afin que la matiere liquide ne s'engage pas dans les moules. On coule

église , & au tambour de la coupole, c'est de voir des colonnes colossales alors un mélange de pouzzolane (*), de marbre pilé, ou de pierre travertine , & de chaux , bien gâchés ensemble , & un peu clair. On a soin de distribuer le poids de cette matiere le plus également possible sur la voûte de charpente, ce qui exige un certain nombre d'ouvriers, qui se divisent en deux bandes égales, qui remplissent les moules de chaque côté de la voûte. Lorsqu'on présume que ce mélange commence à acquérir une certaine solidité, on voûte par dessus avec des briques bien cuites. Quinze jours après, on ôte les ceintres avec précaution, de peur de laisser tomber les moules , & l'on répare les ornemens. C'est ainsi qu'ont été construits les rosaces & les compartimens qui embellissent la voûte de l'église & du portique de saint Pierre. On fait, d'après les mêmes principes, des colonnes de stuc d'un seul jet ; le noyau est en brique, & l'on assemble les creux avec des écroux. Si l'on compare les frais d'une pareille construction, avec ceux des colonnes en treillage, qui sont aujourd'hui si à la mode en France, on verra qu'ils sont bien moins considérables, & qu'elles produisent un effet beaucoup plus mâle & plus noble que ces productions mesquines, dont l'entretien est considérable, & qui décelent le mauvais goût de l'artiste. Les treillages, dont on fait aujourd'hui le principal ornement des jardins, font le même effet que la serrurerie qui est maigre, & qui ne se lie jamais avec l'architecture ; aussi les Italiens, qui ont été nos maîtres, ont ils proscrit cette derniere de leurs édifices. On ne voit chez eux ni balcons, ni rampes de fer.

(*) La pouzzolane tire son nom de la ville de Pouzzole, près de laquelle on l'a trouvée ; il s'en rencontre dans d'autres endroits de l'Italie, sur-tout près de Rome, dans le quartier de saint Paul hors des murs. C'est une terre rougeâtre, qui a la propriété de faire l'enduit le plus solide, qui durcit même dans l'eau, quand elle est mêlée avec de la chaux. Comme elle se trouve dans tous les endroits où il y a eu des volcans, il y a grande apparence que l'on en trouveroit dans les montagnes de France, sur-tout en Auvergne, où j'ai vu plus d'une fois les restes des volcans. Les anciens faisoient un cas particulier de la pouzzolane, & les modernes n'en tirent point de moindres avantages.

engagées dans les murs, & placées à côté d'autres colonnes d'un ordre différent, qui sont beaucoup plus petites. Le fronton, qui ne termine pas la façade, mais qui se trouve à sa moitié, où il coupe les mauvaises fenêtres de l'attique, produit encore un très-mauvais effet. Des ornemens minucieux nuisent encore à la décoration de cette église fameuse; enfin une balustrade mesquine en couronne la façade. Les statues colossales qu'elles supportent n'y paroissent point placées solidement, & sont un sujet de crainte pour ceux qui passent dessous. Si Charles Maderno a eu quelques raisons pour prendre un parti aussi singulier, il faut avouer qu'elles ne sont point connues des véritables architectes. Cet artiste doit être regardé, selon l'auteur Italien, comme celui qui a manqué le plus essentiellement aux regles de l'architecture. Il l'appelle en conséquence coupable du crime de *leze-architecture*, le plus grand qu'on ait pu commettre.

Maderno s'acquit cependant une si grande gloire par les différens ouvrages qu'il fit exécuter à saint Pierre, qu'il devint l'architecte à la mode; on ne bâtissoit plus à Rome que d'après ses plans ou suivant ses conseils. Il acheva le palais de Monte-Cavallo, où il fit la chapelle & la grande falle, avec plufieurs autres appartemens. Charles Maderno fit tranfporter de l'ancien temple de la paix, une belle colonne de marbre blanc qu'il éleva vis-à-vis l'églife de fainte Marie majeure. Le pape l'envoya examiner tous les ports de fes états, & le chargea de lever le plan de la forterefle de Ferrare. Cet artifte fit dans fon voyage plufieurs plans pour différens édifices. De retour à Rome, il y bâtit l'églife de Notre-Dame de la Victoire, qui eft obfcure & d'affez mauvais gout, quoique les ornemens n'y foient pas épargnés. La façade a été bâtie par un autre architecte. Charles Maderno conftruifit encore l'églife & le monaftere de fainte Lucie in Selce & l'églife de fainte Claire. Le même artifte éleva une chapelle à la minerve, (nom d'une églife de Rome), pour la famille Aldobrandini. Le chœur & la coupole de faint André, *della valle*, font de Charles Maderno ; l'architecture en eft eftimée, parce qu'elle eft très-fimple. Il acheva cette partie du palais Borghefe qui eft du côté de Ripetta, & répara le palais Strozzi, & une partie de celui de la famille Lancellotti. Cet artifte fit encore la tribune de l'églife de la Paix, & forma le projet de tranfporter à Monte-Cavallo l'obélifque du champ de Mars, où à la fontaine de Trevi; mais il est encore à la même place. L'ouvrage qui fait le plus d'honneur à Maderno, c'est le palais Mathei, qui est également noble & bien distribué; les fenêtres & les portes sont d'une bonne proportion & d'un beau profil. Cet artiste jetta les fondemens du palais Barberin; il s'y faisoit conduire en chaise à porteur, étant attaqué de la pierre, vers la fin de sa vie. Ce grand palais auroit dû être parallele à la strada Felice (nom de rue), & il auroit fallu démolir toutes les petites maisons qui sont vis-à-vis, pour faire une belle place sur cette rue, qui fût plus considérable que celle d'aujourd'hui, qui est bordée par le grand côté de ce palais.

La réputation de Charles Maderno se répandit hors de Rome, & cet artiste fit plusieurs dessins pour différentes villes d'Italie, & même pour la France & pour l'Espagne.

Flaminio Ponzio, Lombard.

Il bâtit pour la maison Borghese, dans l'église de sainte Marie majeure, la chapelle Pauline, qui sert de pendant à la chapelle Sixtine qui est vis-à-vis. Elle est beaucoup plus riche en sculptures & en ornemens, ce qui la rend plus confuse. Cet artiste bâtit encore la sacristie de cette église; il construisit le grand escalier double du palais Quirinal, dont les rampes sont de beaucoup trop longues. Les doubles rampes, dont l'une conduit à la salle royale & à la chapelle, de même que celle qui mene à l'appartement du pape, sont retrécies dans leur milieu par deux pilastres qui supportent des arcades & qui produisent le plus mauvais effet. Ponzio commença à rebâtir l'église de saint Sebastien hors des murs, & la conduisit jusques à la corniche. Le plus bel ouvrage de cet architecte est la façade du palais Sciarra-Colonne. Les appartemens sont placés à une hauteur convenable, & les fenêtres bien disposées; enfin les ornemens sont simples & ne paroissent point surperflus. On n'y voit point de corniche dans le milieu des étages, ni ressauts; enfin il n'y a qu'un seul entablement pour couronner l'édifice. Le portail, qui est si vanté par le peuple, parce qu'il le croit d'une seule piece, ne se lie point avec le palais; on y a employé le dorique le plus orné, qui ne cadre point avec l'édifice qui est dans le goût le plus simple. Les piédestaux des colonnes cannelées, qui accompagnent cette porte, sont trop élevés; ils ont été construits selon la proportion assignée par Vignole, qui prétend que le piédestal doit avoir pour hauteur le tiers de la colonne. On ne sauroit disconvenir que cette hauteur ne soit trop considérable, & qu'elle ne nuise à la colonne qu'elle fait paroître trop petite. Il me semble que cette partie est très-inutile, de même que la quantité de moulures dont on les couvre pour l'ordinaire.

Cet architecte judicieux mourut à l'âge de 45 ans, sous le pontificat de Paul V.

Jean Flamand, dit Vasanzio.

Cet artiste, qui exerça d'abord la profession d'ébéniste, devint architecte à force de travail ; il fit achever l'église de saint Sebastien à Rome, & donna le dessein de la façade, où l'on voit un portique, soutenu par des colonnes accouplées, qui n'a rien d'extraordinaire. Cet architecte fit travailler au palais de Mondragon, à Frescati. Il bâtit ensuite, pour le cardinal Scipion Borghese, à la ville Pinciana, un petit palais si surchargé d'ornemens, de bas-reliefs & de statues, que l'œil ne peut point s'y fixer. Cet édifice prouve que notre artiste étoit plus propre à fabriquer ces riches cabinets d'ébene, décorés avec de l'ivoire, qui

H iij

étoient jadis à la mode dans toute l'Europe, qu'à construire des édifices.

Constantin de Servi, Florentin, né en 1554, & mort en 1622.

Cet artiste, qui étoit d'une des plus illustres familles de Florence, fut en même tems peintre, ingénieur & architecte. Il voyagea par toute l'Europe, & fut reçu avec la plus grande distinction dans toutes les cours, qui s'empressoient à posséder un homme d'un si rare mérite. Le grand Sophi de Perse le demanda au grand-duc Côme II de Medicis. Constantin se rendit en Perse, où il demeura environ un an. On ignore quels furent les travaux auxquels on l'employa. De retour à Florence, il eut la surintendance de tous les travaux qui se font à la galerie (1), & celle de la ma-

---

(1) Les ouvrages qui se fabriquent dans cette galerie sont répandus dans la plupart des cours de l'Europe. Ce sont des mosaïques composées de pierres précieuses, que les Italiens nomment *il lavoro di pietre commesse*, travail en pierres jointes. Malgré le mystere qu'on affecte, vis-à-vis les étrangers, j'en ai sçu tous les procédés, & je les ai décrits dans ma lettre sur la mosaïque ancienne & moderne, qui est inférée dans les journaux d'agriculture, arts & commerce. Comme ces ouvrages peuvent exciter la curiosité du lecteur, je vais lui donner une idée de ce travail. On commence par faire deux dessins coloriés de table qu'on veut exécuter en pierres dures, comme disent les ouvriers de la galerie. On a soin d'y faire entrer des coquilles, des oiseaux & autres sujets, dont les couleurs

gnifique chapelle de saint Laurent. Il alla ensuite en Angleterre, où il s'attacha au

font tranchées, c'est-à-dire peu fondues. On découpe l'un de ces desseins, & l'on en distribue les parties entre les ouvriers, qui sont par chambrées de quatre ou cinq. L'un prend une fleur, & l'autre une coquille qu'il colle sur une lame ou petite table de la pierre précieuse, qui est de la couleur du dessin. Il met ensuite cette derniere en ciment sur une pierre de Lavagna (espece d'ardoise très-tendre, qui vient de Genes). Cet ouvrier découpe toutes ces pierres, selon les contours du dessin. Il se sert pour cela d'un étau de bois, semblable à ceux des ébénistes, pour tenir la pierre, & d'une scie formée avec un fil d'archal qu'il mouille continuellement avec de l'émeril broyé dans de l'eau. Comme cette espece de scie ne sçauroit rechercher tous les contours, les ouvriers y suppléent avec de petites limes de fer sans dents, en forme de couteau, qu'ils ne menent que de haut en bas, de peur d'ébranler la pierre, & de la casser. On se sert encore de petites roues de plomb, couvertes d'émeril broyé à l'eau, pour polir ces pierres précieuses, & les rechercher. Lorsque tous ces ornemens sont exécutés en pierres de couleur, ce qui est très-long à faire, on les rassemble sur une belle table de marbre noir, nommé pierre de touche ou de parangon, selon le premier dessein qu'on n'a point découpé. On en suit les contours avec une pointe de fer, & l'on fait dans ce marbre de petites excavations, qui peuvent recevoir tous ces ornemens. On les cimente pour lors, & l'on polit le tout ensemble. Comme plusieurs de ces pierres sont plus dures les unes que les autres, il en est certaines que l'on polit d'avance avec de l'émeril & la potée d'étain, sur des petites roues semblables à celles des lapidaires, que l'on fait aller avec le pied. Les limes sans dents sont toujours humectées avec de l'émeril broyé à l'eau. Les pierres de couleur sont le *lapis lazzuli* à veines d'or, pour le bleu ; le *rouge antique*, pour le rouge ; la *calcédoine*, pour le blanc de Perle ; le *verd antique*, pour le verd foncé ; le *verd de Corse*, pour le verd clair ; le *jaue de Sienne*, pour le jaune & le serracolin ; le *basalte*, pour le gris ; les *cornalines*, pour le beau rouge ; la *pierre d'émeraude*, pour le beau violet ; les *agathes* & les beaux *cailloux*, dont la Toscane & l'Egypte abondent, fournissent mille variétés. On scie toutes ces pierres en petites tranches, avec des fils d'archal. On fait encore des tableaux de cette ma-

prince de Galles qui le nomma surintendant de ses palais, avec une pension évaluée à 800 écus romains, ou 4000 livres de France. Le grand-duc de Toscane destina ensuite Constantin de Servi à passer en Hollande, pour s'y attacher au service des états généraux. Il y mérita l'estime de tout le monde, & sur-tout celle du comte Maurice de Nassau, qui ne cessoit d'en faire l'éloge dans toutes les lettres qu'il écrivoit au grand-duc. Cet artiste fit un dessin pour le palais que ce prince vouloit faire construire à la Haye, pour y faire sa résidence. On ignore les raisons pour lesquels Constantin de Servi retourna dans sa patrie, d'où il devoit envoyer le modele, en bois, du palais dont on vient de parler ; on ne sait pas non plus si son projet fut accepté

niere, mais qui ne valent rien, attendu que les couleurs en sont trop tranchées. Les ouvriers de la galerie ne travaillent que pour le grand-duc, qui fait des présens de leurs ouvrages. Ils ont cependant la permission de faire, à leurs heures perdues, de petits tableaux en pierres de rapport, & avec ce marbre, dont les accidens représentent des villes, & qui se nomme pour cela *pietra cittadinesca*. Ces derniers n'ont besoin que d'une bordure. On faisoit jadis des tableaux en mosaïques, dans le goût de Rome, mais on y a renoncé ; cette derniere se nommoit *opus musivum*, chez les anciens ; & le travail en pierres dures, *opus sectile*. Comme on ne l'employoit gueres qu'en grande partie pour les pavés, on les appelloit *pavimentum sectile*. On en fait encore de pareils pour les églises de Naples. C'est à la galerie de Florence, que se font ces beaux camées. M. Siriez, artiste françois, qui s'est consacré à ce genre d'ouvrage, y excelle.

& mis en exécution. Cet artiste termina enfin sa carriere en Toscane, après avoir fait plusieurs fois le tour de l'Europe. Il mourut au service du grand duc, qui l'avoit fait vicaire (espece de commandant qui représente le prince) à Lucignano.

Charles Lambardo, né en 1559, & mort en 1620.

Cet architecte, qui étoit ingénieur en même tems, naquit d'une famille noble à Arezzo. Il répara à Rome, pour la famille Vitelli, un petit palais qui fait aujourd'hui partie de la succession de la maison Pamphili. Il est situé sur le mont Magnianapoli, vis-à-vis saint Dominique & saint Sixte. Le même artiste fit élever la façade de l'église de sainte Françoise, dame romaine, qui est à Campo-Vaccino; on y voit un portique dans l'intérieur duquel on a employé l'ordre composite, & en dehors l'ordre dorique. Ce dernier est interrompu dans le milieu par de grands pilastres corinthiens, placés sur des piédestaux très-élevés. Quoique cette idée manque d'unité, on ne peut cependant la condamner.

Charles Lambardo donna le plan d'une maison de campagne, pour le cardinal Justiniani; elle étoit située hors de la porte du peuple, & ornée de belles avenues, de fontaines & de statues. On a négligé de l'entretenir ; il eût fallu détruire en même temps son portail, qui est orné de colonnes ioniques qui ne supportent rien. Lombardo composa un petit ouvrage sur les causes des inondations du Tibre, & sur les moyens d'y remédier. Il fut imprimé à Rome en 1601 ; on y trouve peu de philosophie, & de foibles connoissances de l'hydrostatique.

Jacques Desbrosses.

Ce célebre architecte François fleurit à Paris, sous le regne de Marie de Médicis ; il donna le dessin du fameux palais du Luxembourg, où il réunit l'étendue, la solidité & la majesté ; ces différentes qualités rassemblées, le font regarder comme le plus bel édifice de Paris. Cet édifice fut commencé en 1615, & achevé en 1620 : ses différentes élévations forment un contraste agréable, mais l'ordre toscan des colonnes en bossages, qui sont employées au rez-de chaussée, ne paroît pas convenir à un grand palais, bâti dans une capitale. L'ordre dorique, qui regne au premier étage, n'est pas pur ; on y voit des métopes qui sont rectangulaires, au lieu d'être quarrées, selon les regles. L'escalier qui est à l'entrée du palais, est très-obscur & très-lourd; il coupe encore la porte du jardin, auquel on ne peut communiquer que par un espece de sentier très-étroit, en venant de la grande cour. On vante beaucoup le dessin que cet architecte a donné de la façade de l'église de saint Gervais ; elle est décorée de trois ordres; savoir, le dorique dont les colonnes sont accouplées & engagées d'un tiers de leur diametre dans les murs; les métopes sont par conséquent inégaux, la porte d'entrée est couverte par un fronton : le second ordre de cette façade est l'ionique, dont les colonnes sont isolées ; & le troisieme corinthien, avec un entablement & un fronton circulaire. Les statues qui l'accompagnent sont trop lourdes & de la plus mauvaise exécution. Jacques Desbrosses fit construire, indépendamment de ces deux édifices estimés, le célebre aquéduc d'Arcueil, où il s'acquit beaucoup de gloire.

Jean-Baptiste Aleotti, mort en 1630.

Cet artiste naquit de pauvres parens, dans le fie d'Argenta près de Ferrare. Il servit les maçons en qualité de manœuvre dans sa premiere jeunesse. Comme il entendoit parler sans cesse de construction & d'architecture, il s'appliqua à

H vj

cet art dans les moments perdus ; il étudia encore la géométrie. Aleotti excella, non-seulement dans le dessin des plans d'architecture, mais encore dans l'art de niveller les terres & de conduire les eaux des fleuves, des lacs & des marais. Il bâtit la citadelle que Clement VII fit construire à Ferrare, & fut ensuite appellé à Mantoue, à Modene, à Parme & à Venise. Cet architecte construisit dans ces différentes villes plusieurs palais, des théatres & autres édifices publics. Il s'appliqua encore à l'étude des belles-lettres, & écrivit sur les eaux de la Polesine de saint Georges, & prit part à ces fameuses disputes sur l'hydrostatique, qui s'éleverent au sujet des trois provinces de Ferrare, de Bologne & de la Romagne, qui sont très-exposées aux inondations. Les problêmes interressans qui furent proposés dans cette circonstance, ne sont point encore résolus, & paroissent de nature à n'avoir jamais de solution. Aleotti publia encore quelques réflexions sur l'architecture, la géométrie & l'hydrologie.

Louis Cigoli, né en 1559, & mort en 1613.

Son véritable nom étoit celui de Cardi, mais étant né à Cigoli, village de la Toscane, il prit le nom de sa patrie

Il tint un des premiers rangs parmi les peintres, excella dans l'anatomie, & fut en même tems poëte, excellent joueur de luth & architecte Il fut chargé d'élever les arcs de triomphe, & de faire les décorations de théatres pour les fêtes publiques, qui se donnerent à Florence pour le mariage de Marie de Medicis avec Henri IV, roi de France. Cette préférence l'exposa à la jalousie de ses confreres, qu'il supporta avec beaucoup de philosophie. Le piédestal de la statue équestre, érigée en l'honneur de Henri IV sur le pont-neuf à Paris, a été construit sur les desseins du Cigoli. Il bâtit à Florence la loge, ou plutôt le portique de Torna-Quinci, dont les angles sont flanqués par des pilastres doriques, avec des bossages qui portent un entablement, au-dessus duquel est une balustrade. On voit au milieu de cette loge un grand arc flanqué par deux colonnes isolées & accompagnées de deux autres arcades plus petites, qui sont en retraite. Louis Cigoli bâtit encore la cour du palais Strozzi, qui est ornée de portiques, dont les ouvertures sont alternativement ceintrées & architravées; les fenêtres qui donnent sur cette cour sont quarrées & entourées d'une corniche. Le Cigoli donna un dessin pour la façade de l'église de sainte Marie del Fiore, qui passe pour le meilleur de tous ceux qui ont été présentés. Il y fit entrer deux ordres, savoir, le corinthien & le composite, avec des portes doriques. Le même architecte éleva au jardin de Gaddi, près de la place de Notre-Dame à Florence, une porte d'ordre toscan, qui passe pour très-belle. Il donna encore le plan d'une place elliptique, qui devoit être exécutée devant le palais Pitti ; mais ce projet n'a pas eu lieu. Le meilleur des ouvrages de cet artiste est sans contredit le palais Ranuccini à Florence : il a trois étages, son architecture est d'un stile simple, & toutes les parties de cet édifice sont d'une belle proportion. Le Cigoli bâtit à Rome, pour le grand-duc de Toscane, ce palais qui est à la place Madame, & qui appartient aujourd'hui à la daterie. Cet édifice est surchargé d'ornemens qui ne se lient point avec la façade : on voit entre autres des cariatides aux fenêtres ; la frise, qui est sous la corniche qui termine ce palais & qui est très-riche en sculpture, paroît trop large ; les fenêtres des mezzanines produisent un mauvais effet en la coupant ; elles ressemblent à autant de tableaux suspendus dans leur bordure. Le portique intérieur qui décore la cour, qui est trop petite, n'est point estimé. On critique avec raison les colonnes, sur les chapiteaux desquelles il y a un si grand nombre d'arcades portant à faux. Louis Cigoli fit plusieurs autres ouvrages considérables, & donna sur-tout plusieurs desseins pour la façade & pour les côtés de l'église de saint Pierre, qui ne plurent point à Paul V, qui étoit engoué de Charles Maderno.

Le Cigoli étoit un homme très-honorable & très-modeste; on abusa très-souvent de cette qualité. Un prélat, pour lequel il avoit fait un très-beau tableau, qui valoit plus de quarante doubles (pistoles), lui mit dans la main un papier avec quarante jules dedans (ce qui valoit environ 30 livres), après l'avoir comblé d'éloges & de politesses. Lorsque notre artiste ouvrit ce petit paquet en présence de ses éleves, il ne put s'empêcher de pleurer, mais il ne donna aucune marque de ressentiment. Comme il étoit à l'article de la mort, le pape lui envoya un bref de chevalier servant de Malthe. Cet artiste, qui étoit membre de l'académie de la Crusca, composa un ouvrage très-savant sur la nature & sur la qualité des couleurs, & sur les moyens d'en rendre la durée presqu'éternelle : ce manuscrit lui fut volé, & a été perdu pour les arts. Le Cigoli fit encore imprimer un traité sur la perspective pratique.

Cornelis Dankers de Ky, d'Amsterdam, né en 1561, & mort en 1634.

Cet artiste étoit fils & éleve de Cornelis Dankers, qui avoit long-temps exercé la profession d'architecte dans sa patrie ; il remplit la place de son pere pendant quarante ans. Comme la ville d'Amsterdam s'augmenta considérablement dans cet intervalle, il y bâtit un grand nombre d'édifices recommandables par leur décoration, & par la commodité de leur distribution. On compte parmi eux les trois nouvelles églises, la porte de Harlem, qui est la plus belle de cette ville ; elle est toute de pierres de tailles, & flanquée de deux grosses colonnes, sur lesquelles sont deux têtes de lion. On voit au milieu de cette porte, au-dessus de la corniche, une petite tour avec une horloge. La bourse pour les marchands est du même architecte ; elle fut commencée en 1608, & finie en 1613. Cet édifice a deux cent cinquante pieds de long, & cent quarante de large : il est soutenu par trois grandes arcades, sous lesquelles passent des canaux. On voit au rez-de-chaussée un portique qui environne la grande cour, au-dessus duquel font des falles, foutenues par quarante-fix piliers. Chacun d'entre eux eft numéroté, & affigné à une nation ou à des marchands du même genre. C'eft dans cette cour, ou dans fes environs, que les négocians fe réuniffent pour parler de leurs affaires. On voit au deffus une grande falle & un marché pour les différentes marchandifes. Dankers fut le premier qui trouva le moyen de bâtir des ponts de pierre fur les grandes rivieres, fans gêner le cours de l'eau; il en fit l'épreuve fur le Amftel, qui a deux cents pieds de large.

Paul Guidotti, de Lucques, né en 1569, & mort en 1629.

Il alla à Rome dans fa tendre jeuneffe, s'y appliqua au deffin, & devint un bon peintre; il peignit beaucoup, & dans prefque tous les édifices qui furent conftruits par ordre de Sixte Quint. La plupart de fes ouvrages ont eu le malheur d'avoir été couverts ou détruits par différens accidens. Il s'attacha dans la fuite à la fculpture. Le pape Paul V le fit chevalier dans l'ordre de Chrift, lui permit de porter le furnom de Borghefe, & le nomma confervateur du capitole, qui eft un des premiers magiftrats de Rome, pour un grouppe de marbre de six figures de fa compofition, dont il fit préfent au cardinal Scipion Borghefe. Cet artifte remplit les fonctions de confervateur, avec l'applaudiffement de tout le monde. C'eft à fa réquifition que l'on rendit un décret, en vertu duquel on pourfuivoit juridiquement tous les peintres qui n'obfervoient pas les réglemens de l'académie de faint Luc ; on en donnoit une note au fifcal du fénat, pour le faire punir felon la nature de fa faute. Un pareil décret auroit dû regarder tous les favans & tous les artiftes, mais il eût fallu trouver le moyen difficile de le faire obferver exactement.

Le Guidotti paffa encore pour un très-bon architecte. Il fut chargé des préparatifs magnifiques, pour la canonifation de quatre faints ; favoir, SS. Ifodore, Ignace, François-Xavier, Philippe de Neri, & fainte Therefe, qui fe fit en 1622, dans le palais du vatican : on ignore quels furent les autres ouvrages d'architecture de cet artifte. Le defir extrême de s'inftruire, l'engagea à étudier les mathémathiques, l'aftrologie, la jurifprudence, la mufique vocale & inftrumentale, & la poéfie. Il lui prit fantaifie de faire un poëme épique, fous le titre de la Jérufalem détruite, dont chaque ftance devoit finir par les mêmes mots que celle de la Jérusalem délivrée du Tasse. Il seroit difficile d'imaginer un projet plus extraordinaire. La curiosité de cet artiste, en matiere d'anatomie, étoit plus utile, mais il la porta à l'excès ; il passoit les nuits dans les cimetieres, pour enlever les cadavres nouvellement enterrés. Il les transportoit ensuite partie par partie dans des endroits éloignés, pour en étudier ce dont il avoit besoin pour le dessin.

Le plus bizarre de ses projets fut celui de voler ; il se fabriqua, avec un art infini, des ailes de baleine, qu'il couvrit de plumes, & trouva le moyen de les rendre flexibles jusqu'à un certain point. Ces ailes étant ainsi préparées, il se les attacha sous les bras, & fit plusieurs experiences en secret. Ce ne fut qu'après un grand nombre de tentatives dans ce genre, qu'il se donna en spectacle au public. Il s'élança d'une tour des plus élevées de Lucques, d'où il vola pendant un quart de mille. Comme ses ailes ne pouvoient plus le supporter, il se laissa tomber sur le toit d'une maison : il enfonça une chambre & se cassa la cuisse. Jean-Baptiste Dante de Perouse eut aussi l'envie de voler, mais il éprouva le même sort. On auroit tort de donner à ces chûtes le nom de vol ; elles ne different de celles des autres corps graves, que parce qu'elles ont été plus lentes, & qu'elles ne se sont pas faites en ligne perpendiculaire. Il n'est pas de même du trajet que le pere Grimaldi de Civita-Vecchia a fait dans les airs en venant des Indes Orientales. Ce religieux s'étoit fabriqué une machine très-ingénieuse en forme d'aigle, sur laquelle il passa, en 1751, de Calais à Douvres dans une heure, en dirigeant son vol, tantôt plus haut tantôt plus bas. Ce fait, qui est déposé sérieusement dans l'histoire de notre siecle, excitera peut-être la curiosité de nos neveux, & donnera lieu à un grand nombre de commentaires. Si le Guidotti n'eût point été continuellement occupé de projets aussi singuliers & aussi extraordinaires, il seroit peut-être devenu un très-grand architecte. Il étoit d'une très-belle figure, & avoit beaucoup de présence d'esprit ; mais ses raisonnemens étoient aussi bizarres que les projets dont nous venons de parler.

Dominique Zampieri, de Bologne, dit le Dominicain, né en 1580, & mort en 1641.

Ce peintre du premier ordre, excella dans l'architecture, & fut digne de la confiance de Gregoire XV, qui le nomma surintendant de ses palais. Il fit deux desfins pour l'église de saint Ignace. Le pere Graffi, Jésuite, les combina, & en tira celui qui a été mis en exécution. On prétend que si l'on eût suivi celui du Dominicain, Rome eût possédé un temple qui auroit fait l'étonnement de la postérité. Notre artiste fit le magnifique plafond de l'église de sainte Marie en Trastevere ; il bâtit encore dans la même église, la chapelle de Notre-Dame de StradaCupa. La porte du beau palais Lancellotti est du dessin du Dominicain ; il est flanqué de deux colonnes d'ordre ionique, qui sont engagées sans raison, & qui soutiennent une balustrade, dont les balustres sont d'une très-bonne forme. Ces colonnes posent sur des socles circulaires, pour faciliter l'entrée des carrosses ; mais la figure quarrée de la porte ne s'accorde point avec la décoration intérieure du palais, où l'on voit beaucoup d'arcades & de ceintres ; on remarque encore audessus de cette même porte, des ornemens très-lourds, qui en coupent l'architecture.

La belle maison de campagne, appellée le Belvedere, à Frescati, a été en partie construite sur les plans du Dominicain. Cet artiste donna encore le plan du dessin de la ville Ludovisi, qui est dans l'intérieur de Rome. On y voit de très-belles allées, des bosquets les plus agréables, de belles statues, & un petit palais, qui est très-pittoresque. Cet artiste méditoit sans cesse sur la peinture, qui étoit l'art auquel il s'étoit attaché particuliérement, de sorte qu'en passant dans les rues, il réfléchissoit sur les sujets qu'il devoit peindre, & examinoit avec la plus grande attention les choses les plus triviales. Le Dominicain ne peignoit jamais qu'il n'eût bien conçu & bien digéré son projet. Les théatins se plaignoient, de ce que depuis long-temps il n'alloit pas peindre la coupole de leur église de saint André *della Valle* ; *je la peins sans cesse dans moi-même*, repondit-il à ceux qui lui faisoient ce reproche. Lorsqu'il avoit quelque passion à exprimer, il s'excitoit lui-meme, & cherchoit à s'en pénétrer, pour la rendre avec plus de vérité. On le voyoit quelquefois rire, pleurer & devenir furieux, selon la nature des passions qu'il devoit représenter. Ses malheurs surpasserent ses talens, sur-tout à Naples : il y reçut de si grandes mortifications pour la chapelle du trésor, qu'il en mourut de chagrin, s'il ne fut pas empoisonné, suivant l'opinion la plus commune.

Jean Aïcardo, Piémontois, mort en 1625.

Cet artiste naquit à Coni, & s'établit à Genes, où il fit bâtir les greniers publics, & conduisit l'aqueduc de Calzolo, qui a dix-huit milles ou six lieues de long, au travers des montagnes & des vallons; il bâtit encore le chœur de l'église de saint Dominique, & le palais Sera.

Son fils Jacques construisit deux ponts dans la même ville, depuis la Darsenne jusqu'à saint Marc, & les flanqua de plusieurs bastions.

Jean Coccopani, né en 1582, & mort en 1649.

Il naquit à Florence d'une famille illustre, originaire de Lombardie; il étoit savant dans la connoissance des loix, dans l'histoire, les méchaniques, les mathématiques, & dans l'architecture civile & militaire. Cet artiste aimoit encore la peinture : il enseigna ces sciences, dont nous venons de parler, à plusieurs seigneurs de la plus haute naissance, en Italie & dans les pays étrangers, avec lesquels il entretint toujours un commerce de lettres. Coccopani fut appellé à Vienne en 1622, & fut employé par l'empereur, en qualité d'ingénieur, dans les différentes guerres : il se comporta avec tant de prudence, qu'il obtint plusieurs fiefs pour récompense de ses travaux. De retour à Florence, il bâtit pour le grand-duc, le beau palais de villa imperiale, & fit construire le couvent des religieuses de sainte Therese, de Jesus; on y voit une église exagone, avec une coupole bien proportionnée. Le grand duc ayant voulu établir à Florence une chair de mathématique, choisit Coccopani pour la remplir. Cet artiste répondit à l'intention de ce prince, en enseignant aux jeunes gens, non-seulement la géométrie & l'arithmétique, mais encore toutes les autres parties des mathématiques, telles que la perspective, la fortification, l'architecture civile, &c. Le pere Castelli étant mort à Rome, Coccopani fut invité à y aller occuper la chaire de mathématique, mais il ne voulut point quitter la ville de Florence. Cet architecte avoit un goût décidé pour les méchaniques : on trouva chez lui, après sa mort, le modele d'une machine qui étoit telle, qu'en versant environ soixante pintes d'eau dans certains caissons, elle pouvoit moudre du grain & imprimer quelques dessins dans du cuivre, &c.

Sigismond Coccopani, frere de l'artiste
dont

dont nous venons de parler étoit encore très-savant ; il étoit peintre & architecte en même temps : le célebre Galilée en faisoit beaucoup de cas. Il y a grande apparence qu'il s'attacha plus à la théorie qu'à la pratique.

Matthieu Nigetti Florentin, mort en 1649.

Il étoit éleve de Buontalenti, & eut beaucoup de part dans la construction du palais Strozzi à Florence ; il bâtit, dans la même ville, le cloitre des religieux dégli Angeli, la nouvelle église de saint Michel, appartenant à la maison Antenori, & prêtée aux peres Théatins, qui fut achevée par Silvani. Cet architecte fit encore le dessin & le modele de l'église de tous les Saints, qui appartient aux religieux de l'étroite Observance. Côme premier, grand-duc de Toscane, a eu l'intention de faire, dans l'église de saint Laurent, une troisieme sacristie, de la même grandeur que celle qui avoit été construite sur les dessins de Michel-Ange ; elle devoit être revêtue de marbre & de mosaïques, étant destinée à recevoir les tombeaux des grands-ducs. Le Vasari en donna le plan ; mais cet artiste étant mort, de même que Côme premier, le grand-duc Ferdinand premier enchérit sur cette idée, & la communiqua à Dom Jean de Medicis, qui étoit aussi grand homme de guerre que plein de goût & de connoissance des beaux arts, sur-tout de ceux qui dépendent du dessin. Ce prince exigea que Dom Jean lui fît un dessin & un modele : ce dernier exécuta ses ordres. Ce ne fut plus une simple chapelle, mais un monument considérable, avec une coupole magnifique, qui est derriere l'église de saint Laurent. On commença en 1604 ce vaste édifice, dont les murs sont revêtus des marbres les plus rares, qui forment des dessins & des compartimens qui furent tous exécutés sous les yeux du prince.

Nigetti s'appliqua pareillement à la scuplture, & fit plusieurs de ces ouvrages en pierres dures & en pierres précieuses, semblables à ceux qui se fabriquent dans la galerie ; il travailla sur-tout au fameux tabernacle, destiné pour l'autel de la chapelle de saint Laurent, que l'on montre aux étrangers, dans la galerie de Florence.

Inigo Jones, né en 1572, & mort en 1652.

Cet artiste naquit à Londres, & reçut au baptême le nom espagnol d'Inigo, parce que plusieurs négocians d'Espagne, avec lesquels son pere commerçoit en laines, assisterent à cette cerémonie. Quelques historiens prétendent que son pere fit les plus grandes dépenses pour lui donner une bonne éducation; d'autres disent qu'il le mit apprentif chez un menuisier: ce qu'il y a de certain, c'est qu'Inigo Jones, qui avoit un goût naturel pour le dessin, s'amusa à peindre des paysages: il y réussit si bien, qu'il mérita par ce moyen les bontés du comte de Pembroke, qui lui fournit généreusement les moyens de voyager dans les villes célebres de l'Europe pour s'instruire. Il parcourut d'abord la France, la Flandre, l'Allemagne & l'Italie, examinant par-tout, avec la plus grande attention, le goût des différens peuples. Il s'acquit une si grande réputation, qu'étant à Venise, il fut appellé par Christiern IV, roi de Danemarck, pour être son architecte. Ce prince, qui eut beaucoup d'estime pour Inigo Jones, l'emmena avec lui en Angleterre, où l'amour de la patrie l'engagea à se fixer. Jacques premier le fit son architecte; mais quel étoit pour lors l'état de l'architecture en Angleterre? Jusqu'en 1625, presque toute la ville de Londres étoit bâtie en bois. Le comte d'Arundel fut le premier qui introduisit, parmi les particuliers, l'usage de construire des maisons en pierres. Quelles révolutions n'a pas éprouvé cette grande isle ! Il n'y a qu'un peu plus d'un siecle que ses peuples étoient esclaves & sauvages. Après une terrible tempête, elle est devenue le modele de toute l'Europe. Parmi les grands hommes qu'elle a produits, tels que Milton, Newton, Locke & plusieurs autres qui l'ont rendue célebre & supérieure aux nations les plus cultivées (1), elle cite Inigo Jones avec complaisance : c'est à ce grand homme qu'elle doit l'état florissant où l'architecture est chez elle.

Cet artiste fit un second voyage en Italie, dans la seule intention d'y examiner les plus beaux édifices anciens & modernes. Il se forma un goût si pur, qu'il n'a été surpassé par aucun architecte ; on peut même le comparer à Palladio.

---

(1) Comme les dépenses considérables que les seigneurs Anglois font en Italie, sont une ressource des plus abondantes pour les habitans de cette contrée, on ne doit pas être surpris des éloges que les Italiens leur prodiguent. J'espere faire connoître d'une maniere impartiale l'état des arts libéraux & méchaniques, chez cette nation. J'en ai déja donné l'esquise dans une longue lettre insérée dans les journaux d'agriculture, arts & commerce, que le public a lue avec plus d'indulgence que je n'avois lieu d'en attendre. J'attribue ce petit succès à l'exacte vérité des faits, n'ayant jamais écrit que sur les lieux & sous les yeux des personnes intéressées.

De retour en Angleterre, le roi lui demanda un jour quels moyens il croyoit les plus convenables pour éteindre les dettes de l'état : il ne s'amusa point à faire des projets ridicules, il répondit sur le champ, *qu'il ne vouloit point recevoir d'appointements tant que ces dettes subsisteroient.* En effet, il n'accepta plus aucune récompense du roi, quoique ses facultés fussent très-médiocres. Son exemple engagea tous les courtisans à l'imiter, & les dettes publiques s'éteignirent, sans que le public en fût lésé.

Ce trait du patriotisme d'Inigo Jones, est un de ceux qu'il ne suffit point d'admirer, mais qui devroient être imités dans tous les états de l'Europe qui seroient réduits à de pareilles ressources. Cet artiste célebre eut beaucoup à souffrir sous le regne tumultueux de Charles premier, de la part du parlement, qui étoit aigri contre ce prince & ses favoris. Inigo Jones fut persécuté, & condamné à des amendes considérables. Le régicide de Cromwel le jetta dans la plus grande consternation, & altéra sa santé : le chagrin qu'il en eut fut si grand, qu'ayant été rétabli dans toutes ses charges, par Charles II, il ne put jamais satisfaire complettement le goût que ce monarque voluptueux avoit pour les grandes choses. Les principaux ouvrages de cet architecte sont, 1°. à White Hall, le magnifique palais appellé *banqueting-house*, ou la grande chambre des banquets. Au dessus d'un soubassement rustique, on voit s'élever un bel ordre ionique, sur-lequel est un ordre composite, avec un attique couronnée par une balustrade. C'est dans ce beau palais qu'on voit l'élégance jointe à la solidité, la décoration avec le beau simple, enfin la majesté unie à la beauté. Ce superbe bâtiment n'est cependant qu'une petite partie, c'est-à-dire, un pavillon d'un grand palais, dont Inigo Jones donna le dessin, & qui mériteroit d'être achevé. Le plan renferme six cours, dont celle du milieu a cent vingt-cinq pieds de long, & quatre-vingt-cinq de large : celle qui est du côté du parc saint James, est un quarré parfait, de deux cents quarante-cinq pieds de long. Entre les quatre cours qui se trouvent à côté de celle du milieu, il y en a deux qui ont chacune cent vingt-cinq pieds de long, sur deux cent cinquante de large : les deux autres sont proportionnées au reste de l'édifice. L'entrée de ce palais est un grand arc de triomphe, & l'on voit s'élever aux quatre angles des tours d'une belle structure. La façade qui est du côté de la Tamise, a deux ordres d'architecture; sçavoir, le dorique & l'ionique. La façade qui est opposée a un ordre ionique & un un ordre corinthien. Les fenêtres font dans le goût de celles de Palladio. La magnificence se montre de toutes parts, soit dans la variété & la beauté des proportions, soit dans la décoration & la commodité des appartemens.

2°. Inigo Jones bâtit en 1629, du côté de Greenwich, un palais pour servir de retraite à la reine mere d'Angleterre. Le plan en est presque quarré, & l'on y voit une salle magnifique de quarante pieds de long, sur la même largeur. La façade a un soubassement rustique, qui soutient une galerie réguliere, formée par des colonnes ioniques, qui supportent un architrave. Tout l'édifice est couronné par une balustrade. Notre artiste donna encore le dessin de la grande galerie du palais de Sommerset, qui regarde les jardins; elle est composée d'arcades qui produisent le plus bel effet. Celui qui le fit exécuter eut la mal-adresse d'altérer l'entablement, qui est trop lourd. Ses fenêtres n'ont pas assez de relief.

3°. Le palais de Gunnerbury, près de Brenford, qu'on attribue communément à Inigo Jones, a été construit par un de ses éleves, nommé Webb. On y voit deux beaux appartemens très-réguliers & très-commodes: chaque chambre en particulier est d'une belle proportion. La façade a un soubassement continu, au milieu du quel est une galerie formée par des colonnes corinthiennes, qui supportent un entablement & un fronton. Les entrecolonnes sont un peu trop larges.

4°. Le palais de Lindsei à Londres, sur la place de Lincolns-Inn-Fields, est d'Inigo Jones. On y voit s'élever au-dessus du soubassement rustique un ordre ïonique régulier, qui supporte une attique ornée d'une balustrade, avec des vases, qui regne tout au tour de ce bel édifice. Les portes & les fenêtres sont d'une belle proportion; & les ornemens qui les décorent n'ont rien d'inutile.

5°. Inigo Jones donna le plan d'un palais, pour Charles II, qui devoit être exécuté à Greenwich. Webb fut chargé de le faire construire. Guillaume III le destina à servir de retraite aux matelots invalides, & y fit faire beaucoup d'augmentations. Cet hôpital, qui est sur les bords de la Tamise, à quelques milles de Londres, n'a point son égal dans le monde, soit pour la magnificence, soit pour la commodité & pour l'étendue. Les chambres en sont très-belles, & jouissent de la plus belle vue. On y voit plusieurs peintures de Thornhill, qui est l'Apelle des Anglois. L'attique, qui est au-dessus du grand ordre corinthien, semble un peu trop élevé, puisqu'il a le tiers de l'ordre pour hauteur. Les bossages sont très-réguliers, & les ornemens sont d'un bon choix ; la disposition en est sage & heureuse. Une si grande magnificence paroît cependant inutile pour un hôpital, qui, considéré comme l'asyle des pauvres, doit être d'un style simple, qui annonce sa destination. Il est vrai que ce luxe convient à un hôpital pour les matelots Anglois, qui font la force & la gloire de leur nation.

6°. L'église de saint Paul à Coven-Garden est du même architecte ; elle occupe le milieu d'un des côtés d'une belle place quarrée, entourée de portiques. On dit qu'elle est d'ordre toscan ; elle passe pour être unique en Europe, digne d'être comparée à la noble simplicité des anciens édifices.

7°. Royal exchange ou la bourse de Londres, qui a été bâtie aux dépens de Gresham, après l'incendie de Londres, en 1666, passe pour avoir été élevée sur les desseins d'Inigo Jônes ; mais elle est inférieure à tous ses autres ouvrages. Elle a deux cents cinq pieds de long, sur cent quatre-vingt de large. Cet édifice a dans le milieu un pavillon décoré d'un ordre corinthien, avec un arc très-hardi, accompagné de deux autres, qui font plus petits. C'eft du milieu de cette partie de la bourfe, que s'éleve une fuperbe tour, décorée de trois ordres, fçavoir, l'ionique, le corinthien & le compofite. On a condamné l'arcade ruftique, parce que les pleins n'ont qu'un quart de la largeur de l'arc, & font paroître cet édifice trop foible. La partie fupérieure de cet édifice eft terminée par une baluftrade, & ornée de ftatues.

8°. Notre architecte fit encore conftruire la porte & l'efcalier d'Yorck, fur les bords de la Tamife à Londres; elles furent faites pour le duc de Buckingham, lorfqu'il étoit amiral d'Angleterre. On y voit un ordre tofcan, avec des colonnes ornées de boffages. On remarque une coquille dans la frife, au deffus de chaque colonne, & deux lions couchés aux extrêmités de l'entablement, qui tiennent pareillement des coquilles. La porte eft couverte par un fronton, dans le timpan duquel eft une coquille en guife d'écuffon. Ces attributs font très-analogues au palais d'un amiral.

9°. On regarde comme un chef-d'œuvre d'architecture, le palais du milord Pembroke, bâti à Wilton, dans le comté de

Wiltz, par Inigo Jones. Des bas-reliefs, des statues, & les plus beaux marbres, venus d'Italie, concourent encore à relever la belle architecture de ce palais. On y voit une précieuse collection d'antiques & de tableaux du célebre Vandyk.

10°. Le palais d'Ambersbury, dans le comté de Wiltz, appartenant à milord Carleton, dont Inigo Jones donna les plans, fut exécuté par Webb. On y voit une très-belle galerie architravée, formée par des colonnes composites, qui posent sur un superbe soubassement. On remarque sur-tout le grand escalier, qui en contient un plus petit dans son intérieur.

Les ouvrages de ce grand architecte, qui imita toujours les anciens, & les surpassa quelquefois dans certains cas, sont en très-grand nombre: on n'a parlé que des plus considérables.

Ce fut Inigo Jones qui mit le goût du dessin en vogue en Angleterre, où il avoit été inconnu jusqu'alors; il y fit aussi connoître la bonne architecture, en marchant sur les traces de Palladio, sur les œuvres duquel il fit des notes & des observations très-curieuses: elles se trouvent dans l'édition de l'ouvrage de ce grand homme, donnée en anglois, par Jacques Léoni, architecte de l'électeur

Palatin. En 1642, Inigo Jones inventa encore des machines très-ingénieuses pour les spectacles, & peignit de très-belles décorations de théatre. Les plaisirs partageoient alors tous les momens de Charles II, ce prince, qui dit toujours les choses les plus spirituelles, mais qui ne fit jamais rien de sage. Notre artiste en fut généreusement récompensé, & la réputation qu'il s'acquit à tant de titres, s'augmenta de plus en plus.

Inigo Jones composa une dissertation sur Stone henge, qui fut publiée après sa mort, par Webb, qui étoit son éleve & son gendre. On trouve souvent dans les campagnes de l'Allemagne, de la France, de l'Espagne & de la Flandre, plusieurs morceaux de pierre, que quelques auteurs assurent avoir été faits par les Romains, & quelques autres, par les Aborigenes des différentes nations Celtes, Gauloises, Bretonnes & Germaines, c'est-à-dire, par les peuples qui habiterent leur pays avant elles. On croit en général que ces morceaux de pierres sont d'anciens monumens des batailles & des victoires de ces peuples, ou plutôt les tombeaux de leurs grands hommes & de leurs princes. L'Angleterre est la contrée où l'on en voit le plus. On en compte jusqu'à cent vingt-huit dans la plaine de Salisbury. Il en eſt un entre autres, près du ſommet d'une colline, qui eſt d'une grandeur extraordinaire, que les Anglois appellent *ſtone-henge*, c'eſt-à-dire, pierre pendante. Ce morceau eſt de figure élliptique: Inigo Jônes le compare au panthéon de Rome. Sa circonférence extérieure eſt plus grande que la coupole de ſaint Paul de Londres; elle eſt environnée d'un foſſé régulier, & ſa circonférence intérieure eſt d'environ cent pieds. La corniche qui eſt en dehors de ce monument, a dix-huit pieds de haut, & celle qui eſt en dedans en a vingt-quatre. La groſſeur des pierres eſt ſi conſidérable, que cent cinquante bœufs auroient de la peine d'en tirer une ſeule; c'eſt pourquoi le peuple attribue de pareils amas aux magiciens, ou à des géants: d'autres ont cru que ces pierres étoient factices. Comme on a trouvé dans ces tombeaux, des oſſemens, des urnes, des épées, des morceaux d'ambre & de criſtal de roche, & des grains d'une matiere à peu près ſemblable, dont on s'eſt ſervi pour des colliers & des braſſelets, tous les auteurs ſont convenus que ces monumens étoient des tombeaux. Inigo Jones eſt le ſeul qui a prétendu, dans la diſſertation que l'on vient de citer, que le *ſtone-henge* étoit un temple.

Jacques de Bruck, Flamand.

On ignore si cet artiste naquit précisément à Mons ou à Saint-Omer ; mais ce qu'il y a de certain, c'est que ces deux villes se disputent la gloire de l'avoir vu naître. Jacques de Bruck se distingua dans l'architecture, & fut capable d'exécuter les plus grandes choses : ses idées étoient nobles, & l'on ne pouvoit s'empêcher d'admirer ses ensembles : il n'étoit pas moins heureux dans les détails. Ses distributions sont très-commodes, & le goût qu'il avoit pour la décoration ne nuisit jamais à la solidité de ses édifices. Cet artiste bâtit plusieurs édifices considérables, à Saint-Omer, en 1621, & fit construire à Mons, en 1634, le superbe monastere des Bénédictins de saint Guillain. Jacques de Bruck faisoit encore son amusement de la sculpture.

Jean-Baptiste Soria, Romain, né en 1581, & mort en 1651.

Cet artiste fit élever à Rome la façade de l'église de Notre-Dame de la Victoire, qui ressemble beaucoup à celle de sainte Susanne, & qui a les mêmes défauts. Il bâtit à peu près dans le même goût la façade de saint Charles de Catenari. Le plus grand mérite de ces différens ouvrages confifte dans la grandeur de l'enfemble, dans le travertin, & les marbres précieux qu'on y a employés. Cette derniere églife eft une croix grecque, qui n'a qu'une feule nef, avec une coupole. Le bras où fe trouve le grand autel eft cependant plus long que les trois autres. Elle a été conduite par Rofato Rofati, architecte & fculpteur de Macerata, qui bâtit, dans fa patrie, l'églife des jéfuites, à fes propres dépens

Le cardinal Scipion Borghefe, protecteur de Soria, lui fit faire les portiques & la façade de l'églife de faint Gregoire. Les portiques font dans le goût ordinaire, mais la façade eft très-élégante, quoique décorée de deux ordres d'architecture; & participant à tous les défauts ordinaires (1). Elle doit cet avantage à fa fi-

---

(1) Comme j'ai eu principalement en vue les jeunes architectes, en traduifant cet ouvrage, où ils trouveront des modeles à imiter, & des exemples à fuir, je crois devoir indiquer en leur faveur les défauts de convenance, qui réfultent de l'ufage des ordres placés les uns fur les autres. On croiroit que les églifes ont deux étages, & même trois, felon le nombre d'ordres qu'on y emploie. Un feul ordre feroit beaucoup plus noble que deux, qui deviennent en général mefquins à une certaine hauteur, ou trop lourds; d'ailleurs, leurs différentes proportions gênent beaucoup l'artifte. Les anciens n'employoient les ordres fur les ordres, que dans leurs amphithéatres, comme on peut le remarquer au colifée, où il étoit impoffible de s'en paffer; d'ailleurs, il y avoit différens étages, d'où l'on alloit fur les gradins, felon fon rang & fa naiffance.

tuation fur la croupe du mont Celio, & à l'agrément d'avoir une grande place vis-à-vis. L'efcalier, ou plutôt le perron par où l'on monte à cette églife, eſt très-incommode. On auroit de la peine à croire que cette façade appartienne à une églife. On entre, & l'on voit d'abord une belle cour environnée de portique, au fond de laquelle fe trouve le temple. Combien de terrein perdu pour faire un bel édifice! Ne voit-on pas facilement qu'on pouvoit conſtruire une façade également noble & majeſtueuſe, dans une pareille fituation, fans être obligé de faire un pareil facrifice? Il eût été aifé, de faire paroître en même temps le portique & la façade de l'églife. Le Soria montra encore peu d'intelligence dans le portail de faint Crifogone, & dans l'églife de fainte Catherine de Sienne, fur le mont Magnanapoli.

Alphonfe Parigi, Florentin, mort en 1656.

Il étoit fils de Jules Parigi, & fit achever pluſieurs bâtimens que fon pere avoit fait conſtruire à Florence, depuis fon retour d'Allemagne, où il avoit fervi long-temps, en qualité d'ingénieur. On ne peut fe laſſer d'admirer l'art avec lequel cet architecte remit fur fes aplombs le fecond étage du palais Pitti, qui furplomboit, c'est-à-dire, qui s'étoit écarté de plus d'un tiers d'une brasse, ou environ huit pouces & demi du côté de la place. Il fit faire plusieurs trous au mur extérieur, par où il fit passer de grosses chaînes de fer, qu'il fixa en dehors, avec de fortes pieces de bois. Il mit ensuite des especes de vis avec des forts écrous au bout de ces chaînes, du côté des appartemens, & remit peu-à-peu cette muraille à plomb, en faisant tourner ces écroux avec de longs leviers (1). Alphonse Parigi vouloit ajouter deux ailes au palais Pitti ; il commença même celle de la gauche. Dès qu'il eut fait élever les principaux murs, il abandonna l'ouvrage, peut-être parce que ces ailes allant en pente, n'auroient pu réussir que très-difficilement. En effet l'œil auroit toujours vu avec peine des fenêtres, ou plus hautes les unes que les autres, ou inclinées. Ces ailes devoient d'ailleurs paroître mesquines, quand on les auroit comparées avec la grande hauteur du pa-

---

(1) La maniere dont on parvient au même but à Paris, est beaucoup plus simple & bien moins dispendieuse. On diminue l'épaisseur du mur, de la quantité de pouces dont il surplombe, ou sort de son aplomb. On conserve alors le même équilibre, & l'on ne releve pas un mur aux dépens de celui auquel on attache les machines. Il est vrai qu'il faut que les murs soient d'une certaine épaisseur, pour en diminuer une partie, sans nuire à la solidité de l'édifice.

lais que le Brunelleschi avoit bâti dans l'endroit le plus élevé de la place.

Alphonse Parigi construisit encore à Florence le palais Scarlati, où l'on voit trois étages bien espacés, mais dont les fenêtres sont de mauvais goût. Il répara les digues qui sont sur les bords de l'Arno. Ce fleuve venoit de faire un dégât considérable dans les campagnes voisines. Cet architecte éprouva tant de contradictions dans cet ouvrage, de la part des envieux & des jaloux, que le chagrin qu'il en conçut lui causa la mort.

Barthelemi Bianco, Lombard, mort en 1656.

Cet architecte quitta le territoire de Cosme, où il prit naissance, pour aller s'établir à Genes : il fut chargé de la construction du nouveau mole, & de faire élever la nouvelle enceinte de cette ville. On distingue, parmi les différens édifices qu'il a bâtis à Genes, trois palais appartenans à la maison Balbi, & le beau college des jésuites, que l'on nomme pour cela leur palais.

Gherard Silvani, Florentin, né en 1579, & mort en 1675.

Il étoit d'une famille noble, mais pauvre. Florence, sa patrie, lui est redevable d'un grand nombre d'embellissemens, de plusieurs statues, & de quelques beaux édifices; il répara le palais Albizzi, bâtit l'église & le couvent des théatins, acheva le casin de saint Marc pour le cardinal de Medicis, l'église de la compagnie des stigmates, & la façade du palais Strozzi, du côté de la sainte Trinité. On y voit trois étages mal proportionnés: le premier est décoré de pilastres doriques aux angles & à chacun des côtés de la principale porte, avec leur entablement complet, dont la frise est chargée d'ornemens. Le second étage a des fenêtres accompagnées de petits pilastres ïoniques, avec des petites balustrades. Celles du troisieme sont d'ordre composite, & l'on voit au-dessus, de mauvaises fenêtres ovales avec des refends. Le palais Capponi, dans la rue dite via-larga, eût été très-beau, si le propriétaire, qui craignoit la dépense, n'eût pas empêché l'architecte de l'élever. Silvani bâtit, pour le comte Castelli, dans la rue de saint Gal, ce beau palais qui appartient aujourd'hui à la maison Marucelli, & qui passe pour un des plus beaux de la Toscane. Cet architecte éleva encore, dans la rue Guelfonda, le magnifique palais Riccardi, qui est digne d'être habité par un souverain. Il donna un projet pour l'agrandissement du palais Pitti, & pour une belle place qu'on y devoit faire vis-à-vis. Les rivaux de cet artifte empecherent qu'il ne fût exécuté. Silvani, qui étoit l'homme le plus tranquille du monde, ne fe donna aucun mouvement. Le grand-duc, qui avoit la plus grande eftime pour cet architecte, le fit travailler à renforcer les murs de la cathédrale. Cet artifte donna même, pour cette églife, un deffin avec deux ordres d'architecture, pour qu'il s'accordât mieux avec cet édifice gothique. On compte une foule d'artiftes, qui donnerent des projets pour cette façade; fçavoir, Buontalenti, le Dofio, Dom Jean de Medicis, Paffignano, Baccio del Biano, qui fit de fi belles chofes en Efpagne, & les académiciens de Florence; mais le deffin de Silvani fut préféré à tous les autres. On n'en a cependant exécuté aucun. Cette cathédrale a cela de commun avec toutes les principales églifes de Florence. Le Silvani bâtit encore un palais & un cafin à Pinti, pour la famille Salviati; le palais Bardi, dans le comté de Verbellezza, la maifon de campagne delle Falle, pour la famille Guadagni, & l'édifice de la fapience à Piftoya. La lifte des ouvrages de cet architecte feroit encore plus longue, si l'on vouloit n'en omettre aucun, car cet artiste vécut quatre-vingt seize ans, pendant lesquels il fut toujours très-occupé. On vante sur-tout le palais Gianfigliazzi, & l'église de saint François de Paule, hors de Florence, dont il donna les plans. Le pont de Pise étant tombé, Silvani donna un projet pour le remplacer ; mais on préféra celui d'un certain Bartoletti, qui n'y employa qu'une seule arche, pour en faire une des principales merveilles du monde. Cet ouvrage fut achevé au bout de deux ans ; mais huit jours après qu'il fut fini, on entendit un grand bruit pendant la nuit, & le pont tomba dans la matinée.

Silvani excella dans l'architecture, & fit quelquefois son amusement de la sculpture. Il vécut toujours en homme de bien ; il étoit charitable & généreux : on ne le vit jamais aller nulle part sans y avoir été mandé. Cet artiste vécut dans l'abondance, jusqu'à la fin de ses jours. Il aimoit tellement le travail, que quelques jours avant sa mort, il alloit à la cathédrale, & montoit par les petits escaliers tortus de la coupole, avec un maçon qui avoit cent ans. Pierre François Silvani, son fils & son éleve, fut bon architecte ; il travailla beaucoup à la cathédrale de Florence. On cite, comme son principal ouvrage, l'église des peres de l'Oratoire de Florence, dont Pierre de Cortone avoit d'abord donné le plan; mais la grande dépense qu'il exigeoit, empêcha de l'exécuter.

Pierre Berrettini, dit communément Pierre de Cortone, né en 1596, & mort en 1669.

Il n'y a personne qui n'ait entendu parler de ce peintre célebre. Le marquis Saccheti, qui le vit à Rome, dans son enfance, occupé à peindre des petites figures, sur des gradins, dans la boutique d'un doreur, fut supris de son habileté; il l'emmena chez lui, & lui fournit les moyens de subsister, & d'étudier la peinture. Pierre de Cortone devint un des plus grands peintres, & un très-bon architecte. Il donna le dessin d'un palais pour le marquis Saccheti, son bienfaiteur, qui le fit exécuter à Ostie. On goûta beaucoup le plan du louvre qu'il fit en concurrence du Bernin & de Rainaldi. Louis XIV lui envoya son portrait, enrichi de diamans, pour l'en remercier. Pierre de Cortone donna le dessin du mausolée du comte Montauti, qui fut exécuté dans l'église de saint Jérôme de la Charité à Rome, & celui de la famille des Amicis, à la Minerve.

Cet artiste fit ensuite bâtir, dans l'église de saint Laurent & saint Damase, la chapelle de la conception. Il répara l'église de la paix, & en orna la façade avec un beau portique. Ce morceau plut tellement à Alexandre VII, qui en avoit chargé cet artiste, qu'il le créa chevalier, & lui accorda une récompense considérable. Ce petit portique est circulaire, avec des colonnes doriques architravées & accouplées. La voûte est ornée dans un goût très-noble; mais le fronton circulaire qui est sur la porte est inutile, & d'un goût trop lourd. Les ressauts des pilastres, qui accompagnent cette même porte, ne paroissent pas nécessaires. La partie supérieure de la façade, qui est environnée de pilastres & de colonnes, dont les entablemens sont interrompus, a des fenêtres d'une mauvaise forme, & deux frontons l'un dans l'autre. L'église, dont le plan est un octogone régulier, est très-belle, de même que la coupole, qui est de même forme qu'elle. On vante encore, avec juste raison, la voûte qui est décorée avec des caissons exagones; mais l'on blâme en même temps les pilastres qui sont pliés aux angles obtus. On voit encore avec peine que la corniche, qui est au-dessus des deux grands arcs, coupe par le milieu les pilastres qui les accompagnent.

Pierre de Cortone fit conſtruire la croiſée de l'égliſe de ſaint Charles au cours, avec la tribune & la coupole, qui eſt dans un goût très-ſimple, & d'une figure agréable. Les contreforts ſont bien eſpacés; ils ont en général peu de ſaillie, & ſont moins apparens. Il eſt dommage que la coupole de cette égliſe ſoit au-deſſus d'un toit, & ſur une croix latine.

Le deſſin que notre artiſte donna pour la chapelle de ſainte Marie in vialata (nom d'une rue de Rome), eſt en général très-eſtimé. On y diſtingue deux ordres; ſçavoir, le corinthien, & le compoſite. On y voit au milieu un petit portique de colonnes iſolées & architravées, qui ſont très-bien diſpoſées, puiſque l'entrecolonnement du milieu eſt aſſez grand pour laiſſer un paſſage d'une largeur convenable. Ceux des côtés ſont inégaux, & plus étroits. On trouve enſuite un grouppe de pilaſtres, qui naiſſent les uns des autres, tandis que dans l'angle de la façade, où il faut le plus de force, il n'y a qu'un ſeul pilaſtre. On remarquera que l'étendue de la façade étant médiocre, cette quantité conſidérable de chapiteaux corinthiens cauſe un peu de confuſion, ſur-tout quand on les regarde de profil ou de côté. L'étage ſupérieur eſt dans le même goût. La ſeule
différence

différence qu'il y a avec le premier ordre, ne consiste que dans une arcade qui interrompt sans nécessité l'entablement de cette galerie, & l'oblige à prendre une forme ceintrée, ce qui est contre les bonnes regles. En effet, quelle licence de faire un arc qui s'eleve au-dessus du plancher, qui est représenté par la corniche! Il faut encore observer que les voûtes de ces deux portiques, appuyant contre la façade, on a été obligé de mettre des chaînes de fer, pour en diminuer la poussée. Cette façade est enfin terminée par un fronton qui l'embrasse toute, pour des raisons qui ne sont gueres connues des artistes.

L'église de sainte Martine, près de l'arc de Septime Severe, l'une des plus anciennes de Rome, ayant été accordée en 1588, par Sixte V à la compagnie des peintres, sculpteurs & architectes, qui la dédierent, sous Urbain VIII, à saint Luc, leur protecteur; les princes Barberin la firent bâtir à leurs dépens, d'après les desseins de Pierre de Cortone. Cet architecte s'affectionna tellement pour cette fabrique, qu'il la nommoit sa fille favorite. Il fit construire les souterreins à ses propres frais, & laissa à cette église toute sa fortune, qui étoit très-considérable; on l'évaluoit à cent mille écus romains, ou cinq cents mille de nos livres. On feroit tenté de croire qu'un temple qui appartient aux artistes, au centre de Rome, au milieu des plus beaux monumens antiques, & qui occupe une partie du forum, cette place si célebre, au pied du capitole, & dont Pierre de Cortone a été l'architecte, devroit être un chef-d'œuvre; on y voit cependant une foule de défauts, & un très-petit nombre de beautés. Le plan de cette église est une croix grecque, d'une forme très-agréable, dont les quatre branches sont terminées par des portions circulaires. La coupole, qui s'éleve au-dessus de la croisée, est d'une bonne proportion; tout ce qui est dans l'intérieur est d'un mauvais goût. On n'y voit qu'un amas confus de pilastres, placés sur un soubassement prodigieusement haut, & un entablement plein de ressauts, de mauvaises niches, & des fenêtres mal proportionnées. Enfin, les ornemens de la coupole sont bizarres & irréguliers. L'église souterreine a une très-belle voûte plate ornée de stuc. Quoique les colonnes qui la soutiennent soient du plus beau marbre, elles n'en produisent pas moins un mauvais effet, par leur mauvaise disposition. On remarque encore une foule de défauts dans le grand autel, qui est d'ailleurs décoré avec les plus beaux marbres, & des ornemens de bronze doré. La façade est enfin un mélange de colonnes & de pilastres ; les colonnes sont engagées, & les pilastres naissent les uns des autres, c'est-à-dire, que chacun d'eux est accompagné de deux demi-pilastres. On distingue deux ordres dans cette façade ; sçavoir, l'ionique & le composite. Le premier s'éleve sur un soubassement continu, & bien loin de suivre la ligne droite, les colonnes sont placées sur une courbe. Cette façade est mixtiligne, c'est-à-dire convexe dans le milieu, & composée de lignes droites vers les deux extrêmités. Les corniches sont coupées, les frontons inutiles, & les saillies trop considérables. Cette façade ne se termine pas en pointe, mais par une ligne droite, puisqu'on doit faire peu de cas du milieu. On pourroit cependant l'appercevoir, à cause de ces armes énormes dont il est rempli, & pour les deux statues qui sont à ses extrêmités. Si l'on réfléchit sur cette façade, qui se termine par une ligne horizontale, & sur la forme de l'eglise, qui est une croix grecque, avec un dôme dans le milieu, comme on l'a déja dit, on verra que l'architecte prétendoit que la coupole servît à faire py-

K ij

ramider la façade ; mais il eût fallu s'écarter d'un demi-mille, pour voir une partie du dôme : d'ailleurs quelle coupole ? Si on fait abstraction de sa forme, qui est très-bonne, tout le reste est très-lourd, & de mauvais goût. La lanterne est sur-tout des plus singulieres. Si la façade n'eût été décorée que par un seul ordre, le dôme eût alors produit son effet, & l'église auroit paru lui servir de soubassement.

Il ne suffit pas d'être un bon peintre ou un bon sculpteur, pour exceller dans l'architecture. Pierre de Cortone a été sans contredit l'un des plus grands peintres de son temps ; l'architecture lui a cependant très-peu d'obligations, elle peut même se plaindre de lui, pour l'emploi bizarre qu'il en a fait. Bien loin de corriger ses défauts, il a augmenté ses licences. Les plans de Pierre de Cortone sont sages & agréables, ses compartimens de stuc sont en général d'un bon goût, ses compositions ont un air de noblesse & de grandeur. Ce mérite a été altéré par l'usage bizarre que cet artiste a fait des différens ordres, & par la mauvaise disposition des colonnes & des pilastres. Il aimoit d'ailleurs un peu trop les ressauts & les ondulations.

Pierre de Cortone mourut à l'âge de

soixante & treize ans, après avoir beaucoup souffert de la goutte, qui l'avoit même privé de l'usage de ses membres depuis très-long-tems. Il fut enterré avec pompe dans l'église de sainte Martine, où l'on voit son épitaphe, auprès de la grande porte. L'académie de saint Luc fit placer son buste en marbre à l'entrée de l'escalier, qui conduit dans l'église souterreine. Pierre de Cortone étoit d'une belle figure, d'une taille avantageuse; son air étoit noble, & sa conversation vive & agréable; d'ailleurs, il fut prudent & circonspect, & peu attaché à ses opinions; son humeur étoit toujours la même. Cet artiste aimoit le travail & le plaisir, dont il usa cependant avec modération. Il fit un bon emploi des richesses considérables que lui avoient procuré ses talens. Il étoit généreux sans prodigalité, & malgré sa supériorité dans les arts, la modestie fut toujours sa vertu favorite, ce qui lui mérita l'estime & l'amitié de tout le monde.

François Mansard de Paris, né en 1598, & mort en 1666.

Cet artiste naquit avec les plus grandes dispositions pour l'architecture; il avoit un goût excellent, un esprit solide, & une imagination des plus belles

& des plus fécondes. Enfin, son amour pour le travail n'avoit point d'exemple. Les pensées de François Mansard étoient grandes & nobles ; personne n'entendoit mieux que lui le dessin général d'un vaste édifice. Ses profils étoient heureux & délicats ; il varia très-agréablement ses moulures. Il n'appartient qu'à ceux qui ont examiné ses ouvrages, qui embellissent la France & Paris, de prononcer sur la ressemblance de ce portrait. Les principaux édifices sont l'église des feuillans, dans la rue saint Honoré, celle des enfans trouvés, dans la rue saint Antoine, une partie du palais de Conti, les hôtels de Bouillon & de Toulouse, le château de Choisy, sur les bords de la Seine, celui de Gêvres en Brie, de Maisons, & autres, qui sont accompagnés des plus beaux jardins & de tout ce qui peut les rendre très-agréables. Le principal ouvrage de François Mansard est la façade des minimes, dans la place royale; il y a employé un ordre dorique, qui a dû lui coûter beaucoup de peine, pour que les métopes parussent parfaitement quarrés, dans les endroits où les colonnes se groupent avec les pilastres. Tout cet artifice s'est réduit à confondre les chapiteaux des uns & des autres. On demande aux connoisseurs s'il y eût eu plus d'inconvéniens de ne pas conserver la forme quarrée à quelques métopes, ou de réunir la base & les chapiteaux des colonnes & des pilastres, qui doivent toujours être séparés de leur nature. Notre artiste jetta les fondemens de l'église du val-de-grace, par ordre de la reine Marie d'Autriche, & la conduisit jusqu'à l'entablement intérieur. Ses ennemis firent entendre à cette princesse qu'il en coûteroit des sommes immenses pour achever cet édifice; elle en parla à Mansard. Celui-ci, qui étoit peu courtisan, répondit à la reine d'une manière un peu brusque. On lui ôta la direction de l'église, qui fut confiée à d'autres architectes, qui altérerent exprès le dessin, & l'accablerent de sculptures lourdes & pesantes. François Mansard bâtit ensuite, dans le château de Fresne, une chapelle qui passe pour un chef-d'œuvre, & qui est dans le goût du val-de-grace.

Mansard passe pour l'inventeur de cet appartement sous le toit, que les François appellent à la mansarde, découverte peu heureuse. Cet architecte n'étoit jamais content de ses dessins, lors même qu'ils avoient mérité les suffrages des connoisseurs. Il lui arrivoit souvent de refaire plusieurs fois la même chose, pour en

K iv

trouver une meilleure, quoique l'édifice fût déja commencé. Le fameux Colbert lui ayant demandé quelques deſſins pour la façade du louvre, Manſard ouvrit ſon porte-feuille, & lui montra quelques ébauches. Ce miniſtre en fut très-ſatisfait, & lui dit d'en choiſir une pour la mettre au net, afin qu'il la préſentât au roi, & le pria en même tems de n'y plus faire aucun changement. Manſard refuſa cette condition, & ne voulut jamais ſe priver de la liberté de changer, lorſqu'il auroit de meilleures idées. Tel fut le motif pour lequel on fit venir à Paris le chevalier Bernin.

Pierre le Muet, né en 1591, & mort en 1669.

Il naquit à Dijon, où il étudia les mathématiques; il fit briller ſon génie, en fortifiant, par ordre du cardinal de Richelieu, pluſieurs villes de la Picardie. On le chargea de faire achever l'égliſe du val-de-grace à Paris. Il employa deux ordres dans la façade; ſçavoir, le corinthien & le compoſite, avec des fenêtres ornées de colonnes & baluſtrades, & des niches de mauvais goût. On a fait dans la ſuite, ſur les deſſins de M. le Duc, architecte, un baldaquin au-deſſus du grand autel. Il eſt ſoutenu par ſix colonnes torſes de marbre, ornées de feuillages, dans le goût de celles du Bernin à saint Pierre de Rome ; mais elles sont disposées sur un plan circulaire. Ce monument bizarre fut exécuté supérieurement par Michel Anguier.

Pierre le Muet donna le plan du grand château de Luines, & de ceux de l'Aigle & de Beauviliers. Cet artiste traduisit ce que Palladio & Vignole ont écrit sur les cinq ordres d'architecture, & composa un traité sur l'art de bâtir, auquel il joignit plusieurs réflexions, & quelques édifices de sa composition.

Alexandre Algardi, né en 1602, & mort en 1654.

Cet artiste naquit à Bologne, où son pere faisoit le commerce de la soie. On l'appliqua de bonne heure à l'étude des belles-lettres, selon l'usage ordinaire. Comme ses parens s'apperçurent qu'il avoit beaucoup de goût pour le dessin, ils le mirent à l'école de Louis Carrache, qui lui apprit à dessiner. L'Algardi s'adonna ensuite à modeler, & devint avec le temps un des meilleurs sculpteurs. Il alla très-jeune à la cour du duc de Mantoue, & passa ensuite à Rome pour y étudier l'antique, où il resta jusqu'à l'âge de trente-huit ans. Il ne s'occupa, durant cet intervalle, qu'à raccommoder des statues mutilées, & à faire des modeles en terre cuite, négligé de tout le monde, & regardé comme incapable de pouvoir travailler un jour le marbre (1). On rendit enfin juftice à fes talens, & l'on vit non-feulement que l'Algardi étoit un excellent fculpteur, mais encore un très-bon architecte.

La fameufe ville Pamphile, près de Rome, hors de la porte faint Pancrace, eft entiérement de cet architecte, foit pour l'architecture, foit pour les ornemens. Il inventa en même temps toutes les fontaines, & diftribua les jardins de la maniere la plus pittorefque, felon les inégalités du terrain. De fi grands avantages ont fait donner à cette maifon de plaifance le nom *bel refpiro*, c'eft-à-dire, lieu où il eft agréable de refpirer. Enfin, tous les connoiffeurs conviennent que cette ville eft la plus agréable de toutes celles qui font aux environs de Rome. Lorfque le prince Dom Camille Pam-

---

(1) Combien d'architectes éprouvent de nos jours le même fort à Rome & à Paris ! Une forte de modeftie, un extérieur peu avantageux, des habits fimples, & très fouvent la mauvaife foi de ceux qui les occupent, les laiffent dans l'oubli du fond d'un atelier. C'eft où le véritable amateur devroit les chercher, pour les rendre à leur fiècle, & les venger de l'injuftice du fort. Mes reflexions font vaines : l'amour propre des connoiffeurs eft plus flatté des éloges qu'un artifte élégant leur prodigue, que de la douce fatisfaction de faire le bien fans éclat.

phili, neveu du pape Innocent X, fut chargé de faire exécuter ce grand ouvrage, il ne se contenta pas des desseins que lui avoient donnés Raphaël & Jules Romain, il alla à Tivoli pour y dessiner quelques restes de la fameuse ville Adrienne, & en fit les bas-reliefs, qui servent à décorer les belles voûtes de l'appartement que forme le rez-de-chaussée de ce petit palais. L'Algardi imita, dans la construction de cet édifice, un plan de Palladio, qui convenoit très-bien à cet endroit. Un sallon, éclairé par le haut, occupe le milieu de ce petit palais. Il est evironné de chambres quarrées. On a pratiqué un escalier à vis, une chapelle & autres commodités dans les quatre triangles formés par la circonférence de cette salle, & les murs des chambres quarrées. La façade est ornée d'un portique accompagné de plusieurs chambres, & l'on voit dans l'un des angles, un escalier d'une grandeur médiocre, qui conduit à l'appartement supérieur. Il est surprenant qu'on ait pu se ménager autant de commodités dans un emplacement aussi borné. On ne peut cependant s'empêcher de critiquer cet arc considérable, qui ne sert à rien, & qui coupe le plancher de l'appartement. Il en est de même du socle excesssivement haut, qui supporte les pilastres de la salle circulaire, ou rotonde. Quant à la façade opposée, on ne sçauroit disconvenir qu'elle ne soit très-belle, & d'une architecture très-pure.

L'Algardi construisit encore le grand autel de l'église de saint Nicolas de Tolentin, aux dépens de Dom Camille Pamphili. On le regarde comme un chef-d'œuvre. Quant à l'architecture de l'église, qui est de Jean-Marie Baratta, sculpteur & architecte, éleve de l'Algardi elle passe pour médiocre.

La façade de l'église de saint Ignace est également du dessin de notre artiste. Si la pureté de l'architecture répondoit à l'étendue & à la dépense des marbres, du travertin & des statues qui les décorent, elle pourroit être regardée avec raison comme l'une des plus belles de Rome ; mais on y voit deux ordres, dont l'inférieur est composé de pilastres corinthiens accouplés, qui passent sur un grand escalier ou perron. Les ressauts sont aussi multipliés que les couples : on croit même que chacun d'eux est flanqué par deux demi-pilastres. L'entablement qu'ils supportent, suit d'une maniere barbare tous ces ressauts, sans aucune exception. On voit au-dessus un attique qui est plein de ressauts, & dont le milieu est composé d'un fronton ridicule de forme circulaire. Le second ordre de cette façade est en pilastres composites, & pose sur un grand socle. Il supporte un entablement chargé d'un grand fronton triangulaire, qui couronne l'édifice, avec plusieurs pots-à-feu ou flambeaux au-dessus. Le toit de l'église est orné des deux côtés, dans sa longueur, de balustrades qui se lient assez mal avec la principale façade. Quelle que soit l'architecture de cette derniere, elle mérite cependant, à cause de sa noblesse (1) & de sa grandeur, une belle place, au lieu de celle qui existe aujourd'hui : elle est absolument gâtée par les maisons contournées comme des armoires, qui l'environnent. Cette façade exigeoit encore qu'on ouvrît vis-à-vis d'elle une longue & large rue. Innocent X décora l'Algardi de l'ordre de Christ, & lui fit présent d'une chaîne d'or de trois

───────────────

(1) Il paroît au premier coup d'œil une espece de contradiction entre une église, dont l'architecture est pleine de défauts, & la noblesse avec laquelle elle s'annonce. On remarquera que la beauté des masses constitue seule la noblesse & la majesté d'un édifice, & que la pureté des détails met le comble à sa perfection. Il seroit injuste de dire que l'architecture, employée dans presque tous les bâtimens modernes de France, n'est pas pure ; on n'y voit cependant ni caractere ni noblesse, parce que l'art de les faire valoir par les masses n'a pas été senti par les architectes. Ils ont cru se sauver par de beaux détails.

cents écus romains, ou quinze cents livres. Cet artiste se conduisit toujours d'une maniere exemplaire ; ses mœurs étoient douces, & ses réparties spirituelles. Il mourut à l'âge de cinquante-deux ans, & fut enterré dans l'église de saints Jean & Petrone, de la nation Bolonoise.

Jacques Van-Campen, Hollandois, mort en 1638.

Il naquit à Harlem, d'une famille illustre, & fut seigneur de Rambrock ; il s'appliqua à la peinture pour son amusement, & l'on fait sur son compte une histoire dont la vérité paroît un peu suspecte. Comme il alloit à Rome pour se perfectionner dans la peinture, une vieille femme lui prit la main pour lui dire la bonne aventure; elle lui annonça, 1°. qu'il alloit à Rome pour être peintre, mais qu'il en reviendroit architecte ; 2°. que l'hôtel-de-ville d'Amsterdam seroit brûlée dans quelques années, & qu'il en feroit construire un beaucoup plus beau. Campen plaisanta, comme tout homme raisonnable, sur une pareille prédiction. Il devint un très-bon architecte, & rebâtit, dans un goût très-noble & très-majestueuex, l'hôtel de ville d'Amsterdam, qui fut entiérement confumé par les flammes, comme on le lui avoit prédit. Cet édifice est fondé sur treize mille six cents cinquante-neuf pilotis (1) joints ensemble, dans un endroit marécageux, où il étoit impossible de prendre un autre parti. Son plan est une espece de quarré qui a deux cents quatre-vingtdeux pieds de long, sur deux cent-cinquante-cinq de large, & cent seize de haut. Les marbres les plus précieux, les peintures les plus rares, & les plus belles sculptures n'y ont pas été épargnés. On prétend que ce palais a coûté plus de trente millions de florins, ou soixante-dix-huit millions de livres de France, le florin étant évalué à cinquante-deux sols. Il est en un mot le plus bel édifice de toute la Hollande. La description qu'on en a faite forme un gros

___

(1) On croit communément que le chêne est le seul bois que l'on puisse employer pour faire les pilotis; on a cependant remarqué que ceux qui avoient bâti l'ancien pont de Londres, en avoient fait avec du sapin, & qu'ils étoient encore en bon état, malgré leur ancienneté. Cette découverte a déterminé M. Mylne, architecte Ecossois, qui a été chargé de la construction du pont de *Black Friars*, ou des moines noirs, à Londres, qui sera le plus beau de l'Europe, à n'employer que des pilotis de sapin. Ceux qui ont quelque teinture de la physique, verront que ce bois, si foible en apparence, est aussi fort que le chêne, étant mis de bout, & qu'il ne sçauroit se corrompre, de même que tous les autres bois, s'il reste toujours au fond de l'eau, sans pouvoir être atteint par l'air, seul principe de la corruption des végétaux.

volume *in-folio*. Le rez-de-chauffée de la façade principale tient lieu d'une espece de soubaffement, fur lequel s'éleve un ordre de pilaftres corinthiens, qui embraffent deux rangées de fenêtres. Celles-ci font d'un goût fimple; on excepte quelques feftons ou guirlandes, qui fervent à féparer les étages, en guife de plinthes. On voit aux angles de cet édifice deux pavillons décorés par quatre pilaftres, & un avant-corps dans le milieu de la façade, où il y en a huit, & qui fait plus de faillie que les pavillons. Il eft terminé par un fronton, dont le timpan eft orné d'un grand bas-relief. A quelque diftance de cette partie de l'édifice, s'éleve une efpece de dôme où l'on a placé l'horloge. Sept portes d'une hauteur médiocre tiennent lieu de la porte principale. On prétend qu'elles font allufion à la petiteffe des fept provinces unies. L'architecture de ce palais n'a rien de merveilleux, ni de furprenant.

Campen bâtit plufieurs autres édifices dans la ville d'Amfterdam; fçavoir, un théatre pour la comédie hollandoife, quelques maufolées pour des amiraux, qui fe font rendus célebres en fervant la république; & un palais à la Haye, pour le prince Maurice de

Naſſau. Cet artiſte étoit d'une famille noble, comme on l'a déja dit, mais ſa façon de penſer étoit au-deſſus de ſa naiſſance. Il ne tira jamais aucun ſalaire de ſes peintures & de ſes deſſins; il en fit toujours préſent de la maniere la plus généreuſe: bel exemple pour les gens de qualité (1).

François Borromini, né en 1599, & mort en 1667.

Il naquit à Biſſone, dans le dioceſe de Côme. Son pere, qui étoit architecte, fut très-occupé pour la maiſon Viſconti. Notre artiſte alla d'abord à Milan, pour y apprendre la ſculpture, & fit le voyage de Rome à dix-ſept ans, pour ſe perfectionner. Il entra à l'école de Charles Maderno, ſon parent, qui lui enſeigna l'architecture, & l'envoya chez d'autres profeſſeurs, pour y apprendre la géométrie. Charles Maderno le chargeoit de mettre tous ſes projets au net, & lui fit

---

(1) Si nous avons laiſſé ſubſiſter cette phraſe de l'auteur Italien, nous n'avons point eu en vue aucun gentilhomme françois. Nous diſons plus: c'eſt dommage que notre nobleſſe, à l'imitation de celle des Grecs, ne cultive point les arts libéraux, qui ſemblent faits pour elle. Ils demandent en général une ſorte d'élévation dans le caractere qui fait l'eſſence des nobles, & un tems conſiderable, qu'un homme né dans la claſſe ordinaire ne peut jamais ſacrifier.

sculpter, pour la façade de l'église de saint Pierre ces chérubins, qui sont à côté des petites portes, avec des frontons & des guirlandes au-dessus des arcs. Ce sont les seuls morceaux de sculpture du Borromini. Il s'amusa encore à peindre, & fit plusieurs bons tableaux, entre autres, celui qui appartient aux peres de la nouvelle église (*chiesa nuova*) à Rome. Charles Maderno étant mort, notre artiste fut nommé pour le remplacer, comme architecte de saint Pierre. Il demeura quelque temps sous la direction du chevalier Bernin. De rival qu'il étoit, il devint bientôt son ennemi, & ne négligea rien pour se procurer plus d'occupations que lui ; en effet, le Borromini fut chargé d'un très-grand nombre d'édifices. Il crut surpasser le Bernin, en introduisant des nouveautés dans l'architecture ; il sortit des bonnes regles, & fit les choses les plus bizarres.

Nous allons choisir les édifices les plus considérables, parmi la foule de ceux dont il fut chargé, pour les faire connoître. Cet artiste bâtit, au fond de la cour du college de la sapience à Rome, une église, dont la façade est concave, & dont le plan est un polygone ; les côtés en sont alternativement concaves & convexes. La même ondulation se fait remarquer jusques dans l'extérieur du tambour de la coupole, qui se termine par une balustrade. La partie convexe de la coupole est en forme de gradins interrompus par les contreforts. La lanterne est ce qu'il y a de plus bizarre; son tambour est un zigzag, au-dessus duquel s'éleve un escalier en forme de spirale, qui soutient une couronne de bronze, sur laquelle est une boule & la croix qui terminent l'édifice.

L'église de saint Charles aux quatre fontaines, est l'endroit où la bizarrerie & la singularité du Borromini se sont manifestées dans leur plus grande étendue. On ne voit qu'un amas confus de parties droites, convexes & concaves, avec des colonnes de différens diametres, des fenêtres, des niches singulieres dans cette petite façade. Cette église est, en un mot, l'édifice le plus singulier qui existe. La façade de l'oratoire des peres de l'église nouvelle (chiesa nuova), est un mêlange de lignes droites & circulaires. On apperçoit cependant, au travers de cette bizarrerie, une sorte d'harmonie & d'agrément, qui semble indiquer que ces parties sont faites les unes pour les autres. Cette disposition semble plutôt convenir à une petite maison de campagne ou casin, qu'à un temple: telle étoit l'opinion du Borromini lui-même. On ne peut cependant se lasser d'admirer la voûte plate de cette église, qui est d'une portée (étendue en largeur) beaucoup plus considérable que celle de l'église souterraine de sainte Martine, bâtie par Pierre de Cortone ; elle soutient de plus la grande bibliotheque, & l'un de ses grands côtés n'est point renforcé par des contréforts. La demeure des peres de l'oratoire est un des meilleurs édifices du Borromini; elle n'est pas cependant exempte de bizarrerie dans les portiques & dans les galeries des cloîtres, dont les arcs sont soutenus par un seul pilastre composite. La petite tour de l'horloge est aussi composée de parties droites, & de portions circulaires.

On voit des traces de la bizarrerie du Borromini dans l'église de *propaganda fide*, qui sont cependant plus tolérables que celles qui se trouvent dans la coupole & le clocher de saint André *delle frate*.

La grande nef de saint Jean-de-Latran fut réparée, & mise dans l'état où elle est aujourd'hui, par le Borromini. Il acheva la principale entrée de cette église, & lui donna une forme circulaire. Cet artiste ne pouvoit point voir de lignes droites dans ses édifices. Les niches, ornées de colonnes de verd antique, avec une couronne sur l'entablement, sont d'une invention aussi ingénieuse, que les profils en sont irréguliers & bizarres. Les ceintres sont brisés, & l'on ne sçauroit souffrir les consoles qui soutiennent ces colonnes en guise de piédestaux. La nef est d'ailleurs bien décorée dans les entrecolonnemens, & l'on a supprimé une grande partie de la corniche.

Le meilleur ouvrage de Borromini est la façade de l'église de sainte Agnès, sur la place Navonne. Au-dessus d'un large perron, on voit s'élever un seul ordre corinthien, qui s'étend dans le milieu en ligne droite, & qui affecte aux deux extrêmités une forme concave. Une balustrade regne au-dessus de l'entablement qui couronne cet ordre, & l'on voit dominer une coupole que le Borromini a faite un peu plus aigue qu'il ne le devoit. Les deux clochers qui flanquent cette façade sont d'une forme assez pittoresque. Le fronton qui est au milieu est ridicule; les portes & les fenêtres sont mal décorées.

Les différens ouvrages dont on vient de parler, procurerent une si brillante réputation à notre architecte, que le roi d'Espagne voulant aggrandir & faire réparer le palais qu'il possede à Rome, le chargea de cette entreprise. Le Borromini donna un deſſin qui ne fut point exécuté, mais qui fit tant de plaiſir à ce prince, qu'il lui envoya la croix de ſaint Jacques, avec mille doublons ou piſtoles. Le pape Urbain VIII créa encore le Borromini chevalier de l'ordre de Chriſt, & lui donna trois mille écus romains, ou quinze mille livres de France, avec un de ces emplois nommés vacables en cour de Rome.

Notre artiſte eut quelque part à la conſtruction du palais Barberin. Il bâtit le monaſtere & l'égliſe Notre-Dame des ſept douleurs, qui eſt au pied de ſaint Pierre Montorio. Il répara le palais Falconieri à ſtrada Giulia, & fit conſtruire celui della Rufina à Freſcati. Le Borromini embellit encore le palais Spada, qui eſt auprès du palais Farneſe. Il y fit encore un eſcalier (1) dans le goût de celui du Vatican, nommé la *ſcala regia*. On prétend que la façade du palais Pam-

_____

(1) Je crois que l'auteur Italien s'eſt trompé. C'eſt un petit théatre qui donne ſur un jardin; j'y ſuis allé très-ſouvent. La perſpective eſt telle que la ſcène paroît trois fois plus longue qu'elle ne l'eſt réellement: il y a cependant un inconvénient, en ce que la lumiere ne s'y dégrade pas ſelon la diminution des colonnes, ce qui produit un effet faux, qui inquiette le ſpectateur. Les décorations de ce petit théatre, qui ne conſiſtent qu'en une rangée de colonnes, miſes en perſpective, ſont en ſtuc blanc, & ont donné au cavalier Bernin l'idée de la *ſcala regia*, qui eſt ſi fameuſe à tant de titres.

phile, aujourd'hui Doria, qui est du côté du collège romain, est du Borromini. Ce morceau d'architecture a quelque chose d'agréable, sans avoir rien de majestueux. Les divisions des étages sont mal entendues & trop petites, & les fenêtres du grand côté du palais sont mal réparties, & dans le plus grand désordre. Le hazard voulut qu'on ne suivît pas le même dessin pour les deux autres faces du palais. Celle qui est du côté du cours fut bâtie d'après les plans de Valvasori, & celle qui donne sur la place de Venise a été construite sur les desseins de Paul Amaly. L'une & l'autre sont également singulieres & bizarres. Le Borromini fit plusieurs autres ouvrages, & envoya un grand nombre de ses desseins dans les pays étrangers, qui augmenterent sa réputation, & lui procurerent une fortune très-considérable. Comme il s'imagina que son nom n'étoit pas aussi considérable que celui du chevalier Bernin, il en conçut tant de chagrin qu'il devint sombre & mélancolique. Il fit un voyage dans toute l'Italie, pour se dissiper. De retour à Rome, il mena une vie solitaire, & ne s'occupa plus qu'à dessiner tout ce que son imagination lui suggéroit. Lorsqu'il crut avoir fait un recueil assez considérable de ses bizarres productions, il se détermina à les faire graver, pour que les connoisseurs pussent juger de la force & de l'étendue de son génie. Un jour que cet artiste présidoit à l'impression de son ouvrage, il lui prit un tel accès d'hypocondrie, qu'il maigrit prodigieusement en très-peu de temps, & devint si difforme & si laid, qu'on ne le reconnoissoit plus. Le mal augmenta au point que si l'on en juge par les mouvemens qu'il faisoit, & par les cris épouvantables qu'il poussoit, il devint absolument fol. Son neveu crut, d'après le conseil de quelques prêtres & des médecins, pouvoir le guérir en ne le laissant jamais seul, & en ne permettant pas qu'il s'appliquât. Cette contrainte irrita sa maladie, parce que cet artiste, qui étoit accoutumé à travailler sans cesse, ne pouvoit pas rester un moment dans l'inaction. Il demandoit sans cesse ses instrumens, & on les lui refusoit toujours. La folie augmentoit pour lors, & son hypocondrie se changea en asthme, & en une frénésie, qui avoit cependant d'assez longs intervalles. Comme il ne pouvoit pas reposer pendant une nuit de l'été, qui étoit très-chaude, il demanda plusieurs fois une plume & du papier pour écrire, sans qu'on voulût lui en donner. On l'entendit

s'écrier

s'écrier qu'une pareille vie étoit insupportable. Il s'élança de son lit, & se passa son épée au travers du corps; accident qu'on eût dû prévenir, en ne laissant point d'armes dans la chambre de cet infortuné. Ses domestiques accoururent à ses cris, & le trouverent baignant dans son sang. Il eut assez de temps pour se repentir du suicide qu'il venoit de commettre & pour mourir en chrétien.

Le Borromini étoit d'un tempérament sain & robuste. Quoiqu'il fût un peu bazané, sa figure n'étoit point désagréable; il avoit les cheveux très-noirs, la taille des plus avantageuses, & des mœurs irréprochables. Cet artiste étoit reconnoissant envers ses bienfaiteurs, & désintéressé. Enfin, il pensoit comme devroient le faire tous ceux qui professent les beaux arts. Il ne mit jamais aucun prix à ses ouvrages, & eut toujours en horreur ces liaisons que certains architectes n'ont que trop souvent avec les entrepreneurs. Cet artiste étoit si jaloux de ses productions que, craignant que les autres ne vinssent à se les attribuer, il fit brûler tous ses dessins, quelque temps avant sa mort. Il ne voulut jamais concourir avec aucun architecte. Le Borromini donnoit pour raison, que ses dessins devoient se soutenir par eux-mêmes, sans qu'il fût besoin de les comparer à ceux de ses rivaux. Il ne voulut jamais avoir d'autres éleves qu'un de ses neveux, qui, ayant eu la riche succession de son oncle, abandonna bientôt l'architecture.

Le Borromini a été l'un des plus grands hommes de son siecle, pour la fécondité de son génie, & l'élévation de ses idées ; mais il a été en même tems le dernier, par les abus qu'il en a fait. On peut le regarder dans l'architecture, comme Seneque pour la prose, & Marini pour la poésie. Cet artiste eut les plus grands succès, lorsqu'il se borna à imiter les grands maîtres. L'envie qu'il eut de surpasser le chevalier Bernin, l'engagea à ne suivre que l'impulsion de son génie, qui ne tarda guere à l'égarer. Le Borromini crut marcher à la gloire, en introduisant des nouveautés dans l'architecture. Il méconnut dès lors la simplicité des formes, & n'employa plus que des contours bizarres & ridicules, des cartouches, des colonnes trop engagées, des frontons brisés, & autres extravagances. On remarque cependant, dans les grandes compositions de cet artiste, une sorte de majesté qui annonce un talent supérieur. Il est aisé de voir que si le Borromini eût médité d'avantage sur ses productions, & qu'il eût tâché d'éviter tous les défauts dans lesquels sont tombés les plus grands hommes, en marchant sur la même ligne, il se seroit fait un nom célebre. Il auroit dû s'attacher, par exemple, à découvrir les véritables proportions des édifices, selon les différens ordres qu'on y emploie, & à perfectionner les parties de ceux qui sont susceptibles d'amélioration. C'est alors qu'il eût surpassé non-seulement le Bernin, mais tous les autres grands architectes, qui ont en vain tenté cette découverte. Le Borromini s'écarta de la bonne voie, & entraîna avec lui les architectes médiocres, qui se laisserent séduire par le brillant de ses productions. Leurs erreurs ont été d'autant moins supportables, qu'ils avoient moins de génie. Tel a été le fort de la secte de cet artiste (1).

---

(1) Les succès des productions du Borromini ont été l'époque de la décadence de l'architecture en Italie. On voit avec indignation, dans ce séjour des arts, ces formes barbares & contournées, dont les Allemands ont toujours fait leurs délices. La France même a été au moment d'en être infectée, lorsque les Guarini, à l'église des théatins de Paris, les Oppenords, les Meissoniers & les Germains, à l'église de saint Thomas du Louvre, firent de l'orfévrerie en architecture. On doit sçavoir gré à M. Blondel, professeur au louvre, du zele avec lequel il a déclamé contre ces abus, & des éloges qu'il a toujours donnés aux anciens Les conseils de cet artiste éclairé ont sauvé la capitale, de la barbarie où elle alloit se replonger, parce que les vrais principes de l'architecture y sont en général inconnus.

Louis le Veau, mort en 1670.

Cet artiste François avoit un talent supérieur pour son art. L'activité de son génie, & son goût pour le travail, le rendirent capable des plus grandes choses. Il occupa pendant long-temps la place de premier architecte du roi, & eut beaucoup de part aux augmentations que Louis XIV fit faire au louvre & aux thuileries. Il fit construire dans ce premier palais cette galerie d'une longueur prodigieuse, où l'on conserve aujourd'hui les plans en reliefs des principales villes de l'Europe. Elle a treize cents soixante-deux pieds de long, sur trente de large. Louis le Veau fit encore construire la porte du louvre, les deux grands bâtimens qui forment les côtés du château de Vincennes. Cet artiste donna les plans de l'hôtel du grand Colbert, de ceux de Lambert & d'Hensselin dans l'isle, de Lionne, de Vau-le-Vicomte, & du college des Quatre Nations. Ce dernier édifice est un mélange de lignes droites & circulaires. Louis le Veau mourut à Paris, & ses ouvrages furent exécutés & achevés par François Dorbay, son éleve. Ce dernier fit bâtir, indépendamment de l'église des Quatre Nations, plusieurs parties du louvre & des thuilefies, de même que plusieurs autres édifices dans la capitale.

Jacques Torelli de Fano, né en 1608, & mort en 1678.

Cet artiste, qui étoit fils de Pandolphe Torelli, noble de la ville de Fano, & chevalier de l'ordre de saint Etienne, eut un talent particulier pour les décorations de théatre. Il inventa dans sa patrie plusieurs machines pour l'opera; elles furent si applaudies pour leur nouveauté & pour leur mérite, qu'il crut pouvoir aller à Venise sur sa réputation. Jacques Torreli composa de nouvelles machines dans cette ville, avec des décorations magnifiques, qui furent gravées dans la suite. Ce fut pour le théatre de saint Jean & Paul à Venise, qu'il inventa cette belle machine, par le moyen de laquelle on peut changer toute la scene dans un même instant, à l'aide d'un levier, d'un treuil & d'un contrepoids. Cette invention a été adoptée depuis cette époque, dans tous les théatres bien montés. La basse jalousie de ses rivaux fut si grande, que des hommes masqués l'attaquerent la nuit pour l'assassiner. Jacques Torelli se défendit avec la plus grande bravoure, & en fut quitte pour avoir quelques doigts coupés. Il continua à se servir de sa main mutilée, & peignit avec la plus grande élégance, malgré cet accident. Il abandonna pour lors l'Italie, & s'établit en France. Les machines singulieres qu'il y fit connoître, & les feux d'artifice qu'il y donna, lui méritèrent les suffrages de la cour & de la ville. Louis XIV le retint à son service, en qualité d'architecte & de machiniste du roi. Il donna les plans du beau théatre des machines, qui est aux thuileries. C'est dans ses différentes représentations qu'on y donna des meilleurs opera François, que Torelli montra des effets & des changemens si singuliers, que le public le nomma le grand sorcier, tant on étoit persuadé que ce qu'il faisoit exécuter tous les jours n'étoit pas dans la nature. Torelli publia la description de toutes ses machines, & des décorations de théatre qu'il avoit inventées, & l'enrichit de belles figures en tailles-douces. Le fameux Pierre Corneille fait l'éloge des grands talens de cet architecte, en parlant des décorations qu'il fit exécuter pour la représentation de son Andromede.

Notre artiste épousa, dans son séjour en France, mademoille de Suez, qui étoit d'une famille noble de Paris, & n'en eut point d'enfans. Il fit une fortune confidérable, avec laquelle il retourna dans sa patrie en 1662, après avoir pris congé de Louis XIV. Arrivé à Fano, il y bâtit, avec cinq gentilshommes de cette ville, le théatre de la Fortune, qui est célebre en Europe par sa grandeur, par sa beauté & par la singularité de son architecture. Lorsque le théatre de Vienne fut brûlé, l'empereur Léopold voulut qu'on le rebâtît sur le modele de celui de Fano.

Indépendamment de ce monument profane, que Torelli érigea dans sa patrie, il voulut en laisser un de sa piété. Il fit construire à ses dépens un édifice portatif très-décoré, avec lequel on représenta dans Fano la translation de la maison de Notre-Dame de Lorette. Torelli laissa un fonds considérable, pour que l'on fît tous les ans la même procession avec autant de pompe. Il mourut plein de gloire, lorsque le roi de France le pressoit vivement de retourner à sa cour, pour y bâtir un théatre à Versailles, & plusieurs autres édifices. Jacques Torelli fut enterré dans l'église de saint Pierre *in valle*, qui appartient aux Philippins de Fano. On érige tous les ans, au premier d'octobre, un magnifique catafalque, composé & peint de sa propre main. Cet artiste défendit même par son testament de détruire ce monument funebre ; il voulut qu'on s'en servît pour son anniversaire, & qu'on n'épargnât point les lumieres, tant il eſt vrai que la vanité eſt l'élément de l'homme.

Jérôme Rainaldi, Romain, né en 1570, & mort en 1655.

Il eut un grand nombre de parens, qui ſuivirent la carriere des arts. Adrien Rainaldi, peintre & architecte, eut trois fils, qui furent architectes & peintres. Un d'entre eux, nommé Ptolomée, qui étudia peut-être à l'école de Michel-Ange, fut architecte & ingénieur en même temps. Il étoit verſé dans la phyſique & dans la juriſprudence. Il alla s'établir à Milan, où il remplit la place d'ingénieur en chef, & d'architecte de la chambre royale. Cet artiſte eut deux fils nommés Domitien & Jean, qui ſuivirent la profeſſion de leur pere, & ſuccéderent à ſes emplois : on les appella les Ptolomées. Ils firent conſtruire pluſieurs édifices dans le Milanez & dans la Valteline.

Un autre fils d'Adrien Rainaldi fut Jean-Baptiſte, qui s'appliqua à l'architecture. On l'employa dans les fortifications de Ferrare, & de là dans les différens ouvrages conſtruits à Ponte-Felice, à Borghetto & à Velletri, où il fit conſtruire une fontaine & les conduits publics. Cet artiste bâtit plusieurs édifices à Rome, où il se maria. Il eut un fils nommé Dominique, qui fut architecte & peintre.

Enfin, le troisieme fils d'Adrien fut Jérôme, qui apprit l'architecture sous Dominique Fontana. Il bâtit une église à Montalte, pour Sixte V, acheva le capitole & construisit, sous le pontificat de Paul V, le port de Fano. Il fit bâtir la maison professe des jésuites à Rome, & leur college de sainte Lucie à Bologne. Cet artiste fut à Parme, au service du duc, & fit construire son palais. Il bâtit, pour la maison Borghese, le casin de Villa Taverna à Frescati, qui est très-bien distribué, & l'autel de la chapelle Pauline, dans l'église de sainte Marie majeure. Le grand palais Pamphile, qui est à la place Navonne, est de l'architecture de Jérôme Rainaldi. Le pavillon du milieu est décoré de colonnes ioniques engagées, au-dessus desquelles s'élevent deux ordres d'architecture un peu secs, & une grande attique. Cet édifice est des plus vastes, mais l'architecture en est médiocre. Les appartemens sont peu élevés, & les ornemens des fenêtres ne sont pas d'un heureux choix. On vante cependant une galerie extrê-

L v

mement longue, & où l'on voit aujourd'hui de tres-beaux tableaux.

L'église de saint Pierre de Rome fut décorée en 1710, sur les desseins de Jérôme Rainaldi, pour la canonisation de saint Charles Borromée. La belle église des carmes déchauffés à Caprarole, est du même architecte. Il alla deux fois dans ces marais de Toscane, nommés *chiane*, pour les différends qui s'éleverent entre le grand-duc & la cour de Rome, au sujet des eaux. Cet artiste mourut à l'âge de quatre-vingt cinq ans, & fut enterré dans l'église de sainte Martine.

Charles Rainaldi, né en 1611, & mort en 1641.

Cet artiste étoit fils & élève de Jérôme Rainaldi, dont on vient de parler. Il devint un architecte célebre, après avoir fait de bonnes études, & s'être appliqué à la géométrie. Il fut l'appui & le soutien de toute sa famille.

Le pape Innocent X, qui connoissoit les talens de Charles Rainaldi, par ses desseins, & par quelques-uns de ses édifices, le chargea de bâtir l'église de sainte Agnès, à la place Navonne. Cet artiste se fit beaucoup d'honneur pour le plan qu'il en donna. Cette église est une croix grecque très-bien proportionnée. Si les angles n'étoient pas tourmentés par cette quantité de pilastres, dont les ressauts des chapiteaux & des bases, bien loin de faire richesse, causent la plus grande confusion, elle pourroit passer pour un chef-d'œuvre. Rainaldi conduisit cet édifice jusqu'à l'entablement, & le reste fut achevé par le Borromini, comme nous l'avons déja dit.

Le même pape nomma Rainaldi chef de cette congrégation où l'on devoit examiner s'il falloit démolir ou laisser subsister le clocher élevé par le chevalier Bernin, sur la façade de saint Pierre. Malgré les efforts de notre artiste, pour prouver que ce prétendu danger n'étoit rien autre chose que l'effet de la jalousie des ennemis du Bernin, on le détruisit entiérement. Cet architecte donna pour lors plusieurs dessins de clochers plus larges & plus analogues à l'église; elle est cependant demeurée sans clocher, & il ne paroît pas qu'on en construise jamais.

Indépendamment des différens ouvrages que l'on vient de nommer, Rainaldi fit encore quatre dessins, & autant de modeles pour la place de saint Pierre, dont l'un étoit quarré, & l'autre circulaire; le troisieme elliptique ou ovale, & le quatrieme exagone.

Le mausolée du cardinal Bonelli, dans l'église de la minerve, près de la petite porte par où l'on va au college romain, est de l'architecture de Rainaldi. Cet artiste répara, par ordre du cardinal Lauria, l'église des saints Apôtres; mais il se fit peu d'honneur dans le portique, qui dura très-peu de temps. Il eut l'imprudence de l'élever sur les fondemens d'anciennes murailles, qui portoient à faux. On fut obligé de le faire construire de nouveau, par Dominique Fontana, comme on le verra dans la suite. Rainaldi s'acquit encore peu de gloire dans la façade de l'église de Jesus-Marie au cours. On n'y voit qu'un seul ordre de pilastres composites, placés sur des piédestaux si élevés, qu'ils surpassent les deux tiers de la hauteur de la porte. Peut-on rien imaginer de plus singulier que la conduite de cet architecte, qui employa l'ordre dorique dans l'intérieur de son église, tandis qu'il avoit décoré la façade avec le composite. Il fit pire dans l'église de sainte Marie in Campitelli, où l'on voit tant de défauts réunis, que les connoisseurs n'en peuvent pas supporter la vue. Ce fut Alexandre VII, qui fit construire cet édifice, & qui en fut enchanté. Cet édifice procurera le même plaisir à ceux qui aiment à voir une forêt de colonnes, & des amas de pierres travaillées avec moins de goût que de patience. Que pensera-t-on de la façade de l'église de saint André della valle, qui est encore de Rainaldi, & qui passe pour la plus majestueuse de Rome, après celle de saint Pierre ? Elle est presque dans le même goût que celle de saint Ignace, & peut-être plus élevée. On y voit deux ordres, avec des colonnes accouplées, qui sont chacune sur un piédestal séparé ; cette façade a plusieurs ressauts, & des frontons les uns sur les autres, & plusieurs autres défauts.

Rainaldi fit un dessin pour la façade de saint Charles au cours, qui fut rejetté, & les directeurs préférerent celui d'un certain prêtre nommé Menicucci, & d'un capucin appellé frere Marie de Canepina. Tels furent les artistes qui exécuterent cette terrible façade, où l'on voit des colonnes d'une grandeur démesurée par rapport à sa largeur. Les deux églises de même forme, sur la place du peuple, dont l'une s'appelle Notre-Dame des miracles, & l'autre de Campo santo, sont du dessin de notre architecte. Le cardinal Gastaldi avoit grande envie de faire construire la façade de sainte Petrone à Bologne. Cette église, qui fut fondée en 1390, n'en a point encore : quoique les plus fameux architectes de l'Italie aient donné des deſſins pour ce portail, & fait exécuter des modeles, le cardinal abandonna ſon projet, parce que le ſénat de cette ville ne voulut jamais lui permettre d'y faire mettre ſes armoiries. Combien de bagatelles n'ont point empêché l'exécution de grandes choſes ! Le cardinal ſe ſatisfit à Rome. Rainaldi ſeconda ſes vues avec le plus grand ſuccès, en bâtiſſant ces deux petits temples, dont l'un eſt circulaire & l'autre ovale ; mais les deux dômes ſont égaux, de même que les petits portiques, qui ſont ſoutenus par des colonnes corinthiennes iſolées. Il eût beaucoup mieux valu laiſſer tous les entrecolonnemens égaux, que de faire celui du milieu plus large que les autres. On pouvoit également ſupprimer les colonnes, qui ſont à côté; les petites portes, comme étant très-inutiles, de même que le fronton ou la baluſtrade qui fait le tour de l'édifice. L'intérieur de ces deux égliſes n'eſt point merveilleux ; les chapelles ſont obſcures & très-enfoncées. Les grands arcs doubleaux paroiſſent étranglés par la trop grande ſaillie des corniches. Enfin, ils ſe trouvent ſur un plan circulaire, où ils paroiſſent toujours porter à faux, ſurtout vers la clef ou le milieu. Comme ces deux églises furent terminées par le Bernin, & par Charles Fontana, auquel de ces trois architectes doit-on attribuer ces erreurs ?

Rainaldi fit élever cette partie de l'église de sainte Marie majeure, qui est du côté de l'obélisque. Le tout ensemble, c'est-à-dire cette partie circulaire, accompagnée de deux bâtimens en ligne droite, qui posent sur ce grand escalier, a un air très-noble, & produit en général un bel effet ; mais les fenêtres sont de mauvais goût, de même que les niches, qui sont trop petites pour des statues si grosses ; & l'on voit peu de repos. Le même artiste fit élever le mausolée de Clément IX, qui est dans l'église.

La cathédrale de Ronciglione, la jolie église de Monteporzio, & la plus grande partie des jardins de la ville de Mondragonne, & de la ville Pinciana, ont été faits sur les desseins de Rainaldi. L'ouvrage le plus considérable de cet architecte est sans contredit le palais de l'académie de France (1), qui appartint

_____

(1) Ce monument, du goût de Louis XIV, pour les arts, fut élevé par les conseils de Charles le Brun, qui avoit étudié à Rome, & où il acquit les talens qui lui firent une si grande réputation. Il y a quelques années qu'il se répandit en France & en Italie qu'elle alloit être détruite comme inutile. Cette nouvelle allarma tous les artistes. Les Italiens,

d'abord aux ducs de Nevers. On critique les fenêtres des mezzanines qui sont au-dessus du rez-de-chauffée, qui seroit plus beau s'il étoit moins riche. Rainaldi envoya plusieurs deffins à Charles Emanuel, duc de Savoie, qui lui accorda la croix de saint Maurice & de saint Lazare, indépendamment de plusieurs préfens confidérables. Elle lui fut donnée folemnellement à Rome, par le cardinal Maurice de Savoye. Louis XIV. envoya encore à notre artiste son portrait, enrichi de diamans, pour le deffin qu'il fit pour le palais du louvre.

Rainaldi alla encore avec monfeigneur Carpegna, vers ces marais appellés chiane, pour examiner le fujet des différens qui s'étoient élevés entre la cour

---

qui devoient naturellement fouhaiter l'anéantiffement d'une inftitution qui met les François à côté d'eux, prirent la plume pour démontrer l'utilité de ce bel établiffement. La gloire des arts leur parut préférable à leur intérêt. Le célebre Algarotti parut à leur tête, & prouva non-feulement qu'il étoit néceffaire que la France entretînt une académie à Rome, mais encore qu'elle ne fuffifoit pas pour remplir l'objet de fon illuftre fondateur. Ce favant démontra dans la differtation que j'ai traduite en françois, & inférée à la fuite de fon effai fur la peinture, un vol. *in-*12, qui fe vend à Paris, chez Merlin, rue de la Harpe, qu'il feroit à defirer qu'il y eût d'autres académies à Florence, à Bologne & à Venife, où les artiftes françois ne font que paffer. On ne fçauroit nier que l'académie de Rome ne contribue à entretenir le goût des belles chofes chez nos artiftes.

de Rome, & celle de Toscane. Il revint avec les plans, les niveaux, & tous les desseins, qui lui valurent un acceuil très-gracieux du pape.

Cet artiste étoit d'une belle figure, & d'une humeur agréable. Il aimoit le faste, & conversoit familierement avec les personnes de la plus haute qualité, qui se plaisoient à sa compagnie, & qui lui faisoient de riches présens. Rainaldi avoit toutes les vertus chrétiennes, & faisoit beaucoup d'aumônes aux pauvres. Il décora un ostensoir avec ses diamans, & en fit présent à l'église des Stigmates. Il aimoit beaucoup les artistes, & avoit un grand nombre d'amis. Rainaldi étoit franc, sincere, & aimoit beaucoup la musique; il dessinoit comme un peintre, & composoit facilement. Ses plans sont ingénieux en général. Il exécutoit promptement, & décoroit dans un goût mâle; mais il étoit peu correct, sur-tout dans les façades des églises. Il tomba en un mot dans tous les défauts & dans tous les abus qu'on remarque dans les ouvrages de ceux qui s'écartent des vrais principes.

Jean Laurent Bernini, né en 1598, & mort en 1680.

Cet artiste célebre, étoit fils de Pierre Bernini, Florentin, peintre & sculpteur d'un certain mérite. Il quitta sa patrie, pour se perfectionner à Rome dans son art. Comme il se flattoit de pouvoir faire une fortune plus considérable à Naples, il se rendit dans cette ville, où il épousa Angélique Galante; il en eut Jean Laurent Bernini, dont on va parler. Pierre Bernini revint à Rome avec toute sa famille, d'après les invitations que lui fit le pape Paul V, qui l'employa à quelques morceaux de sculpture, pour la chapelle Pauline à sainte Marie Majeure. Les leçons que le jeune Bernini reçut de son pere, jointes à l'étude des chefs-d'œuvres anciens & modernes qui sont à Rome, développerent bientôt ses talens pour les arts. Il fit à l'âge de dix ans une tête de marbre, que l'on voit aujourd'hui dans l'église de sainte Praxede, & qui mérita le suffrage de tous les connoisseurs. Paul V, qui voulut connoître un enfant d'un si rare mérite, lui demanda s'il savoit faire une tête. Il répondit aussi-tôt : *quelle tête demande votre sainteté?* Si cela est, dit le pape, il les sait faire toutes. Il lui ordonna celle de saint Paul; le modele fut achevé en une demi-heure. Le pape, étonné de ce qu'il venoit de voir, recommanda le jeune Bernini au cardinal Barberin, protecteur déclaré des arts & des sciences, pour qu'il fît développer le germe d'un talent qui annonçoit un second Michel-Ange. Paul V fut si satisfait, qu'il permit à cet enfant de prendre une poignée de médailles d'or. Le jeune Bernini continua de s'appliquer avec succès à la sculpture. Il avoit à peine dix-sept ans, qu'on voyoit déja dans Rome plusieurs beaux ouvrages sortis de ses mains, parmi lesquels on compte le beau grouppe d'Apollon & de Daphné, qui est dans la ville Pinciana. L'auteur Italien dit que Bernini dévoroit le marbre, tant il exécutoit avec facilité & avec diligence. Sa réputation fut si grande, qu'on le regardoit comme un prodige, & qu'on se le montroit lorsqu'il passoit dans les rues. Les louanges ne le corrompirent point ; elles ne servirent qu'à exciter son zele & son émulation. Son pere lui avoit insinué de bonne heure que l'homme n'arrivoit jamais à la perfection, & qu'il peut toujours faire mieux. Cette maxime rendit Bernini l'émule de lui-même. C'est la seule qu'on devroit inculquer dans l'esprit des jeunes gens. L'objet de leur émulation doit être dans leurs propres ouvrages, & non point dans ceux des autres artistes. Une passion aussi noble ne dégéneroit jamais en basse jalousie. On raconte que Bernini se trouvant un jour avec plusieurs artistes célebres, dans l'église de saint Pierre, Annibal Carrache, qui étoit de ce nombre, s'étant tourné pour examiner la confession de saint Pierre (1), s'écria, s'il ne se trouveroit point un génie sublime, capable de faire une confession digne d'un temple aussi auguste. Bernini dit tout bas en soupirant : *plût à dieu que je sois un jour l'artiste que l'on desire!*

Gregoire XV accorda des pensions considérables à Bernini, pour quelques bustes de sa famille, qu'il avoit exécutés en bronze & en marbre. Il le créa chevalier de l'ordre de Christ. Le cardinal Maffeo Barberin, protecteur de notre artiste, étant devenu pape, sous le nom d'Urbain VIII, l'envoya chercher, & lui dit : *vous êtes bien heureux de voir le cardinal Maffeo Barberini élevé au pontificat ; mais il regarde son bonheur au dessus du vôtre,*

---

(1) La confession de saint Pierre est une crypte ou chapelle souterreine, où se trouvent les reliques de cet apôtre. On ne peut rien imaginer de plus riche que la décoration de ce lieu : on y voit qu'or & argent. Plusieurs lampes de ces précieux métaux y brûlent sans cesse devant l'autel. On ne peut y descendre que les jours des quatre plus grandes fêtes de l'année. On observe très-prudemment de ne laisser entrer que les hommes ou les femmes, sans souffrir le moindre mêlange. Cette crypte communique avec l'église souterreine de saint Pierre, où l'on met les papes après leur mort. On donne encore le nom de confession au baldaquin qui est au-dessus du grand autel.

parce que Bernini vit sous son regne. Ce fut alors qu'il commença ces travaux considérables qui l'ont immortalisés, avec le pape qui les a fait faire. Bernini s'appliqua dans le même tems à la peinture & à l'architecture, sans négliger pour cela la sculpture. Il exécuta, en bronze, la confession de saint Pierre, qui excite l'admiration de tous les connoisseurs. Les envieux & les plaisans ne manquerent pas de faire des plaisanteries, en voyant transporter des masses de bronze si considérables, dans l'église de saint Pierre. Ils dirent que Bernini alloit en faire un arsenal. On est surpris que ce baldaquin ne soit pas placé au centre de la croisée. On sait qu'il est un peu en avant du côté où l'on place la chaire (1) : ce qui produit un mauvais effet à l'œil, lorsqu'on le regarde d'un des bouts de la petite branche de la croisée. L'escalier qui conduit à la crypte, ou à l'église souterreine, aura pu gêner Ber-

___

(1) Il n'y a point de chaire à demeure dans l'église de saint Pierre. Les architectes, qui ont eu la conduite de ce beau monument, étoient trop sensés pour placer un corps avancé, qui interrompt le coup d'œil. Une chaire détruit le grand lisse qui est une beauté en architecture, quand il contraste avec les ornemens. On ne devroit se servir que de chaires ambulantes pour le moment de la prédication. Quelque riches que soient celles qui sont immobiles, l'effet en sera toujours mauvais dans le coup d'œil général de l'édifice.

nini. Il me semble qu'il eût beaucoup mieux valu le changer. Urbain VIII demanda à quelqu'un de ses courtisans, dont on ignore le nom, combien il falloit donner à Bernini, pour un si grand ouvrage, qui avoit coûté dix ans de travail. Cet homme ignorant & intéressé lui répondit : *une chaîne d'or de la valeur de 500 ducats* (5500 livres). *C'est fort bien, répondit le pape, la chaîne sera pour vous, & l'or pour Bernini.* Il fit donner dix mille écus romains ou cinquante mille livres de France à notre artiste, avec plusieurs pensions. Il accorda en même temps un canonicat de Saint Jean-de-Latran, à l'un de ses freres, & une place de bénéficier à saint Pierre, pour un autre. Il est inutile de réfléchir ici sur l'absurdité des colonnes torses employées par Bernini, pour soutenir son baldaquin. Cette erreur bisarre & difficile à exécuter, a eu une foule d'imitateurs. Le même artiste donna le dessin de la fontaine dite *la Barcacia* (mauvaise barque), qui est à Rome dans la place d'Espagne. Il suppléa en quelque maniere à la difficulté insurmontable d'y faire jaillir les eaux à une certaine élévation (1). La fon-

---

(1) La Barcacia représente une grande barque qui coule à fond au milieu d'un bassin ovale. L'effort qu'elle fait en

taine qui est a la place Barberine, est bien différente. On y voit Glaucus, soutenu par quatre dauphins, qui jette de l'eau par sa conque à une hauteur prodigieuse; elle retombe ensuite dans quatre belles coquilles. Urbain VIII pressa vivement Bernini d'orner avec des niches, les quatre énormes piédroits qui soutiennent la coupole de saint Pierre. Cet artiste exécuta ses ordres, & plaça dans ces niches quatre statues colossales de marbre, dont il en fit une qui représente saint Longin. Ces grandes niches ont servi de prétexte aux envieux pour causer les plus grands désagrémens; lorsqu'ils apperçurent quelques fentes dans le dôme de saint Pierre, ils s'écrierent que les niches dont on vient de parler, & les escaliers que notre artiste avoit pratiqués dans l'intérieur des massifs, pour aller aux balçons qui sont au-dessus des niches, les avoient affoiblis. On a déja vu que dès la fondation de l'église de saint Pierre on avoit laissé un espace vuide dans ces piédroits: on dira dans la suite quelles sont les véritables

---

enfonçant est censé faire jaillir l'eau au-dessus de l'endroit par où elle entre. Cette idée suppose qu'elle ne doit pas s'élever bien haut. C'est ainsi qu'un artiste habile tire parti des défauts de la nature. Cette fontaine est au pied de la fameuse scalinata (escalier) de la Trinité du mont.

causes des fentes de cette coupole (1).

Bernini eut beaucoup de part au palais Barberin, sur-tout dans la construction du bel escalier, dans celle de la grande salle, & de la façade qui est du côté de la rue dite *strada felice*. L'escalier, qui est un limaçon sur un plan elliptique, ou ovale, est grand & majestueux. On voit au premier étage de la façade, un ordre dorique très-bien entendu ; mais les corniches multipliées, & les grandes fenêtres en forme d'arcades, qui sont au-dessus, ne produisent pas un bon effet. Le même artiste donna le dessin de la façade du college de la *propagande*, à Rome. Cet édifice menaçoit ruine, ce qui obligea Bernini à donner beaucoup de talud à la façade, pour renforcer & butter le bâtiment en le décorant.

La réputation d'un artiste si habile s'étant répandue par toute l'Europe, Charles premier, de la maison de Stuard roi d'Angleterre, lui envoya un tableau du fameux Vandyck, où il étoit peint

---

(1) Bernini considérant un jour, avec une foule d'architectes & de gens de marque, la statue de sainte Véronique, qui occupe l'une des quatre niches, pratiquées dans les massifs qui supportent la coupole de saint Pierre, demanda, en plaisantant, au sculpteur qui l'avoit faite, d'où venoit le vent qui agitoit le voile que cette sainte tient dans ses mains. Celui-ci, piqué du mauvais propos, lui répliqua durement : des fentes que ta mal-adresse a occasionnées dans le dôme de cette église.

de trois côtés, pour qu'il fît son buste. Bernini exécuta les ordres du monarque. Ce buste fit un si grand plaisir à Charles premier, qu'il envoya à cet artiste une bague estimée six mille écus romains, ou trente mille livres de France. Le prince dit à celui qu'il chargea de ce présent: *allez & couronnez la main du sculpteur qui a fait un si beau buste*. Charles premier accompagna encore cette bague de plusieurs autres bijoux d'un grand prix. La reine d'Angleterre voulut aussi avoir son buste de la main de Bernini; mais les malheurs de la maison de Stuard, qui sont connus de tout le monde, & qui commencerent vers ces tems-là, ne permirent pas à cette princesse infortunée de faire exécuter son projet. Un seigneur Anglois partit exprès de son pays, pour aller à Rome, dans la seule intention de prier Bernini de faire son buste. Cet Anglois récompensa l'artiste en souverain, puisqu'il lui fit présent de six mille écus romains, ou trente mille de nos livres. Bernini fit le buste de plusieurs souverains, & seigneurs de la premiere qualité, dont il fut récompensé de la maniere la plus généreuse. Le cardinal Mazarin le pressa vivement de s'attacher au service du roi de France, & lui promit douze mille écus romains, ou soixante mille liv. d'appointemens. Le pape ne voulut jamais y consentir, en disant que *Bernini étoit fait pour Rome, comme cette ville étoit faite pour lui.* D'ailleurs cet artiste n'étoit point disposé à accepter ces offres, étant sincérement attaché au pape, qui en agissoit avec lui de la maniere la plus familiere. Un jour qu'Urbain VIII dit à son grand maître de cérémonies, qu'il vouloit aller chez Bernini, pour se récréer à la vue des sçavantes productions de son génie, ce prélat lui répondit qu'une pareille familiarité étoit contraire à la majesté du pontificat. Ces représentations n'empêcherent pas que le pape n'allât chez notre artiste avec seize cardinaux.

Bernini se détermina à se marier, à la la sollicitation du pape. Il épousa, à l'âge de quarante ans, Catherine Fezi, fille d'un secretaire de l'annonciade. Il avoit peu de goût pour le mariage, moins par éloignement pour les femmes, que par amour pour sa profession, qui l'occupoit entiérement. Il vécut après son mariage de la maniere la plus exemplaire. Son tempérament, qui avoit toujours été très-foible, se fortifia, & il ne fut plus sujet aux maux de tête, qui étoient la suite de sa trop grande application, ou des désordres de sa jeunesse Il vécut dès-lors très-sobrement. Il mangeoit beaucoup de fruits, & justifioit son goût, en disant qu'il étoit né à Naples. Urbain VIII forma le projet d'achever la façade de saint Pierre, qui exigeoit deux clochers à ses extrêmités, selon le dessin qu'en avoit donné Charles Maderno. Bernini fut chargé de l'exécution de ce projet. Il en fit bâtir un du côté du midi, qui avoit cent soixante-dix-sept palmes & demi de haut, où il fit entrer deux ordres, savoir, le corinthien & le composite, avec une attique au-dessus.

Ce clocher étoit de très-bon goût, quoique notre architecte en eût fait de meilleurs; mais il n'étoit pas aisé de faire raccorder la magnifique coupole, avec une façade d'une longueur prodigieuse. Le clocher étoit à peine achevé, qu'il se fit des fentes dans la façade, & qu'il menaça ruine. Les ennemis de Bernini lui firent une guerre ouverte, & l'on fut sur le point d'assiéger le clocher pour le détruire. On tint à ce sujet un grand nombre de conférences qui furent tumultueuses, mais le résultat fut toujours en faveur de Bernini. On conclut que, puisque les fondemens de la façade pouvoient se renforcer facilement, il falloit achever la premiere tour & élever l'autre, pour donner plus de consistance à toute la masse. La mort d'Urbain VIII empêcha l'exécution de ce projet. Innocent X, de la maison Pamphili, ayant été élevé au pontificat, les adversaires de Bernini profiterent du tems où ce pape étoit à la campagne, pour lui représenter que les constructions dont on vient de parler menaçoient ruine. Ils surprirent un ordre du pape pour les faire démolir, ce qui fut exécuté sur le champ.

Si le triomphe des ennemis de Bernini fut grand, il fut effacé par la philosophie de ce grand homme. Il ne se déconcerta point pendant cet ouvrage, & continua tranquillement ses travaux. Il donna le dessin de la chapelle du cardinal Frederic Cornaro, dans l'église de la Victoire, & executa en marbre le fameux grouppe de sainte Thérése avec un ange. Sans prétendre diminuer la gloire de Bernini, il faut convenir de bonne foi qu'il se pressa un peu trop dans la construction des tours de saint Pierre. Il devoit connoître la réputation de Charles Maderno, & examiner ensuite si les fondemens que ce fameux architecte avoit fait jetter, étoient capables de soutenir le poids dont il vouloit les charger.

Supposons maintenant que les deux tours eussent été exécutées, telles qu'on se voit encore dans quelques deſſins de la baſilique du Vatican, il ſemble que, bien loin de produire un bon effet, elles y auroient cauſé de la confuſion. Au lieu d'achever cette égliſe fameuſe, d'après le mauvais deſſin de Charles Maderno, pourquoi n'a-t-on pas plutôt détruit ce qu'il avoit ajouté inutilement, & laiſſé ſubſiſter le plan d'une croix grecque, qui avoit d'abord été adopté? On auroit fait une façade majeſtueuſe & proportionnée à l'égliſe. Il viendra peut-être un tems, où un pape plein de goût aura le courage de remédier à de ſi grands défauts, & ajoûtera, au plus beau monument de l'univers, le dernier degré de perfection qui lui manque. On ne parle point ici du bizarre palais du Vatican, dont la maſſe énorme ſemble écraſer un des côtés de l'égliſe de ſaint Pierre. La forme du terrein empêche peut-être qu'on ne puiſſe lui donner la régularité qui lui manque. Mais reprenons notre narration, puiſqu'il n'eſt rien de plus ridicule que de faire des projets.

Le chevalier Bernini avoit fait, deux ans auparavant la mort d'Urbain VIII, un fameux mauſolée, dans l'égliſe de ſaint Pierre, vis-à-vis celui de Paul III, qui eſt également eſtimé des connoiſſeurs. On voit, dans le premier tombeau, des abeilles dispersées, qui faisoient allusion aux armoiries de la maison Barberin. Un plaisant, qui les examinoit avec Bernini, lui dit, qu'il avoit peut-être voulu désigner que cette famille s'étoit dispersée. Notre artiste lui répondit que les abeilles dispersées se réunissoient toutes au son d'une clochette; il faisoit allusion à la cloche du capitole, que l'on sonne à la mort du pape.

Innocent X, ayant formé le projet de faire construire une fontaine à la place Navone, chargea plusieurs artistes de lui en donner des dessins. Le prince Ludovisi en fit faire un au chevalier Bernini, avec le modele. Il donna ordre de le placer au palais Pamphile, parmi tous les autres, le jour que le pape devoit les aller voir. Innocent X en fut frappé, & s'écria, après l'avoir considéré long-tems avec la plus grande attention: *voila un tour du prince Ludovisi, il faudra se servir de Bernini malgré qu'on en ait, puisqu'il n'est pas possible de voir ses ouvrages & ses projets, sans souhaiter qu'il les exécute.* En effet, cette fontaine est d'une beauté qui enchante. Elle consiste dans un rocher, d'où l'eau est censée sortir. Quatre figures colossales (1), représentans les

---

(1) La rivalité qui se trouvoit entre le chevalier Ber-

quatre principaux fleuves de la terre, sçavoir, le Nil, le Danube, l'Euphrate, & le Niger, avec différens animaux, & des plantes qui caractérisent les quatre parties du monde, sont assises dans diverses attitudes, sur ce monument. Le chevalier Bernini abandonna les quatre figures à ses éleves, & se réserva le rocher, qu'il regardoit comme l'ouvrage le plus difficile. Il réunit dans ce travail une certaine élégance, avec l'austérité naturelle à une pareille masse. Cet artiste lui donna une sorte de légéreté, en y pratiquant quatre ouvertures qui se communiquent. Le rocher a cependant assez de solidité pour porter le bel obélisque qu'on y a placé. Il faut avouer que ce monument est un des plus beaux de ce genre, & que l'artiste y a joint l'élégance & la noblesse, à la nature, dont on ne s'écarte que trop dans pareils cas. Cet ouvrage magnifique ayant été achevé, le pape alla le voir avant qu'il fût découvert. Il y resta près de deux heures

---

nini, & le Borromini, donna lieu à une satyre des plus cruelles, de la part de notre artiste. 1°. Il ne plaça point la fontaine en face de l'église de sainte Agnès, bâtie par le Borromini, ce qui auroit produit un très-bel effet; il est vrai qu'il eût fallu pour lors diminuer la longueur de la place, du côté de la rotonde, pour que cette fontaine fût au milieu 2°. Il représenta le fleuve niger sous la forme d'un negre, qui regarde la façade du Borromini, en lui faisant la moue.

sous les tentes, ne pouvant pas se rassasier en examinant un projet aussi bien conçu & aussi bien exécuté. Le pape demanda à Bernini quand les eaux jailliroient. Celui-ci lui répondit, qu'il ne sçavoit pas précisément le tems, parce qu'il restoit encore beaucoup de choses à faire; mais qu'il avoit donné les ordres convenables. Comme Innocent X étoit sur le point de sortir de l'enceinte qu'on avoit pratiquée autour de la fontaine, il entendit dans l'instant le bruit terrible que faisoient les eaux en jaillissant de toute part. Le pape fut saisi d'étonnement, avec toute sa suite. Il dit alors à Bernini : *la surprise agréable que vous m'avez causée m'a donné dix ans de vie.* Il envoya aussi-tôt au palais de dona Olympia (1), sa parente, pour prendre cent doublons ou pistoles, qu'il fit distribuer aux ouvriers.

Comme on se proposoit de faire quelques embellissemens à la fontaine de la

---

(1) Cette femme célebre eut beaucoup de part à l'administration des états du pape; on en voit un beau buste en marbre à la ville Pamphile, près de Rome. Malgré la supériorité de son génie, elle se rendit odieuse par son extrême avarice. C'est à elle que la maison Pamphili, qui vient de s'éteindre, devoit cette fortune si considérable, qui faisoit dire en Italien : riche comme Pamphile, comme on dit ailleurs ; riche comme Cresus. Ces biens ont passé à l'illustre maison Doria de Genes.

place Navone, qui est devant le palais Pamphili, Bernini se chargea de faire le dauphin avec le triton, de sa propre main. Cet artiste commença un vaste palais à Monte-citorio, pour le prince Ludovisi, dont la façade semble être composée de cinq autres. Innocent XII fit faire quelques changemens à cet édifice, & le destina à servir de palais pour rendre la justice. Un bâtiment aussi vaste & aussi étendu, qui passe à juste titre pour un des plus beaux palais de Rome, demanderoit qu'il y eût vis-à-vis une plus grande place, avec de belles rues tout au tour, qui fussent plus propres.

Alexandre VII, de la maison Chigi, qui aimoit & estimoit depuis long-tems le chevalier Bernini, le chargea de plusieurs ouvrages dont le plus considérable est la fameuse colonade qui environne la place saint Pierre. Cet artiste choisit la forme elliptique; il y fut même nécessité par le palais du Vatican, que notre auteur appelle, peut-être par dérision, *benedetto palazzo*, le bienheureux palais, qui l'empêchoit de choisir une forme plus avantageuse. Cette place est environnée de quatre files de colonnes de travertin, d'ordre dorique, qui supportent un entablement ionique, sur lequel on voit une très-belle balustrade ornée de statues. Ces quatre rangées de colonnes forment trois portiques, dont celui du milieu est voûté en plein ceintre; & les deux autres qui sont plus petits, ont des plafonds ou soffittes architravés. Pour que les entrecolonnemens fussent égaux, l'architecte s'est vu obligé d'augmenter le diametre des colonnes, selon que la courbure de la ligne sur laquelle elles sont placées, devient moins ceintrée. Il y a deux inconvéniens dans cette place; le premier consiste en ce qu'étant placé à l'extrêmité du grand diametre de l'ellipse, on voit à peine la façade de l'église, ce qui est très-incommode, sur-tout dans les grandes cérémonies, lorsque le pape donne la bénédiction au peuple. Le second défaut consiste dans l'incommodité de communiquer à l'église par des portiques dont le plan circulaire prive le spectateur de la beauté du coup-d'œil. Il faut cependant convenir que l'espece d'amphithéatre formé par les colonnes de la place de saint Pierre fait un très-bel effet, avec les pavillons du milieu; & les frontons qui sont au-dessus de l'entrée des portiques, avec les ornemens qui les décorent. Le bel obélisque qui occupe le centre de la place, & les deux fontaines, qui fournissent une très-grande quantité d'eau (1), produisent un beau coup d'œil; de même que la façade de l'église, qui s'unit aux portiques circulaires dont on vient de parler, par des corridors ornés de pilastres accouplés, du même ordre que celui des colonnes de la place. Il n'y a aucun endroit en Europe qui puisse jouir d'un aussi bel ensemble. C'est entre l'église de saint Pierre, & l'un des corridors dont on vient de parler, que Bernini fit un superbe escalier, orné de chaque côté d'une rangée de colonnes de marbre, qui soutiennent la voûte (2). C'est par où l'on monte au vestibule du palais du Vatican.

Cet architecte ne hasarda jamais de construire le moindre bâtiment sur cette colonade, parce que le sol sur lequel elle est élevée n'a point assez de solidité. On en voit la preuve évidente, dans la

___

(1) Ces fontaines jettent de l'eau en si grande abondance, que lorsque la reine Christine de Suede les vit pour la premiere fois, elle ordonna qu'on les fît cesser au bout de quelque temps, dans la crainte que leur réservoir ne se vuidât entièrement. On peut juger de la surprise de cette princesse, quand elle apprit que l'eau jaillissoit de même pendant toute l'année.

(2) On voit dans le jardin du palais Spada, à Rome, un petit théatre en architecture réelle, d'après les desseins du Barromini, qui a donné au chevalier Bernini l'idée de cet escalier.

quantité de lézardes qui se sont faites aux voûtes, quoiqu'elles soient d'une médiocre portée. On doit présumer que Bernini avoit connoissance de ce défaut des terreins, puisqu'il n'a jamais eu envie de bâtir la moindre chose au-dessus.

Cette réflexion n'ayant point échappé à notre artiste, ne pourroit-on pas lui demander pour quelle raison il n'a pas employé un ordre léger, tel que l'ionique embelli, ou le corinthien, qui auroit mieux convenu à l'élégance de la basilique, qu'un ordre dorique qui est plus mâle, & que l'on destine toujours à porter de gros fardeaux ?

L'escalier qui conduit du portique de saint Pierre, jusques au Vatican, est l'ouvrage qui coûta le plus de soin au chevalier Bernini. L'endroit où il est construit étoit jadis très-obscur. On ne pouvoit point démolir les murailles qui étoient très-vieilles, & trop foibles, parce qu'elles soutenoient la belle chapelle Pauline, la grande salle, & la chapelle Sixtine. On démolit l'ancienne salle, & quelques-unes des murailles voisines, & tout l'édifice resta en l'air. Quoique Bernini & Charles Fontana sçussent très-bien que les étais étoient solides, puisqu'ils les avoient placés selon les principes de la méchanique, on ne pouvoit entrer dans cet endroit sans être saisi de crainte. C'est un lieu pareil que notre architecte eut le talent de métamorphoser en un bel escalier, décoré par des colonnes ioniques, qui est d'ailleurs très-doux & très-bien éclairé. La voûte est ornée de rosaces & de compartimens en stucs. Il ne paroît pas que l'escalier ait été fait pour l'emplacement, mais au contraire, que le lieu étoit destiné pour l'escalier, tant Bernini étoit accoutumé de mettre en pratique l'axiome qui nous apprend que l'habileté de l'architecte se montre principalement en métamorphosant en beautés réelles les défauts d'un local très-ingrat. Pour ajouter à la beauté de l'escalier dont on vient de parler, & à celle du vestibule qui le précede, de même que le corridor, notre artiste plaça à son entrée la statue équestre de Constantin, qui regarde la croix qui lui apparoît dans le ciel, au milieu d'un combat. Les ennemis de Bernini avouerent que l'escalier dont on vient de parler étoit le moins mauvais de ses ouvrages d'architecture. Ceux qui ne se laissent point prévenir l'admirent, & se gardent de l'imiter. Cet escalier est composé de deux rampes extrêmement longues. La premiere, qui est décorée avec des colonnes ioniques, se rétrecit à à mesure que l'on monte ; & la seconde, où l'on voit des pilastres ioniques accouplés, est encore plus étroite. La statue de Constantin est sous une arcade, dont le plan est en partie droit, & en partie de travers. Le choix d'un pareil emplacement n'est sûrement pas à imiter.

On ne peut qu'admirer Bernini d'avoir tiré un aussi grand parti d'une place aussi ingrate & aussi défavantageuse.

Tandis que le Bernini étoit chargé d'aussi grands travaux, il exécutoit encore la fameuse chaire de saint Pierre, qui est toute de bronze doré, & soutenue par quatre statues colossales, du même métal. Elle représente les quatre peres de l'église, dont deux Grecs ; sçavoir, saint Gregroire de Nazianze, & saint Atanase ; & deux autres Latins, qui sont saint Augustin & saint Ambroise. Les modeles de ces statues furent un peu trop petits, & Bernini auroit dû avoir assez de patience pour les recommencer. On raconte que la chaire de saint Pierre, étant placée dans l'endroit où elle est aujourd'hui, notre artiste alla chez André Sacchi, peintre célèbre, pour le prier de venir avec lui dans l'église de saint Pierre pour y juger son ouvrage. Le peintre, qui étoit d'un caractere mélancolique & austere, ne vouloit point se donner cette peine; mais il ne put résister aux pressantes sollicitations du Bernin. Il monta en carosse, comme il se trouva chez lui, c'est-à-dire, en robe de chambre & en pantoufles. Etant entré dans l'église de saint Pierre, il s'arreta sous la voûte, & dit à notre artiste : *c'est d'ici que l'on doit voir votre ouvrage.* Bernini le supplia d'avancer un peu, mais André Sacchi ne voulut pas faire un pas de plus. Après avoir considéré pendant quelque temps l'ouvrage de notre artiste, il lui dit : *ces figures devroient avoir une paline de plus,* & il s'en alla tout de suite. Le Bernin s'apperçut bien que la critique d'André Sacchi étoit juste, mais il n'étoit plus tems de réparer sa faute. Cet artiste tira un parti très-avantageux de cette fenêtre qui est derriere la chaire, & qui eût embarrassé tout autre que lui; elle semble au contraire n'être dans cette place que pour faire paroître ce superbe monument avec plus d'éclat. La dépense qu'il occasionna surpassa la somme de cent mille écus romains, ou cinq cent mille livres de France. Bernini construisit plusieurs édifices par ordre du pape. On distingue parmi eux le palais des saints Apôtres, qui appartient aujourd'hui au duc de Bracciano. Le rez-de-chaussée est orné de bossages ap-

platis ou refends, qui forment un sou-
baſſement sur lequel s'élevent des pilaſtres compoſites. Cet ordre comprend
deux étages, contre les bonnes regles.
Les fenêtres du premier, que les Italiens
appellent l'appartement noble, ſont d'une
belle proportion. Il n'en eſt pas de même
de celles qui ſont ſous l'entablement ;
elles paroiſſent avoir été compoſées par
un autre architecte très-inferieur au
Bernin. On voit deux grandes portes
dans cette façade, par où l'on entre dans
une grande cour rectangulaire, environnée de portiques en arcades, ſelon
l'uſage. Ces portiques ſont un peu trop
bas. L'eſcalier du palais, qui eſt très-
beau, n'eſt point aſſez éclairé.

La charmante égliſe du noviciat des
Jéſuites à Rome, qui eſt de figure ovale,
eſt encore du Bernin. On voit pluſieurs
arcs autour de cette courbure, qui produiſent un mauvais effet. La lanterne de
la coupole eſt un peu lourde. Enfin, cette
eſpece de pavillon, ſoutenu par deux
colonnes trop éloignées les unes des autres, qui eſt à la façade, & chargé de deux
eſpeces de frontons avec des cartouches,
ſemble pencher en avant, & n'a aucun
rapport avec le reſte de l'édifice.

Louis XIV & Colbert, ſon miniſtre,
qui aimoient tous les deux les beaux arts,

firent faire des deſſins au Bernin pour la façade du louvre, pour laquelle les plus fameux architectes avoient déja donné des projets. Les deſſins de notre artiſte firent un ſi grand plaiſir à ce monarque, qu'il envoya ſon portrait, enrichi de diamans, au Bernin, & qu'il écrivit des lettres preſſantes au pape & à cet artiſte, pour qu'il vînt en France les faire exécuter. Nous croyons devoir rapporter, pour la gloire du Bernin, la traduction de la lettre que lui écrivit Louis XIV.

» Monſieur le chevalier Bernini,

» J'ai une eſtime ſi partiticuliere pour
» votre mérite, que je deſire avec em-
» preſſement de voir, & de connoître de
» plus près, un artiſte auſſi célebre que
» vous, pourvu que mes ſouhaits ne nui-
» ſent point au ſervice de Sa Sainteté, &
» qu'ils ne vous dérangent point. Telles
» ſont les raiſons qui m'engagent à ex-
» pédier ce courier extraordinaire à
» Rome, pour vous inviter à me procu-
» rer la ſatisfaction de vous voir en
» France. J'eſpere que vous profiterez de
» l'ocaſion favorable que vous fournit
» le retour de mon couſin, le duc de Cré-
» qui, mon ambaſſadeur extraordinaire,
» qui vous expliquera plus amplement

» les raisons qui me font desirer le plai-
» sir de vous posseder, & celui de par-
» ler avec vous sur les beaux desseins
» que vous m'avez envoyés pour la
» construction du louvre ; au reste, je
» m'en rapporte à ce que mondit cou-
» sin vous fera entendre, par rapport à
» mes bonnes intentions. Je prie Dieu,
» Monsieur le chevalier Bernini, qu'il
» vous ait en sa sainte garde.

LOUIS.

A Lyon, ce 11 Avril 1665.

Le monarque écrivit au pape de la maniere suivante.

TRÈS-SAINT PERE,

» Votre sainteté m'ayant déja fait re-
» mettre deux desseins, pour mon palais du
» louvre, de la main d'un artiste aussi
» célebre que le chevalier Bernini, je de-
» vrois plutôt la remercier de cette grace,
» que de lui en demander une nouvelle ;
» cependant, comme il s'agit d'un palais
» qui sert depuis plusieurs siecles de ré-
» sidence aux rois les plus zélés pour le
» saint siege, parmi ceux de la chrétienté,
» je crois recourir à elle en toute con-
» fiance. Je supplie donc Votre Sainteté,

» si son service n'en souffre pas, d'or-
» donner au chevalier Bernin de faire un
» tour en France, pour y faire exécuter
» son projet. Votre Sainteté ne pourroit
» me faire une plus grande faveur dans
» la circonstance actuelle ; j'ajouterai
» même, qu'elle n'obligera personne
» qui soit, avec plus de vénération, &
» plus cordialement que moi,

Très-Saint Pere,

Votre très-dévoué fils,
LOUIS.

A Paris, ce 18 Avril 1665.

Quoique le duc de Crequi, ambassadeur de France, à Rome, eût déja pris congé du pape, il fut obligé de s'en aller *in fiochi*, c'est-à-dire, en grande cérémonie, chez Sa Sainteté, pour lui demander solemnellement cette grace. Il alla ensuite chez le chevalier Bernin, pour l'engager à obéir aux ordres de son souverain. Le pape accorda cette faveur au duc de Crequi ; mais le chevalier Bernin, qui étoit déja âgé de 68 ans, étoit en suspens. Le pere Oliva, général des Jésuites, son ami intime, le détermina enfin à partir ; ce qu'il fit en 1665. On peut donner le nom de marche triomphale à son voyage. Le roi fournit ses équipages à cet artiste. Le grand-duc de Toscane lui fit faire une entrée publique à Florence, & pria le marquis Ricardi de le traiter magnifiquement. Le Bernin reçut les mêmes honneurs à Turin. Tous les professeurs de dessin qui étoient à Lyon, & toutes les personnes de qualité vinrent le complimenter ; on venoit en foule de tous les côtés pour le voir, comme s'il eût été un éléphant, ainsi qu'il le disoit lui-même. Le nonce du pape sortit de Paris pour le recevoir, & le conduisit au palais royal, comme un homme qui alloit honorer la France. Toute la cour & toute la noblesse s'empressoit à lui procurer toutes sortes d'agrémens. Le roi le reçut avec bonté, & lui donna des preuves de sa générosité & de sa bienveillance. Le Bernin étant arrivé à Paris, avec tant d'appareil, comme le seul homme digne de travailler pour Louis XIV, fut très-surpris de voir la façade du louvre, du côté de saint Germain l'Auxerrois, dont Claude Perrault avoit donné le dessin. Lorsqu'il apperçut ce grand ouvrage, il dit publiquement, qu'il étoit inutile de l'avoir fait venir en France, où il y avoit des architectes de la premiere classe.

Cette sincérité fait plus d'honneur au chevalier Bernin, que ses talens supérieurs pour la sculpture & pour l'architecture. Les artistes devroient plutôt imiter ce grand homme, que de critiquer les ouvrages de leurs confreres.

Cet homme célebre ne fit rien en en France comme architecte, quoiqu'il fût parti uniquement pour donner de nouvelles preuves de son mérite dans ce genre. Il fit le buste du roi, en marbre.

Un jour que Louis XIV lui donna une séance d'environ une heure, le Bernin s'écria : *miracle, miracle, un roi si actif & François est resté pendant une heure dans la même attitude.* Comme il dessinoit une autre fois le portrait de ce prince, il éleva sur la tête de Louis XIV une boucle de cheveux, en lui disant : *votre majesté peut montrer le front à tout l'univers.* Les courtisans ajusterent alors leurs cheveux comme le Bernin avoit arrangé ceux du roi. Cette mode fut appellée à la *Bernine*. Cet artiste fit encore un compliment spirituel à la reine, qui louoit beaucoup le portrait du roi, qu'il venoit de faire. *Votre majesté*, dit le Bernin, *loue ce portrait, parce qu'elle en chérit l'original.* Quelques dames lui demanderent quelles étoient les plus belles femmes, ou les Françoises, ou les

Italiennes. Toutes, répondit-il ; *Il n'y a d'autre différence, que le sang coule sous la peau des Italiennes, & que l'on apperçoit le lait sous celle des Françoises.* Le Bernin eut cinq louis à dépenser par jour, pendant les huit mois qu'il demeura en France; à la fin un présent de cinquante milles écus, avec une pension annuelle de six milles livres, & une pension de cinq cents écus pour son fils, qu'il amena avec lui. De pareilles récompenses honorent le monarque & les arts. Notre auteur prétend cependant qu'elles annoncent plus de faste que de discernement, parce que le Bernin avoit fait très-peu de choses en France. Cet artiste, de retour à Rome, fit, en reconnoissance de tant de bienfaits, la statue équestre de Louis XIV., qui est actuellement à Versailles.

Alexandre VII avoit tant d'estime pour le chevalier Bernin, qu'il alla deux fois le voir dans sa maison.

Clement IX., de la maison Rospigliosi, fit la même chose. Ce fut sous ce dernier pape, que cet artiste décora le pont saint ange, avec des élegantes balustrades, telles qu'on devroit en voir sur tous les ponts, afin que les passans pussent jouir du coup-d'œil du haut & du bas de la riviere. Le Bernin fit deux statues de marbre, pour la décoration de ce pont. Elles représentent deux anges, dont l'un porte la couronne d'épines, & l'autre l'inscription qui fut mise au haut de la croix. Le pape ne voulut pas que deux ouvrages aussi parfaits fussent exposés aux injures de l'air ; il en fit faire deux belles copies, qui furent placées sur le pont. Les originaux sont dans l'église de saint André delle Frate, à qui la famille Bernini en a fait présent. Le Bernini en fit secretement une troisieme statue, & la fit placer sur le pont. C'est celle qui porte l'inscription de la croix, I. N. R. I.

Cet artiste avoit déja 80 ans, lorsque pour témoigner sa reconnoissance à la reine Christine, sa protectrice la plus zélée, il commença à sculpter, avec le plus grand soin, la statue de Jésus-Christ, en marbre, en demi-figure, plus grande que la nature. Elle fut exécutée avec le plus grand succès ; mais la reine ne voulut point l'accepter, parce qu'elle n'étoit plus en état de le récompenser comme elle l'auroit desiré. Le Bernin lui laissa cependant ce morceau par son testament.

Cet artiste mourut enfin à l'âge de 82 ans, & fut enterré à l'église de sainte Marie Majeure. On prétend que sa succession montoit à 400 mille écus romains, c'est-à-dire, à 2000000 de livres de France. Elle parut une bagatelle aux yeux de la reine Christine, cette princesse si singuliere. Elle dit au prélat, qui lui donna cette nouvelle : *s'il eût été attaché à mon service, j'aurois honte qu'il eût laissé si peu.*

Le chevalier Bernin étoit plein de feu, colere, & avoit un air imposant. Il étoit d'ailleurs bon chrétien, très-charitable, & ennemi de la calomnie & de la médisance. La vivacité de son esprit tenoit du prodige. Il aimoit la comédie & se plaisoit à la jouer à l'impromptu. Il réussissoit singuliérement dans plusieurs rôles. On auroit dit qu'il possédoit par cœur Plaute & Terence, qu'il n'avoit jamais lus. Il inventa plusieurs machines pour le théatre; entre autres, un moyen très-singulier pour faire paroître le soleil sur la scene, achevant son cours dans le ciel. Le roi de France en voulut avoir le dessin (1).

Le talent de cet artiste ne se manifesta pas seulement dans la sculpture & dans l'architecture, il peignoit encore, quoi-

---

(1) Le chevalier Bernin inventa plusieurs machines, qui font l'office de balancier & de laminoir à la monnoie de Rome, derriere l'église de saint Pierre. Elles sont mues par le moyen de l'eau. J'en donnerai dans mon grand ouvrage sur les arts utiles & agréables le dessin & le développement que j'ai fait sur les lieux.

que ce fût pour son amusement. On compte 150 tableaux de lui, qui sont pour la plupart au palais Barberin, & au palais Chigi. On voit un grand tableau du même artiste dans la chapelle du Saint-Sacrement dans l'église de saint Pierre, qui représente un trait de la vie de saint Maurice.

La sculpture étoit cependant la passion dominante du Bernin, puisqu'il étoit capable de manier le ciseau pendant sept heures de suite; fatigue que nul de ses meilleurs éleves, tel vigoureux qu'il fût, n'étoit en état de supporter. Cet artiste célebre restoit quelquefois en extase sur son échaffaud, & se plongeoit souvent dans des méditations si profondes, qu'il falloit qu'il eut toujours une personne à côté de lui, de peur qu'il ne se laissât tomber. Dans ces momens de distraction, il ne vouloit pas qu'on l'en détournât, & disoit pour son excuse: *ne me touchez pas, car je suis amoureux*.

Si l'on vouloit compter tous les momens qu'il sacrifia au repos & à l'oisiveté, en faisant abstraction du tems nécessaire pour dormir & pour manger, la somme ne monteroit pas à un mois pour toute sa vie. Il ne quittoit jamais son travail pour faire des complimens à ceux qui venoient le voir. Les seigneurs de la plus grande qualité, & les cardinaux entroient chez lui, s'asséyoient sans rien dire, & regardoient simplement ses ouvrages. Il se donnoit beaucoup de peine. On le voyoit souvent tout couvert de sueur. Il se mettoit quelquefois en colere contre son ouvrage, quoique le travail fût pour lui son plus grand amusement.

La reine Christine de Suede alla voir un jour le Bernin ; il la reçut avec l'habit grossier dans lequel il travailloit, présumant que l'habit de la profession devoit être beaucoup plus respectable que tous les autres. La reine mania souvent cet habit, & lui dit qu'elle en faisoit plus de cas que de la pourpre.

Le chevalier Bernin suivoit les véritables regles, en faisant ses bustes ou portraits ; elles ne consistent point, comme la plupart des artistes le pensent, à donner un air riant & agréable à la personne, mais à exprimer son véritable caractere & sa physionomie. Un homme mélancolique ne doit pas paroître gai, ni celui qui aime la plaisanterie, ne doit pas avoir un air sérieux. C'est pourquoi notre artiste ne vouloit pas que la personne, dont il faisoit le portrait, restât toujours dans la même place : il lui permettoit de se promener, de causer, afin qu'elle eût un air plus libre & plus naturel. Le Bernin regardoit le torse du tibre (1), qui est dans une salle, entre les deux cours du vatican, derriere la grande niche, comme le morceau de sculpture le plus parfait, parmi les statues antiques qui sont parvenues jusqu'à nous; il le préféroit même au laocoon. Il faisoit encore beaucoup de cas de la statue de Pasquin (2), qui est si mutilée. On raconte qu'un étranger lui ayant demandé quelle étoit la plus belle statue de Rome, il lui cita celle de Pasquin. Ce seigneur crut que le Bernin s'étoit moqué de lui, lorsqu'il l'eut vu. Il me semble qu'un pareil jugement doit supposer un peu de singularité dans le caractere de celui qui le porte; car cette statue est aujourd'hui si mal-

___

(1) On appelle torse le tronc d'une figure qui paroît avoir été dans la plus grande action, & dont la contraction des muscles du dos & de la poitrine est si bien rendue, qu'elle a fait l'admiration de tous les statuaires, sur-tout de Michel-Ange & du Bernin. Les antiquaires ont beaucoup disserté sur ce morceau précieux. Les uns prétendent que c'est un fragment d'une statue d'Hercule, les autres croient qu'il appartenoit à la statue du tibre. On l'appelle *torso*, c'est-à-dire (tordu) courbé, à cause de l'attitude.

(2) La statue de Pasquin est encore plus connue, par la sincérité avec laquelle on suppose qu'elle s'explique sur les affaires publiques. On conseilloit un jour au pape de la faire jetter dans le tibre. *Je m'en garderai bien*, répondit-il, *car il se changeroit en grenouille, & je ne pourrois plus dormir ni jour ni nuit*. Cette tolérance annonce un grand homme.

traitée & si défigurée, qu'il est impossible qu'un artiste puisse y appercevoir la trace des beautés de dessin, qui ont pu jadis la rendre recommandable.

Le Bernin disoit encore qu'un grand homme n'étoit pas celui qui ne commettoit point de fautes, mais celui qui en faisoit le moins, & qu'il lui en étoit échappé davantage, parce qu'il avoit beaucoup plus d'ouvrages que les autres. En effet, dès qu'il avoit achevé un morceau, il le regardoit attentivement : s'il appercevoit qu'il y eût omis quelques beautés, ou s'il y avoit quelques défauts, il ne le regardoit plus. Cet artiste ne fut jamais content de ses ouvrages; disgrace commune à tous les grands hommes, & d'autant plus réelle, qu'elle se fait sentir intérieurement au milieu des éloges & des applaudissemens. Les ignorans sont au contraire présomptueux & toujours contens de leurs ouvrages, ou affectent de l'être. Les éloges qu'ils se prodiguent sont encore plus insupportables que les mauvaises choses qu'ils ont présentées.

Comme le caractere du Bernin, dans la sculpture, étoit le gracieux & le tendre, son architecture est élégante, agréable, & svelte. Ses édifices plaisent au premier coup-d'œil, même aux ignorans, pour ces différentes raisons. Il entendoit très-bien les méchaniques & l'art d'employer les forces mouvantes. Il sçut toujours tirer un parti avantageux des emplacemens irréguliers, & d'une étendue bornée. Le tout ensemble de ces édifices est bon, & bien proportionné, & sa maniere de profiler est très-agréable ; ses ornemens sont toujours d'un bon choix, quoiqu'ils soient quelquefois un peu confus. Il avoit coutume de dire qu'il falloit s'écarter un peu des regles. Cette maxime est très-équivoque, puisqu'on ne peut jamais abandonner celles qui sont constantes & qui tirent leur origine de l'essence même de l'architecture. On peut bien s'éloigner de quelques regles arbitraires, qui sont plutôt dictées par la pédanterie, & par l'exemple des anciens monumens, que par la raison. Comme le Bernin ne sçut point faire cette distinction, il introduisit de nouvelles licences dans l'architecture, bien loin de corriger les abus qui s'y étoient glissés. Il a toujours conservé le caractere particulier à chaque ordre ; mais il a employé avec plaisir les frontons brisés, & les a placés dans les endroits pour lesquels ils n'étoient pas faits. On peut encore lui reprocher d'avoir substitué une élégante bizarrerie à la simplicité, en employant des cartouches, des ressauts, & des interruptions dans son architecture, de même qu'un mêlange de lignes courbes avec des lignes droites. Malgré cela, un jeune homme épris du goût d'architecture du Bernin, dit en secret à notre auteur:

<blockquote>
Il est bien aisé de reprendre,
Mais mal aisé de faire mieux.
</blockquote>

On doit donc suivre le chevalier Bernin, dans tous les cas où il fait usage de ses talens pour imiter la belle nature.

Jean-Laurent Bernin, dont nous venons de parler, eut plusieurs freres, dont l'un nommé Louis, fut également sculpteur & architecte théoricien, & très-habile dans les méchaniques. Ce fut lui qui inventa cette tour de bois qui a quatre-vingt pieds de haut, que l'on fait mouvoir dans l'église de saint Pierre avec tant de facilité, pour en nettoyer les murs. Il imagina encore une balance pour peser les bronzes de la chaire de saint Pierre, & les statues colossales qui la supportent.

Catalogue des ouvrages de Jean-Laurent Bernini, dit communément le chevalier Bernin

Portraits & bustes en marbres.

Le buste de Jean-Baptiste Santoni

majordome de Sixte V, évêque de Tricario, qui est dans l'église de sainte Praxede.

Celui de Jean Vigevano, dans l'église de la Minerve, au troisieme pilastre de la nef du milieu.

Le buste du cardinal Delphino, à Venise, & le médaillon du même, représenté de profil, c'est-à-dire, vu de côté.

Le buste du chevalier de Sourdis, à Paris.

Le buste du cardinal Valerio, à Venise.

Le buste du cardinal Montalte, de la maison Perretti.

Le buste de monseigneur del Pazzo.

Le buste de monseigneur François Barberini, oncle d'Urbain VIII.

Le buste de la mere d'Urbain VIII.
Le buste du pere d'Urbain VIII.
Le buste de dona Lucrece Barberini.
Trois bustes d'Urbain VIII.
Un buste de bronze, dont la tête est inconnue.
} Au palais Barberin à Rome.

Le buste de monseigneur Montoja, à Saint-Jacques des Espagnols.

Le buste de Paul V.
Le buste du cardinal Borghese.
} à la ville Pinciana.

Un autre buste du même, au palais Borghese. Il est si beau, que le Bernin l'ayant vu quarante ans après l'avoir fait, il s'écria : *que j'ai fait peu de progrès dans la sculpture depuis tant de temps !*

Deux bustes d'Urbain VIII, dans le palais Gori.

Le buste de Constance Piccolomini, dans la galerie de Florence.

Le buste de dom Paul Jordans, duc de Bracciano, au palais Orsini.

Le buste d'Innocent X, au palais Pamphili, à Rome.

Un autre buste du même, au palais Barberini.

Deux autres de Gregoire XV, dans le palais Ludovisi.

Deux bustes d'Alexandre VII, au palais Chigi.

Le buste du cardinal de Richelieu, à Paris.

Le buste de Charles premier, roi d'Angleterre, à Londres.

Le buste du duc François, à Modene.

Le buste de dom Carlos Barberini, au Capitole.

Le buste de Louis XIV, à Paris.

Le buste de Clement X, à Rome.

Le buste d'un seigneur Anglois, à Londres.

Statues de Marbres.

La statue du cardinal Bellarmin. } Au Jesu, à Rome.
La statue de Paul V.

Le grouppe d'Enée, d'Anchise, & d'Ascagne.
La statue de David.
Le groupe d'Apollon & de Daphné.
Le matelas pour l'Hermaphrodite.
} Dans la ville Pinciana.

Le grouppe de Proserpine, à la ville Ludovisi.

Le grouppe de Neptune & de Glaucus, à la ville de Negroni.

La statue de saint Laurent, à la ville Strozzi.

La statue de saint Sebastien, pour la princesse de Rossano.

La statue de sainte Bibiane, dans l'église qui porte son nom.

Un ange pour un tombeau, à Venise, au palais Delphino.

La statue de saint Longin, à saint Pierre du Vatican.

La tête & le modele de la statue de la comtesse Maltide, à saint Pierre du vatican.

Le grouppe de la Charité.
Le grouppe de la Justice.
} au mausolée du Pape Urbain VIII.

La statue équestre de Constantin, sous le portique de saint Pierre.

Il Moro, c'est-à-dire le triton qui est à la fontaine de la place Navone.

Un écueil ou rocher, un cheval & un lion, pour la fontaine qui est au milieu de la même place.

La Vérité, dans la maison Bernini. Cette statue plaisoit tellement à la reine Cristine de Suede, qu'un cardinal lui dit, un jour qu'elle la regardoit avec beaucoup d'attention, & qu'elle en faisoit l'éloge : *Votre majesté est la premiere, parmi les têtes couronnées, à qui la vérité plaît.* La reine lui répondit : *mais toutes les vérités ne sont pas de marbre.*

La statue de saint Jerôme, dans la chapelle Chigi à Sienne.

La statue de Daniel.
Le grouppe d'Habacuc, & l'ange.
} dans la chapelle Chigi à Notre-Dame du Peuple ditte vulgairement la *madona del populo*.

La statue d'Urbain VIII, au capitole.

La statue de Fonseca, tenant une couronne à la main, à saint Laurent in *Lucina*.

La statue du cardinal Cornaro, à l'église de la Victoire à Rome.

Un ange tenant la croix, sur le pont saint Ange.

Le même. } à saint André delle Frate.
Un ange, tenant une couronne d'épines. }

Une tête représentant une ame bienheureuse. } à Saint-Jacques des Espagnols.
Une tête représentant une ame damnée. }

Un ange sur le grand autel de l'église des augustins.

Un autre ange dans la même église.

Un beau bas-relief, représentant Jesus-Christ & saint Pierre, appellé *pasce oves meas* (allez faire paître mes brebis), sur la porte de l'église de saint Pierre du vatican.

La statue équestre de Louis XIV à Versailles.

Le triton qui est à la fontaine de la place Barberini.

La statue de la bienheureuse Louise Albertoni, à saint François à-ripa.

Le mausolée d'Alexandre VII, à saint Pierre.

La statue du sauveur, qui est le dernier ouvrage du chevalier Bernin. Il la légua par son testament à Christine, reine de Suede.

Quinze belles têtes dispersées en différens endroits de l'Europe.

Statues de bronze.

Un buste d'argent à saint Eustache.
La statue d'Urbain VIII, à Velletri.
La statue du même pape, pour son mausolée, qui est à S. Pierre du vatican.
Quatre anges de bronze, pour le ciboire de saint Pierre.
Un grand crucifix pour l'autel de la chapelle du roi d'Espagne à Madrid.
La statue de sainte Françoise Romaine, & un ange dans l'église de cette sainte.
La chaire de saint Pierre du vatican.
Le buste du cardinal de Richelieu, à Paris.

Ouvrages d'architecture & autres.

La façade, l'escalier & la grande salle du palais Barberini.
Le palais de Monte-Citorio.
L'église du noviciat des jésuites à Rome.
Une église à Ariccia.
Une église avec une coupole à Castel gandolphe.
La galerie & la façade du palais du pape, du côté de la mer, à Castel gandolphe.
La chapelle de la famille Cornaro, à Notre-Dame de la Victoire.

La chapelle de la famille Silva, à saint Isidore.

La chapelle Fonseca, dans l'église de saint Laurent *in Lucina*.

La chapelle de la famille Aleona, dans l'église de saint Dominique & de saint Sixte.

La chapelle de la famille Raimondi, à saint Pierre Montorio.

La chapelle de la famille Siri, à Savone.

Le mausolée d'Alexandre VII à saint Pierre du vatican.

Le tabernacle de bronze doré, & orné de lapis lazzuli, dans le goût de la petite rotonde du Bramante, qui est dans le cloître de saint Pierre Montorio, pour l'autel de la chapelle du Saint-Sacrement, à l'église de saint Pierre du vatican.

La confession, c'est-à-dire, le baldaquin, l'autel, &c. de saint Pierre.

Le mausolée de la comtesse Mathilde, dans la même église.

La place, la colonnade & le grand escalier de saint Pierre, ou *scala regia*.

L'arc de triomphe, & les ornemens de leur salle ducale, à saint Pierre.

Le tombeau de Marenda, dans l'église de saint Laurent & saint Damas.

Un autre tombeau, dans l'église des Converties.

Le tombeau de la sœur Marie Raggi, à la Minerve.

Les augmentations qui ont été faites au palais Quirinal.

La grande fontaine de la place Navone, avec l'élévation de l'obélisque.

La réparation de la chapelle Chigi, & de toute l'église de Notre-Dame du Peuple.

L'intérieur de la porte du Peuple.

Les appartemens d'été du palais Quirinal, bâtis sous le pontificat de Clément IX.

La décoration du pont Saint-Ange à Rome.

L'arsenal de Civita-Vecchia.

La ville ou maison de campagne de la maison Rospigliosi, dans le territoire de Pistoya.

L'autel de la chapelle Rospigliosi, dans l'église du Jesu à Pistoya.

Le devant d'autel de sainte Françoise, dame Romaine.

L'autel de saint Calixte.

Le grand autel de l'église de saint Laurent & saint Damase.

La façade & les réparations de l'église de sainte Bibiane.

La fontaine de la place Barberini.

Des ornemens, tels que des enfans, des médaillons de marbre, avec les armes d'Innocent X, à saint Pierre du vatican.

Le pavé de marbre de l'église & du portique de saint Pierre.

La lanterne de la coupole de Notre-Dame de Monte-Santo.

Le palais du duc de Bracciano, aux saints Apôtres.

Des décorations pour les quarante heures (1), pour les théatres, pour les façades (2), deffins de feu d'artifices, catafalques, mansardes & autres choses semblables.

---

(1) Il est d'usage à Rome, & dans toutes les grandes villes d'Italie, d'exposer le Saint-Sacrement pendant l'espace de quarante heures dans chaque église, l'une après l'autre. Cette solemnité donne lieu à des décorations extraordinaires, qui ne sont que momentanées. Les Italiens ont même un genre d'ouvriers inconnus ailleurs, que l'on nomme *festaroli*, c'est-à-dire, ouvriers pour décorer les églises dans ces circonstances. Ces festaroles tirent un parti très-avantageux des décorations de gaze jaune & blanche, & sont en général d'une hardiesse effrayante. Ils se servent d'une échelle qu'ils alongent & diminuent à volonté. On en verra le dessin dans mon ouvrage sur les arts utiles & agréables; j'y joindrai celui de la machine roulante pour tapisser la frise de l'église de saint Pierre, inventée par Zabaglia, l'un des fameux méchaniciens du siecle.

(2) Les cardinaux étrangers sont obligés de donner une fête brillante un an après qu'ils ont reçu leur chapeau. Ils décorent leur palais d'une façade de charpente, peinte dans un goût très-riche, qu'ils font illuminer; de là est venu le nom de façade que l'on donne à ces fêtes. Les cardinaux François sont renommés pour les façades. On se rapellera toujours celles des cardinaux de Polignac, de la Rochefoucauld & de Rohan.

Nota benè. L'auteur Italien a oublié, dans la liste des ouvrages du chevalier Bernin, un des morceaux qui lui fait le plus d'honneur. Je veux parler du fameux grouppe de sainte Thérèse ravie en extase, avec un ange qui va lui percer le cœur d'un trait enflammé. La statue de la sainte est une des plus belles de Rome; on a seulement critiqué l'attitude voluptueuse où elle se trouve. On peut la citer pour chef-d'œuvre d'expression.

Cette statue est dans l'église de Notre-Dame de la Victoire, bâtie aux dépens de la maison d'Autriche.

Je profiterai de cette circonstance pour indiquer aux jeunes architectes les belles statues de Rome, soit antiques, soit modernes.

Les statues antiques qui passent pour les plus fameuses sont l'Apollon du vatican, qui est la premiere statue du monde; la Venus de Médicis, qui est à Florence; l'Hercule de Farnese à Rome; le Laocoon, au capitole; l'Antinous, dans le même endroit; la Flore, qui est au palais Farnese; le Gladiateur, à la ville Borghese, le Gladiateur mourant, au capitole; le beau grouppe de l'Amour & de Psyché, au capitole; la Cleopâtre du vatican; le Faune du vatican; la statue équeſtre de Marc-Aurele Antonin, & une foule d'autres, telles que la Vénus Callipige, au palais Farneſe.

Les plus beaux morceaux de la ſculpture moderne ſont le magnifique Moïſe de Michel-Ange à Monte-Citorio, la belle ſtatue de ſainte Théreſe, du Bernin, dont on vient de parler; le Mercure de Jean de Boulogne, au palais Farneſe; le grouppe d'Apollon & de Daphné, du Bernin, qui eſt à la ville Borgheſe ou Pinciana; la ſtatue du Sauveur qui porte ſa croix, à la Minerve, par Michel-Ange; la ſtatue Bibiane, du Bernin; le ſaint André du Queſnoi, dans un des maſſifs de l'égliſe de ſaint Pierre; le ſaint Louis de Gonzague, de Legros, au noviciat des jeſuites; le ſaint Ignace, ſtatue coloſſale d'argent, enrichie de pierreries, par le même, dans l'égliſe de la maiſon profeſſe de ces peres; le grand bas-relief de l'Algardi, repréſentant ſaint Léon, qui fait lever le ſiege de Rome à Attila, roi des Huns, qui eſt dans l'égliſe de ſaint Pierre.

Claude Perrault, de Paris, né en 1613, & mort en 1688.

Il eſt étonnant que le même homme ait pu exceller dans différentes ſciences aussi disparates entre-elles, & de les avoir toutes apprises sans le secours d'un maître, comme le fit Claude Perrault. Il étoit médecin, peintre, musicien, architecte, ingénieur, physicien & anatomiste. Ce sçavant fit un dessin pour la façade du louvre, qui mérita la préférence sur tous ceux qui furent présentés. On le trouva si beau, qu'on crut d'abord qu'on ne pourroit point l'exécuter, pour cette seule raison. Il fut enfin mis en exécution. C'est celui de la superbe façade qui est du côté de l'église de saint Germain l'Auxerrois, qui surprit le chevalier Bernin, & qui est en effet le plus beau morceau d'architecture qui soit dans les différens palais des souverains de l'Europe. Au-dessus d'un beau soubassement qui comprend un appartement dont les fenêtres sont très-simples & un peu ceintrées, s'éleve la fameuse colonade qui a 525 pieds de long, dont les colonnes sont accouplées & cannelées ; elles ont trois pieds sept pouces de diametre, & soutiennent des architraves extrêmement hardis, qui ont 12 pieds de long d'une colonne à l'autre. Cette colonnade à trois avant-corps, savoir, deux aux extrêmités, & un au milieu. Ce dernier est terminé par un fronton, qui est porté par huit colonnes accouplées. On doit remarquer avec attention ses deux côtés inclinés, formés d'une seule pierre, qui ont chacune 34 pieds de long. Cet édifice est couronné par une balustrade. Perrault inventa quelques machines très-ingénieuses pour transporter & pour élever ces pierres énormes.

De tous les monumens élevés sous le regne de Louis XIV, le seul péristyle du louvre eût été suffisant pour l'immortaliser. Sublime par sa composition & par la justesse de ses proportions, il a surpassé, non seulement tous les édifices des rois ses prédécesseurs, mais encore tous les ouvrages d'architecture des empereurs d'orient & d'occident. On montra, tant d'indifférence, pour le magnifique palais du louvre, après la mort de Louis XIV, que l'on permit d'élever plusieurs maisons considérables dans la cour.

Les véritables amateurs ont toujours gémi sur cette barbarie; & le plus grand poëte de notre siecle, M. de Voltaire, éleva sa voix sur un pareil excès, dans une piece de poésie pleine de force, dont je me contenterai de rapporter les premieres strophes.

Monumens imparfaits de ce siecle vanté,
Qui sur tous les beaux arts a fondé sa mémoire,

Vous verrai-je toujours, en atteſtant ſa gloire,
Faire un juſte reproche à ſa poſtérité ?

Faut-il que l'on s'indigne alors qu'on vous admire !
Et que les nations qui veulent nous braver,
Fieres de nos défauts, ſoient en droit de nous dire,
Que nous commençons tout pour ne rien achever ?

M. le marquis de Marigny, directeur des bâtimens du roi, pénétré de la juſteſſe de cette réflexion, & plein de zele pour les arts, a fait démolir ces maiſons, & achever la façade juſqu'à un certain point, qui met les amateurs dans le cas de ſuppléer facilement par la penſée, à ce qui lui manque. Toute la maſſe générale eſt abſolument découverte.

Pluſieurs perſonnes ont diſputé inutilement à Claude Perrault la gloire d'avoir donné le deſſin de la colonnade du louvre, fondées uniquement ſur ce que Boileau rapporte à ce ſujet dans ſes réflexions critiques ſur Longin ; mais le jugement particulier de cet illuſtre ſatyrique ſeroit très-récuſable, s'il étoit contraire au général & à celui de tout le public, qui l'a toujours donné à Perrault, ſans varier. Tout le monde ſavoit alors la haine de Boileau contre M. Perrault, qui prenoit sa source dans l'ouvrage du parallele des anciens & des modernes, par Charles Perrault, frere de l'architecte, où il donnoit la préférence entiere à ces derniers sur les premiers, & où Boileau n'étoit pas bien traité. Il eut même quelques disputes assez vives avec l'architecte, dont il avoue qu'il auroit voulu se venger, par la façon dont il en parle dans son art poétique, auquel cependant il ne put refuser dans la suite la qualité d'habile architecte, dans ses écrits. Il dit dans ses réflexions critiques : *qu'un des plus célébres architectes*, qu'il n'ose pas nommer, ce qu'il faut bien remarquer, *s'est offert de lui faire voir, papier sur table, que le dessin de la façade du louvre est du sieur le Veau, & non de Perrault*. Si ce célebre architecte (Dorbay, disciple de le Veau) avoit pu tenir sa parole, avec quelle joie maligne Boileau eût saisi cette occasion de se venger de son ennemi, en lui enlevant la gloire dont il avoit joui jusqu'alors, sans aucune contestation, d'être l'auteur de ce chef-d'œuvre ? Mais tout au contraire, Boileau déclare, en rapportant ce fait, *qu'il ne veut point entrer dans cette dispute, & que s'il prenoit un parti, ce seroit en faveur de Perrault*.

Quelque mordant que fût ce grand poëte, son esprit seul étoit satyrique; mais son cœur étoit droit, & il aimoit passionnément la vérité. Il en a donné des preuves dans sa réconciliation sincere avec Perrault, dans la lettre qu'il lui écrivit, où il avoue, *que le dépit de se voir critiqué lui avoit fait dire des choses qu'il auroit mieux fait de n'avoir pas dites.* Il en usa de même avec Quinault, après l'avoir si injustement décrié.

Perrault fit encore construire un arc de triomphe superbe, qui étoit à la porte saint Antoine, & l'observatoire, qui est le plus beau de l'Europe. Ces trois édifices font le principal ornement de Paris. Perrault entreprit la traduction de Vitruve, à la sollicitation de M. de Colbert. Tout le monde connoît le succès de cet important ouvrage. Notre artiste dessina très-proprement toutes les figures, & fit encore un abrégé de ce traité en faveur des commençans. Il publia encore un ouvrage sur les cinq ordres d'architecture, selon les principes des anciens. Perrault s'exerça, avec une foule d'artiste de sa nation, à la recherche d'un sixieme ordre d'architecture, & ne trouva rien qu'un chapiteau corinthien, dont les feuillages étoient ridiculement remplacés par des plumes d'autruche,

Les colonnes repréfentoient des troncs d'arbres. On demande s'il eft poffible que les arbres aient des plumes d'oifeau en guife de feuilles?

Comme la médécine étoit la principale profeffion de Perrault, Boileau Defpréaux, pour fe venger du mal qu'il avoit dit de quelques-unes de fes fatyres, célébra fa métamorphofe, dans fon art poétique, de médecin en architecte.

Notre affaffin renonce à fon art inhumain,
Et déformais la regle & l'équerre à la main,
Laiffant de Galien la fcience fufpecte,
De méchant médecin devint bon architecte.

Perrault eut la foibleffe de fe plaindre auprès du grand Colbert, & de demander vengeance de cette fatyre. Colbert demanda à Defpréaux comment la chofe s'étoit paffée: celui-ci tira la fatyre de fa poche, & dit au miniftre qu'il avoit déja établi pour principe, qu'il valoit beaucoup mieux être maçon que mauvais médecin. Le grand Colbert ne put alors s'empêcher de rire, & Perrault s'apperçut trop tard qu'on ne doit pas faire attention aux fatyres fi elles font fauffes, & qu'il faut fe corriger fi elles font vraies, au lieu de s'en mettre en colere.

Perrault eut beaucoup de part à la confiance du grand Colbert. L'auteur du dialogue entre l'ombre de ce miniſtre célebre, le louvre & la ville de Paris, ouvrage plein d'excellentes réflexions ſur les beaux arts, jointes à quelques ſarcaſmes, nous apprend, à la page 126, une anecdote qui mérite d'être connue.

Il s'agit des regrets que le grand Colbert témoigna à Perrault de n'avoir pas fait une étude particuliere du deſſin, dans ſa jeuneſſe, pour pouvoir lui tracer ces idées. L'architecte répondit ainſi au miniſtre : Vous êtes dans une grande erreur ; il eſt fort heureux pour un miniſtre, & encore plus pour un ſouverain, de ſe trouver dans l'impuiſſance de perdre un tems qui leur eſt ſi précieux, à crayonner des idées qui ne ſauroient être utiles, par l'ignorance des grands principes de cet art, & le défaut de pratique. Les foibles connoiſſances leur ſont même nuiſibles, en ce que leurs productions étant applaudies par des flatteurs : quelque médiocres qu'elles ſoient, ſont ſouvent préférées pour l'éxécution aux excellentes. D'ailleurs ces ſortes d'amuſemens étant toujours bornés à de petits ſujets, ils achevent de retrécir leur goût & leur génie, au lieu de l'agrandir. Il y a long-tems qu'on a repréſenté un prince qui fait bâtir, & celui à qui il confie le ſoin de ſes bâti-

mens

ments par l'emblême d'un homme sans main, mais ayant de bons yeux & d'excellentes oreilles, pour exprimer que ni le roi, ni le ministre ne doivent point travailler eux-mêmes aux dessins de leurs bâtimens; qu'ils n'ont besoin que de leurs yeux & de bonnes oreilles pour juger de ceux qu'on leur présente (1).

Lorsque Perrault fut admis à l'académie royale des sciences, il n'exerçoit plus la médecine que pour sa famille, pour ses amis & pour les pauvres. S'étant entiérement adonné à la physique, il publia quatre volumes sous le titre d'*essai de physique*. Il mit encore au jour un recueil de machines de son invention, pour élever & transporter les fardeaux, & pour d'autres usages très-utiles à la société. Perrault disséqua plusieurs animaux, & mourut pour avoir assisté à la dissection d'un caméléon corrompu, dont la mauvaise odeur rendit toute l'assem-

_____

(1) Quoique ce sentiment soit vrai en général, il est cependant sujet à quelques restrictions. Un prince qui s'est exercé dans les premieres années de sa jeunesse à cultiver le dessin, jugera dans la suite plus sainement du mérite d'un grand artiste, en se rappellant les difficultés qu'il a dû surmonter pour arriver à la perfection. Comme ces difficultés lui sont connues par son expérience, elles le frapperont davantage, & le persuaderont plus facilement à se rendre aux avis des habiles gens qu'il employe. C'est à ces derniers à ne pas sacrifier leur réputation à une lâche complaisance.

blée malade. On prétend qu'il donna différens mémoires pour l'établiffement de l'académie de peinture & de fculpture, & pour celle d'architecture.

Jean-Antoine de Roffi, Romain, né en 1616, & mort en 1695.

Il étoit fils de Lazzard de Roffi, né à Brembato, fief du Bergamafque. Un maître obfcur lui donna quelques principes d'architecture; & fans jamais avoir appris à deffiner, il devint bon architecte, en examinant avec attention les beaux monumens de Rome. Cet artifte fe vit obligé d'avoir recours à une main étrangere, pour rendre fes idées; extrêmité défagréable. Il bâtit à Rome, dans le cours, cette partie du palais d'Afte, aujourd'hui de Renuccini, dont la façade paffe communément pour un chef-d'œuvre d'architecture. Il faut convenir que la divifion des étages & la répartition des fenêtres eft exacte, & que les boffages qu'on y a employés, produifent un très-bel effet; mais les ornemens des fenêtres font trop lourds, & les frontons font d'une figure trop recherchée. Enfin la partie de ce palais qui regarde la petite rue, eft tourmentée par plufieurs grouppes de pilaftres, qui femblent enfevelis les uns dans les autres,

L'entablement paroît très-lourd, & les fenêtres qui font entre les confoles ne fe lient point avec l'ordonnance générale. Il eft inutile de parler de l'entrée, qui eft mauvaife & qui reffemble à celle d'une grotte, parce que l'emplacement ou quelques autres raifons n'auront pas permis de faire autrement.

Le fuperbe palais que de Roffi bâtit pour le prince Altieri, au Jefu, s'annonce d'une maniere bien différente. La magnificence des dedans égale la décoration extérieure. Les étages & les fenêtres font bien efpacés. On pourroit cependant fe difpenfer de mettre des frontons fur les fenêtres du troifieme étage. 1°. Parce qu'ils ne font pas beaux. 2°. Parce qu'ils font inutiles, étant trop près de l'entablement. Les deux colonnes ioniques qui décorent la principale porte font de la plus grande élégance. La cour eft un grand quarré environné de portiques foutenus de pilaftres ; & l'on peut dire que l'architecture y eft traitée d'une maniere plus agréable que magnifique, & qui ne répond pas exactement à l'extérieur, qui eft dans le plus grand ftyle. L'efcalier eft très-grand & très-noble. Il eft bien éclairé ; mais les pilaftres qui en foutiennent la voûte le rétreciffent dans certains endroits. Les balustrades sont inclinées, parce qu'elles suivent la pente de la rampe, & les portes des appartemens qui donnent sur les palliers, paroissent un peu mesquines. Le grand défaut de ce palais consiste en ce que la partie la plus considérable, est plus élevée que celle qui est sur la place du Jesu, par l'irrégularité du terrein, & qu'elle semble former un palais séparé du premier. On voit dans cet autre corps de bâtiment, qui est sur la place de Venise, une grande porte, qui conduit dans une vaste cour rectangulaire, par où l'on peut passer dans la premiere. Il est dommage qu'il n'y ait point d'unité dans ce palais, qui est isolé de toute part, & qui passe à juste titre pour l'un des plus beaux de Rome.

De Rossi fit encore construire les palais Astalli & Muti, qui sont au pied du capitole; l'hôpital des femmes à saint Jean de Latran; l'église de saint Pantaleon; la jolie chapelle du mont de piété, où l'on a trop prodigué les ornemens, mais où il se trouve en général peu de correction.

Cet artiste commença l'église de la Madeleine, qu'il laissa imparfaite, & qui fut achevée & décorée de la maniere la plus bisarre, par d'autres architectes sans nom.

Un si grand nombre d'édifices que fit construire notre artiste, soit à Rome, soit dans les pays étrangers, lui procurerent une fortune évaluée à plus de 80 mille écus romains, ou 400000 l. de France. Il la divisa en trois parties, dont il en donna une à l'hôpital de la Consolation, la seconde à l'église appellée *sancta sanctorum*, & la troisieme pour doter de pauvres filles. Cet artiste étoit désinteressé, & même généreux ; il en donna une preuve au peintre Baciccio, à qui il vendit une maison pour le même prix qu'il l'avoit acheté à l'enchere, quoique cet artiste en fût épris & qu'il lui en offrît plus qu'elle ne lui avoit coûté.

De Rossi parloit avec facilité, & étoit un peu fier & méprisant. Le style de son architecture est grand & noble. Il éclairoit avec art tous ses bâtimens ; & les ornemens qu'il employoit dans les édifices, étoient d'un goût mâle. Il savoit tirer un parti avantageux des emplacemens les plus irréguliers, & faisoit paroître les appartemens très-vastes, quoiqu'ils fussent d'une grandeur médiocre.

Mathias Rossi, Romain, né en 1637, *& mort en* 1695.

Il apprit l'architecture de Marc-Antoine de Rossi son pere, qui étoit un assez bon architecte. Après avoir étudié les belles-lettres & la géométrie, il entra à l'école du Bernin, qui le préféra à tous ses autres éleves, & l'emmena en France. Il l'employa dans la plupart des grands ouvrages dont il fut chargé.

Mathias de Rossi eut la direction d'un château, que Clement IX fit bâtir à Lamporecchio, & celle de l'église des peres des écoles pieuses à Monterano. Cet artiste fit une description de la coupole de saint Pierre, par ordre du pape, & prouva : 1°. que la crainte qu'on avoit de sa ruine étoit chimérique. 2°. Que le chevalier Bernin n'avoit que fait suivre l'idée de ceux qui avoient jetté les fondemens de ce dôme, en faisant pratiquer un escalier, avec une niche & une balustrade dans les massifs qui le soutiennent.

Mathias de Rossi succéda à la plupart des emplois du Bernin, après sa mort, & sur-tout dans sa place d'architecte de saint Pierre. Le tombeau de Clement qui est dans ce temple, la façade de sainte Galla, la grande porte du palais Altieri, qui est orné de bossages, & qui donne sur les derrieres, avec les écuries du même palais, & la douane de *Ripa-grande* ont été construits par de

Roffi. Il fit un deffin pour l'oratoire du pere Caravita, mais qui ne fut pas exécuté, à caufe de la trop grande dépenfe qu'il exigeoit. Cet artifte eut beaucoup de part à la conftruction du palais de Monte-Citorio (1), dont il fit bâtir le grand efcalier, le portique & le dernier étage Innocent XII, dont la mémoire doit être à jamais chérie, & qui étoit connoiffeur, eftimoit beaucoup notre artifte. Il le décora de la croix de l'ordre de Chrift.

De Roffi fut appellé en France, pour y faire exécuter quelques deffins du chevalier Bernin. Il y mérita les bonnes graces de Louis XIV, & fit, entre autres chofes, le modele du palais du louvre. La guere étant furvenue, de Roffi s'en retourna à Rome, comblé d'honneurs & de préfens. Il bâtit pour le prince Pam-

---

(1) Ce palais, où fe trouvent réunis les différens tribunaux qui compofent la chambre apoftolique, eft bâti fur une petite élevation qu'on nommoit *Mons Citatorum* du tems de l'ancienne Rome; c'eft de là que la trompette fonnoit pour avertir le peuple affemblé en comice, de venir donner fes fuffrages; cette dénomination pourroit encore venir de ce que ceux qui les avoient donnés, fe retiroient de ce côté, pour laiffer la place libre aux perfonnes qui devoient leur fucceder. Vis-à-vis du palais de *Monte-Citorio*, que l'on nomme encore *Curia Innocentiana*, eft un ancien piédeftal de marbre, de douze pieds de haut, qui portoit une colonne érigée à Antonin le pieux, comme on l'apprend par l'infcription qui eft fur une de fes faces.

Divo Antonino Augufto pio. Antoninus, Auguftus, & verus Auguftus.

phile l'église principale de Valmontone, dont le plan est une ovale, avec un beau clocher. Innocent XII envoya notre architecte pour examiner les marais dits Chiane, & pour faire un rapport exact du tort que les eaux avoient causé dans le voisinage. A peine eut-il rempli sa mission, qu'il revint à Rome, où il fut attaqué d'une retention d'urine si terrible, qu'il mourut, à l'âge de cinquante huit ans. De Rossi fut généralement regretté, à cause de sa politesse, de la régularité de ses mœurs, & pour sa gaîté. Il avoit des connoissances profondes de l'architecture, & dessinoit bien. Il composoit avec facilité, & son style est en général pur & correct.

Dom Guarino Guarini de Modene, clerc régulier de l'ordre des Théatins, né en 1624, & mort en 1683.

De tous les architectes qui ont adopté le style bizarre de Borromini, il n'en est aucun qui ait donné dans tant d'excès que le pere Guarino Guarini. Il étoit savant dans les mathématiques, & très-bon philosophe, comme le prouvent ses différens ouvrages, qui sont *Placita philosophica, Euclides adauctus, Cœlestis Mathematica*, dans laquelle il parle de la gnomonique, & de la maniere de toiser les bâtimens. Guarino Guarinia voit lu tous les meilleurs auteurs qui traitent de l'architecture, tels que Vitruve, Alberti & Palladio, comme on peut le conclure par son traité d'architecture civile, qui fut publié après sa mort. Il est singulier qu'il ait donné dans tant d'écarts, après avoir puisé dans de si bonnes sources. Mon auteur Italien dit qu'un mauvais estomac est la cause que les alimens deviennent la nourriture la moins saine.

Ce religieux étoit architecte du duc de Savoie, pour lequel il a bâti plusieurs édifices à Turin, & pour des particuliers. Les principaux sont, 1º. la porte du Pô, qui est en même temps convexe & concave, & très-désagréable à la vue. Mon auteur lui donne l'épithete de *velenosa*, c'est-à-dire qui empoisonne les yeux. 2º. La chapelle du saint suaire, sur un plan circulaire, & dont la décoration est aussi éloignée de toutes les bonnes regles, que sa disposition & son ordonnance. 3º. L'église de saint Laurent des théatins, dont le plan est un quarré parfait, avec un portique devant & derriere. Elle est couverte par une voûte, dont les ceintres, entr'ouverts par le milieu, supportent une coupole. On ne voit pas une seule ligne droite dans tout cet édifice. Il paroît que ce religieux s'étoit déclaré l'ennemi capital de tout ce qui n'étoit point convexe ou concave. 4°. L'église de faint Philippe de Neri, qui eft dans le même goût, avec une façade qui n'offre que des angles & une forêt de colonnes & de pilaftres. 5°. Le palais du duc de Philibert de Savoie, qui eft décoré de deux ordres d'architecture. Le premier, qui eft dorique, comprend deux rangées de fenêtres, & le fecond, qui eft corinthien, en embraffe trois. On ne fçauroit affigner les proportions de ces différens ordres, ni définir la maniere dont cet architecte bizarre les a décorés. 6°. Deux palais pour le prince de Carignan, l'un à Turin, dont l'efcalier eft fameux, & l'autre à Racconigi.

Le pere Guarino Guarini ne bâtit pas feulement à Turin, mais plufieurs autres villes ont encore eu le fort d'être embellies par des édifices de fon genre. Ce religieux fit conftruire à Modene, fa patrie, l'églife de faint Vincent; à Vérone, le tabernacle de faint Nicolas; à Vicence, l'églife de faint Gaëtan; à Meffine, l'églife des Somafques; à Paris, celle de fainte Anne, fur le quai des Théatins; à Prague, l'églife de fainte Marie d'Ettingen; enfin, à Lisbonne celle de fainte Marie de la Divine-Providence. On remarque le même style dans tous ces édifices, c'est-à-dire un goût décidé pour les formes angulaires, pour les contours outrés. Ses plans sont bizarres ; de même que ses élevations & ses ornemens, de la plus grande singularité. Ce religieux, ayant lu dans Vitruve que l'ordre ionique est pris d'après les proportions d'une belle femme, il jugea à propos de l'enrichir avec des guirlandes de fleurs, des perles & des pierreries, enfin avec tous les ornemens qui sont à l'usage des femmes. Il adopta les frontons brisés de Palladio, & donna dans les abus les plus absurdes, tels que les fenêtres en forme de croissant, & même dans un goût encore plus extraordinaire, les colonnes torses, les pilastres cannelées en spirales. Mon auteur fait des vœux pour ceux à qui cette architecture a droit de plaire. Il finit par les mettre dans une classe dont j'épargnerai le nom à mes lecteurs. Puissé-je trouver l'équivalent du diminutif pazarelli, si agréable dans la langue italienne !

Pierre Pujet, surnommé le Michel-Ange de la France, né 1622, & mort à Marseille en 1694.

Pierre Pujet, que l'on nomme à juste

titre le Michel-Ange de la France, parce qu'il réunit, comme cet artiste célebre, les rares talens de bon peintre, d'excellent sculpteur & de grand architecte, naquit à Marseille, le dernier jour du mois d'octobre de l'année 1622. Son pere, qui étoit sculpteur & architecte, appercevant en lui des dispositions singulieres pour le dessin, le plaça chez un constructeur de galeres, nommé Roman, qui se mêloit de sculpture. Le jeune Pujet fit des progrès si rapides dans l'espace de trois mois, qu'il n'eut bientôt plus besoin des conseils de son maître, qui étoit un artiste médiocre. Il ne suivit plus que l'impulsion de son génie, & s'attacha à l'étude de la belle nature. Ce fut elle qui lui servit de maître pendant qu'il continua à conduire les ouvriers de Roman, qui lui avoit donné toute sa confiance. Comme notre jeune artiste avoit souvent entendu parler des statues antiques qui sont à Rome & à Florence, il résolut de faire le voyage d'Italie pour les étudier. Il prit donc la route de cette contrée, & s'arrêta quelque tems à Florence. Comme il étoit peu favorisé des biens de la fortune, il chercha de l'occupation chez plusieurs sculpteurs. La basse jalousie des Italiens contre les François, le priva de cette ressource : nul d'entre eux ne voulut employer ses talens. Le jeune Pujet se trouva bientôt dans la situation la plus triste, & se vit obligé de vendre jusqu'à ses outils pour vivre. Réduit à cette fâcheuse extrêmité, il apperçut un jour un vieux sculpteur en bois, qui faisoit des petits ornemens; il lui fit, en pleurant, le récit de son état. Cet artiste en fut vivement touché. Comme il n'avoit pas le moyen de l'occuper, il le mena chez le premier sculpteur du grand-duc, à qui il le recommanda. Celui-ci reçut le jeune Pujet avec mépris, & lui donna quelques ornemens à faire sur un petit panneau de sept à huit pouces de long sur trois ou quatre de large, pour l'humilier & pour le décourager. Le Pujet dissimula cette mortification, & acheva son ouvrage. Son nouveau maître en fut très-content. Rien ne put égaler sa surprise, quand il lui demanda à composer des sujets, & à les exécuter. Le maître lui en donna permission. Sa premiere surprise se changea bientôt en admiration, quand il vit les modeles exécutés avec la plus grande délicatesse. Cet artiste eut dès lors beaucoup d'égard pour le Pujet; il le retint chez lui, & le fit manger à sa table. Le Pujet resta un an entier à Florence, autant pour obliger son maître, que pour gagner quelque argent. Comme son maître avoit eu souvent l'occasion de lui parler du mérite de Pierre de Cortonne, notre jeune artiste s'en forma une si grande idée, qu'il voulut absolument le connoître. Il partit enfin pour Rome, malgré les instances de son maître, qui lui fit offrir une pension par l'architecte du grand-duc. Le sculpteur qu'il venoit de quitter, & qui lui avoit donné des lettres de recommandation, fit plus, il écrivit en particulier à un de ses confreres, qui étoit fameux, pour qu'il reçût le Pujet chez lui, & qu'il lui rendît toutes sortes de services. Notre artiste fut agréablement surpris, en se voyant accueilli aux portes de Rome, où il croyoit n'être connu de personne. Ce sculpteur lui procura la connoissance de Pierre de Cortonne, qui le reçut d'abord séchement, selon sa coutume. Le Pujet lui ayant présenté ses dessins, il lui fit l'acceuil le plus gracieux, & l'admit à son école. Notre artiste quitta la sculpture, & s'adonna entiérement à la peinture, où il fit de très-grands progrès. Pierre de Cortonne ayant été mandé par le grand-duc de Toscane, pour peindre les plafonds du palais Pitti, il emmena le Pujet avec lui. On peut juger de la joie que ce voyage dut causer au sculpteur chez lequel il avoit travaillé à Florence. Le Pujet quitta cette ville quelque temps après, pour retourner dans sa patrie, malgré les offres brillantes de Pierre de Cortonne & de son ancien maître. Il arriva à Marseille à l'âge de vingt-un ans. Ses talens ne tarderent pas à le faire connoître des principaux officiers de la marine, qui en parlerent à M. de Brezé, amiral de France. Ce seigneur demanda au Pujet le dessin du plus beau vaisseau qu'il pourroit imaginer. Ce navire fut ensuite exécuté, & surnommé *la Reine*, en l'honneur de la reine mere, qui fut nommée surintendante de la navigation de France. Le Pujet se lia sur ces entrefaites avec un feuillant qui alloit à Rome pour faire dessiner tous les monumens antiques, par ordre de cette princesse. Ce religieux le chargea de cette importante commission. Notre artiste passa cinq ou six ans à la remplir. On ignore le sort de ces différens desseins. Ils formeroient aujourd'hui une suite d'autant plus précieuse, qu'on a démoli plusieurs monumens depuis cette époque. Le Pujet étant revenu en France fit plusieurs tableaux, que l'on conserve avec beaucoup de soin dans différentes églises d'Aix en Provence, & dans les cabinets de plusieurs riches particuliers.

On y admire la correction du deſſin, la force & la légéreté du pinceau, avec la fraîcheur du coloris.

Le Pujet tomba ſi dangereuſement malade en 1637, que ſon médecin & ſes meilleurs amis lui conſeillerent d'abandonner la peinture, parce que l'étude aſſidue qu'il en faiſoit, prenoit trop ſur ſa ſanté, en diſſipant ſes eſprits. On eut beaucoup de peine à le perſuader. L'architecture & la ſculpture firent dès lors ſes ſeules occupations.

Les deux termes qui ſoutiennent le balcon de l'hôtel de ville de Toulon, furent ſon premier ouvrage de ſculpture, depuis ſon retour en France. Toujours plus avide de gloire que guidé par un vil intérêt, il n'en demanda qu'une ſomme très-modique. Ces deux figures furent admirées par Louis XIV, & par toute ſa cour, lorſqu'elle vint à Toulon. On prétend qu'elles reſſemblent à deux magiſtrats de cette ville, dont il avoit à ſe plaindre. Ces termes frapperent tellement le chevalier Bernin, lorſqu'il arriva à Toulon pour venir travailler au louvre, qu'il en fit publiquement l'éloge. Comme on lui dit que c'étoit l'ouvrage d'un ſculpteur François, il répliqua, ainſi que nous l'avons déja remarqué dans la vie de cet artiſte :

je suis surpris que le roi, ayant un sujet aussi capable, il ait pensé à m'appeller auprès de de sa personne.

Le Pujet vint l'année suivante à Paris, à la sollicitation de M. Girardin, qui l'emmmena à sa terre de Vaudreuil, en Normandie. Il y fit deux statues en pierre de Vernon, de huit pieds de proportion. L'une représente Hercule, & l'autre la Terre, avec Janus qu'elle couronne d'olivier. Le Pautre, architecte de réputation, les ayant vues, en fut si content, qu'il conseilla à M. Fouquet d'employer cet artiste, pour orner la maison de Vaule-Vicomte. Comme le marbre étoit alors très-rare à Paris, ce ministre envoya le Pujet à Gênes, pour choisir celui dont il présumeroit avoir besoin. Le cardinal Mazarin lui envoya plusieurs fois M. de Colbert, qui faisoit alors ses affaires, pour l'engager à s'attacher à son service. Ces démarches furent inutiles. Pujet préféra celui du surintendant, & partit pour Marseille. Il y donna plusieurs projets pour l'embellissement du cours (la promenade publique), & les plans des différens édifices qui devoient le border: Son dessin n'a point été suivi. Cet artiste vouloit que l'on donnât plus de largeur & plus de longueur à cette promenade, & qu'on la terminât par deux arcs de triomphe de la plus grande magnificence.

Le Pujet vouloit encore que la maison qui se trouve au milieu de chaque isle, eût une grande porté, & qu'elle fît avant-corps, afin que les étrangers présumassent que cette isle de maisons ne formoit qu'un seul édifice.

Notre artiste donna dans le même tems un superbe projet pour l'hôtel-de-ville de Marseille, que l'on voit encore dans cette ville, & qui mériteroit d'être gravé. Telles sont les différens ouvrages qui lui ont assigné une place honorable parmi les architectes.

M. de Fouquet ayant été disgracié, pendant le séjour que Pujet fit à Gênes, plusieurs nobles de cette ville engagerent cet artiste à s'y fixer. L'Hercule Gaulois, en marbre, qu'il y avoit ébauché, pour M. Desnoyers, & qu'il finit dans la suite, avoit commencé sa réputation en Italie.

A peine le Pujet se fut-il décidé à se fixer à Gênes, qu'on le chargea des plus belles entreprises. Il fit d'abord les deux belles statues de saint Sebastien & de saint Ambroise, qui sont dans les niches des massifs du dôme de l'église de Carignan. Elles sont de marbre, & ont dix pieds de haut. On les met au nombre des plus belles statues modernes.

Le Pujet donna encore l'efquiffe des peintures du dôme des Théatins. Il n'eut en cela d'autres vues que l'envie d'obliger Jean Carlone fon ami, qui devoit concourir avec Piollo, & le Bolonnois, qui étoient très-fupérieurs à lui.

Notre artifte fit enfuite le beau grouppe de l'affomption de la Vierge, qui eft à l'Albergo dei Poveri, à Gênes. La Vierge eft d'une beauté raviffante. On prétend que le fignor Brignolé, qui la fit faire à fes frais, fe profternoit tous les jours à fes pieds, dans le tems même que le Pujet y travailloit. On voit encore dans la chapelle domeftique de la maifon Sauli, une belle Vierge du même fculpteur.

Le Pujet donna encore les deffins de la chapelle de faint Louis, qui appartient aux François, dans l'églife de l'Annonciade, & contribua de fa bourfe à la faire décorer en partie.

Il arriva fur ces entrefaites une aventure très-défagréable à notre artifte. Comme il alloit mettre une lettre à la pofte, pendant la nuit, les sbirres (efpece de guet) l'arrêterent, & le mirent en prifon, feignant de ne le pas connoître; ils crurent de fe venger par-là des infultes qu'ils avoient reçues de quelques-uns de fes éleves. L'abfence du Pujet mit toute la nobleffe de Gênes en alarme. On le chercha par-tout, & on le trouva enfin en prifon ; il en fortit fur le champ. Les plus grands feigneurs de cette ville vinrent lui faire des excufes, & laifferent la punition des sbirres à fa difcrétion. Le Pujet leur pardonna ; mais les grands firent punir fecretement cette canaille. Cet inconvénient caufa tant de dépit au Pujet, qui étoit vif, que de retour dans fon attelier, il brifa plufieurs de fes ouvrages, & forma le deffein de quitter Gênes. Ses amis l'en empêcherent. Il reprit donc fes anciennes occupations, & fit un beau bas-relief, pour le duc de Mantoue. Ce prince fut fi fatisfait, qu'il forma le projet d'attirer notre artifte dans fes états. Il lui envoya même deux gentilshommes pour faire les propofitions les plus avantageufes & les plus honorables. Le Pujet étoit au moment de partir, lorfqu'il apprit la mort de ce duc, qui aimoit les arts.

Les éloges continuels que le chevalier Bernin faifoit des talents du Pujet, déterminerent M. de Colbert à l'engager à revenir en France. Le miniftre lui expédia un brevet de directeur des ouvrages relatifs à la décoration des vaiffeaux, avec une penfion de 1200 écus. Quoiqu'il trouvât de plus grands avantages à Gênes, il fe détermina à revenir dans fa patrie. La famille Sauli & celle Lomellini disputoient entre elles à qui lui offriroit le sort le plus agréable; mais tout cela fut inutile. Il emmena ses éleves, après avoir demeuré huit à neuf ans à Gênes. Le Pujet arriva à Toulon, où il donna des desseins pour des pouppes de vaisseaux, que l'on regarde comme des chefs-d'œuvres. Il essuya quelques désagrémens de la part du duc de Beaufort, qui le prenant pour un homme ordinaire, le brusquoit un peu, pour l'engager à finir promptement la galerie du vaisseau *le monarque*, qu'il devoit monter pour aller à Candie.

Notre artiste, découragé par la hauteur de ce duc, alloit se retirer à Gênes, lorsqu'on dit au duc de Beaufort que Louis XIV ne manqueroit pas de blâmer sa conduite à l'égard d'un artiste qu'il avoit arraché aux étrangers. Le duc de Beaufort fut sensible à ces remontrances, & fit prier le Pujet de le venir voir. Le Pujet le trouva faisant sa malle. Le duc l'embrassa à son arrivée, & le pria d'oublier le passé. Il lui demanda en même tems le plan d'un arsenal pour Toulon, & celui d'un hôtel magnifique qu'il vouloit avoir dans ce voisinage. Ce seigneur disparut devant Candie, sans qu'on ait jamais pu savoir ce qu'il étoit devenu ; & les projets de notre architecte & sculpteur ne furent point exécutés.

Quelque tems après il donna le plan de la belle église de l'Annonciade de Gênes, que MM. Lomellini de Tabarque firent construire à leurs frais. Le Pujet travailla lui-même au modele. Il ne fut suivi qu'en partie, par l'obstination d'un noble, qui ne voulut jamais céder sa maison. On voit encore ce modele dans l'arriere-sacristie ; il est d'une grandeur considérable. Notre artiste fit encore celui d'un baldaquin, pour le maître-autel de l'église de Carignan, à Gênes. Cet ouvrage, qui est encore à Marseille, prouve combien le Pujet étoit habile architecte, de même que les dessins qu'il donna pour l'arsenal de Toulon. La jalousie d'un intendant de cette ville, nommé Matarel, fut la cause qu'ils ne furent pas exécutés, malgré les ordres de la cour, & sur-tout de M. de Colbert.

Le Pujet, qui excelloit encore dans les méchaniques, introduisit à Toulon l'usage des grues pour la construction des vaisseaux ; il inventa même une machine pour tirer les bois des bassins, où il ne faut que deux hommes, tandis qu'il en falloit dix auparavant. Elle sert à débarquer les canons, & sur-tout à mettre les ancres à terre.

Le Pujet fit, quelque tems après, les armes du roi, supportées par deux anges, en marbre blanc, pour être placées sur la principale porte de l'hôtel-de-ville, de Marseille du côté de la mer. Elles font aujourd'hui l'admiration des connoisseurs.

Ses amis lui représenterent qu'il enfouissoit ses talens, en restant plus long-tems à Toulon, où il ne faisoit que des dessins pour des galeres, & des pouppes de vaisseaux. Il goûta leur avis, & se disposa à partir pour Paris. Il arriva vers ce tems-là plusieurs blocs de marbre de Gênes, qu'on devoit embarquer pour le Havre. Il pria M. de Colbert de lui en laisser trois, ce qui lui fut accordé.

C'est de l'un de ces morceaux qu'il tira la fameuse statue de Milon le Crotoniate (1), qui fait le principal ornement des jardins de Versailles. Comme il né-

_____

(1) Milon le Crotoniate vivoit l'an de Rome, 242. L'histoire nous apprend que cet athlete étoit d'une force extraordinaire. On prétend qu'il porta aux jeux olympiques un taureau sur ses épaules, & qu'il le tua d'un coup de poing. Sa main fut prise dans le tronc d'un chêne qu'il vouloit fendre, & un lion le dévora. C'est ce que Pujet a exprimé dans ce beau grouppe. Les artistes mettent cette statue fameuse à côté de l'Hercule Farnese : il ne lui manque que deux mille ans d'antiquité pour l'effacer.

gligeoit de la finir, M. le Nôtre, & M. de Vauvré, intendant de Toulon, qui l'avoient admirée étant encore imparfaite, engagerent M. de Colbert à lui ordonner de l'achever. Le Pujet obéit, & l'ouvrage fut transporté à Versailles. Louis XIV assista à l'ouverture de la caisse, avec la reine Marie-Thérese d'Autriche. Cette princesse fut si touchée du triste état où notre artiste avoit représenté Milon, qu'elle s'écria tout à coup: *ah, le pauvre homme!* Ce témoignage, qui est le cri de la nature, est le plus grand éloge qu'on ait fait de ce beau grouppe.

La figure principale a dix pieds. Des envieux la firent d'abord placer dans un des endroits les plus détournés du petit parc, pour qu'elle fût moins apparente; mais Louis XIV, qui en connoissoit tout le mérite, la fit mettre à l'entrée de l'allée royale.

Milon est représenté ayant une main engagée dans un arbre qu'il vouloit fendre; il porte l'autre sur un lion qui le mord par derriere. On admire, jusques dans la moindre partie de son corps, l'expression de la contrainte qu'il éprouve, & de la douleur. On voit en même tems sur son visage, l'effroi, la rage & le désespoir.

On fut très-content de ce morceau à
la

la cour. On s'informa de l'âge de l'artiste, & s'il avoit quelques autres statues. Le Pujet répondit qu'il avoit commencé le beau grouppe d'Andromede & de Persée, & qu'il étoit en état d'en faire plusieurs autres.

Revenons à l'Andromede. Cette princesse, qui étoit fille de Cephée, roi d'Ethiopie, est représentée attachée à un rocher, & exposée à un monstre marin. Persée, fils de Jupiter & de Danaé, la délivre. On remarque sur le visage de cette jeune princesse la souffrance mêlée avec la crainte. Les petits Amours font assez connoître que la passion fut le motif de cette entreprise. On admire surtout la flexibilité des chairs des deux figures, qu'on a cependant critiqué. Celle d'Andromede passe en général pour être trop petite, pour l'endroit où elle est placée. Louis XIV préféroit cependant cette figure à celle de Milon le Crotoniate.

Le marquis de Louvois écrivit au Pujet, la lettre la plus flatteuse, au nom du roi. Cet artiste, donna quelque tems après, le projet d'une place publique, pour la ville de Marseille, & fit le modele de la statue équestre de Louis XIV qui devoit en occuper le centre. Ses amis de Gênes lui firent présent d'un cheval superbe, afin qu'il en fît des études.

Ce projet étoit sublime ; mais un des magistrats de Marseille, nommé Lagneau, qui vouloit que cet artiste lui fît deux statues gratis, par dessus le marché, pour sa maison de campagne, empêcha par ses cabales qu'il n'en fût chargé. On lui préféra Jean-Jacques Clérion, sculpteur de la même ville, dont le mérite étoit inférieur au sien. Le Pujet s'en plaignit amerement (1).

Il se rendit peu de tems après à Fontainebleau. M. de Louvois le présenta à Louis XIV, qui lui fit l'accueil le plus gracieux, & lui donna une médaille d'or. Le caractere vrai & austere du Pujet, s'accommodoit peu du métier de courtisan, qu'il étoit obligé de faire; il se retira bientôt à Marseille, où il fit bâtir une jolie maison, vers la porte de Rome. C'est un petit palais, à un étage, dans un goût antique, & dont l'architecture est du plus grand style. La vue en est des plus agréable. Il y avoit fait mettre, sur la principale porte, l'inscription suivante : *nul travail sans peine*.

Le Pujet donna, dans sa retraite, le

―――――――――――――――――――

(1.) Cette place, qui devoit être à la canebiere, ne fut point exécutée. Le dessin du Pujet étoit d'abattre l'arsenal & les magazins des vivres, afin que l'on vît la statue du roi, en entrant dans le port.

plan de plusieurs églises, & conduisit celle des capucins de Marseille, jusqu'à la corniche. L'église de la charité de la même ville, a été encore bâtie sur ses desseins, & achevé par son fils. Le Pujet mit la derniere main à son bas-relief d'Alexandre, & l'envoya à Paris. Ses ennemis empêcherent qu'il ne fût mis en place; il est encore enfermé dans les magasins du louvre, où tous les curieux vont l'admirer, & témoigner leur surprise du peu de cas qu'on semble en faire.

Quelque tems avant sa mort, le Pujet entreprit un bas-relief représentant la peste de Milan. Tout y inspire l'horreur & la commisération. On admire la correction & la beauté du dessin dans les figures, & la variété des expressions. Le Pujet ne put le finir entiérement. Ce bas relief, qui a été pendant long-tems chez le petit-fils de notre artiste, a été enfin vendu dix mille livres, aux intendans de santé, à Marseilles, qui l'ont fait mettre à leur chapelle, qui est à l'entrée du port.

Le Pujet avoit dessiné un grand nombre de marines, sur du vélin, qui sont des morceaux achevés.

Ce grand homme mourut, épuisé de fatigues, dans sa patrie, le 2 décembre

1694, à l'âge de 72 ans & deux mois. Son esprit étoit solide & capable de tout. Il avoit du goût pour tous les arts; il possédoit la musique, & pinçoit très-délicatement le luth. Le Pujet étoit bon ami, incapable de dissimulation & d'une basse complaisance. Ses vertus étoient cependant mêlées avec quelques défauts. Il étoit extrêmement vif, impatient, brusque & colere.

Nicolas Goldman, né en 1623, & mort en 1665.

Cet artiste, qui naquit à Breslau, est auteur de plusieurs ouvrages estimés; 1°. *Elementa architecturæ militaris*, 2°. un traité du compas de proportion, 3°. *de stilometris*, 4°. un traité d'architecture avec une dissertation sur le temple de Salomon. Il inventa la maniere de décrire la volute ionique, qu'il dit être la même que celle de Vitruve qu'on avoit perdue. Elle est beaucoup plus parfaite que celle de Vignole, parce qu'elle est géométrique, & que son listel est tracé avec la même justesse, du premier contour. On trouve à la suite du traité d'architecture de cet auteur, la description de plusieurs cheminées & de plusieurs poëles très-ingénieux, avec des réflexions sur les moyens d'empêcher que la fumée ne refoule dans les appartemens.

François Blondel, de Paris, né en 1618, & mort en 1688.

Il profeſſa les mathématiques & l'architecture au college royal, accompagna Louis de Lomenie, comte de Brienne, en Suede, & publia la relation de ſon voyage en latin. François Blondel eut pluſieurs places importantes dans le militaire, ſoit dans la marine, ſoit dans les troupes de terre, & fut chargé de pluſieurs négociations dans les cours étrangeres. Il parvint aux grades de maréchal de camp, & de conſeiller d'état, & eut l'honneur d'enſeigner les mathématiques au dauphin. Les portes de ſaint Denis & de ſaint Antoine à Paris ont été élevées d'après ſes deſſins. Cette derniere eſt d'une architecture des plus triviales & des plus défectueuſes, & n'a de recommandable que quelques morceaux de ſculpture. Quant à la porte ſaint Denis, c'eſt un arc de triomphe, également majeſtueux par ſa grande largeur comme par ſon élévation. Il eſt accompagné d'ornemens d'un très-beau choix, & terminé par un entablement des plus riches & des plus mâles. On prétend qu'il ſurpaſſe tous les arcs de triomphe élevés par les Romains. François Blondel fit toutes les inſcriptions latines pour ce monument, étant très-versé dans les belles lettres, comme le prouve sa comparaison d'Horace & de Pindare. Il donna des desseins pour plusieurs embellissemens qui ont été faits à Paris. Cet artiste célebre fut directeur de l'académie d'architecture, & membre de celle des sciences. Il mérita du public, pour ses savantes notes sur l'architecture de Savot, par son traité d'architecture en trois vol. *in-folio*, de même que pour son cours de mathématique, par l'histoire du calendrier romain, l'art de jetter les bombes, & par la nouvelle maniere de fortifier les places.

François Picchiani, dit Picchetti, de Ferrare, mort en 1690.

Cet antiquaire célebre parcourut toute l'Italie, pour rechercher des antiquités, pour le marquis del Carpio, viceroi de Naples. Il s'établit à Naples, où son pere avoit fait bâtir l'église du Mont de la miséricorde, qui est de forme circulaire, avec sept autels qui font allusion aux sept œuvres de miséricorde. François Picchetti rebâtit à Naples l'église de saint Augustin, auprès de la monnoie, celle de l'Amour divin, l'église & le couvent des Miracles, & il repara le monastere des religieuses de saint Jérôme. Cet artiste, qui étoit très-aimé, jouit d'une très-grande réputation. Il étoit contemporain de Gennaro, ou Janvier-Sacco, Napolitain, qui trouva de très-grandes difficultés en réparant le monastere & l'église des Olivetains de Naples, dont plusieurs chapelles étoient sur le point d'écrouler dans le cloître. Il fut assez heureux pour surmonter tous ces obstacles.

Nota benè. Il seroit avantageux pour les arts, qu'on pût connoître tous les procédés que les architectes ont employés dans les cas difficiles. Un recueil qui auroit pour objet l'industrie des différentes nations, relativement aux arts libéraux & méchaniques, ne pourroit manquer d'être bien reçu du public. Cet ouvrage, auquel je travaille depuis un grand nombre d'années, n'exige que des recherches & des voyages. On trouve, par exemple, dans les œuvres du sénateur Nelli, la maniere dont il se servit pour raccommoder la grosse cloche de la cathédrale de cette ville, dont les oreilles s'étoient rompues. L'industrieux Zabaglia nous a encore laissé dans son receuil de machines, un volume petit *in-folio*, qui se vend à Rome, à la sacristie de saint Pierre, les manieres dont on enleve des pans de mur tout à la fois, & une infinité d'autres manœuvres inconnues en France. *Obſervation du traducteur.*

André le Nôtre, de Paris, né en 1613, & mort en 1700.

Il ſuccéda à ſon pere, dans la place de ſurintendant des jardins des thuileries; il voyagea en Italie, & devint un des meilleurs deſſinateurs de jardins. Ce genre d'architecture a fait beaucoup plus de progrès en France qu'en Italie, où les artiſtes de cette contrée l'ont appris. Comme les François ſont en général plus gais que les Italiens, les villes où maiſons de campagne de Rome, de Freſcati & de Trivoli, qui ſont ſi majeſtueuſes, leur paroiſſent triſtes & ennuyeuſes. Le Nôtre eſt le Palladio pour l'architecture des jardins; il fut le premier qui les décora avec des portiques, des labyrinthes, des grottes ornées de coquillages, & des parterres. Ce fut lui qui inventa cette maniere de planter les arbres, & de les tailler dans ces différentes formes qu'on admire dans les maiſons de campagne des environs de Paris. Les premiers travaux d'André le Nôtre, furent à Vau-le-Vicomte, pour le fameux Fouquet, ce financier qui devint le jouet de la fortune. Il décora enſuite les maiſons royales, & ſur-tout le palais de Verſailles, qui n'a point d'égal pour sa magnificence, & pour l'étendue de ses jardins ; mais ses délices qui surprennent & enchantent pour le moment, deviennent ensuite ennuyeux. On demande la cause de cette impression qu'on éprouve dans un lieu dont la décoration a coûté des sommes immenses. On raconte que Louis XIV, ayant voulu connoître le total des dépenses qu'il avoit faites à Versailles & à Marly, en fut si épouvanté qu'il jetta les mémoires au feu, afin qu'il ne restât point de monument d'une pareille prodigalité. Voici en peu de mots les causes de l'ennui que l'on éprouve à Versailles, dans le jardin. 1°. Le défaut d'une belle situation. Les jardins n'auront jamais le droit de plaire, si leur situation n'est point embellie par la nature, & si l'on n'y trouve des belles vues & des paysages charmans. La situation de Versailles est naturellement désagréable, puisqu'il occupe une vallée environnée de montagnes arides, & couvertes de tristes forêts. Une personne laide le devient encore davantage quand elle se pare, dit notre auteur. 2°. La régularité trop méthodique, qui ne laisse appercevoir que l'art & la violence qu'on a fait à la nature. Les parterres, les allées, les bosquets sont tous tirés au

P v

cordeau avec une forte d'affectation.

On demande, il est vrai, de l'harmonie, mais on ne prétend pas qu'elle détruise cette négligence que la nature affecte dans ses productions. L'art doit présider à la décoration des jardins, mais il ne doit pas trop s'y montrer. 3°. L'uniformité du lieu ou plutôt des sites. On desireroit y trouver différentes élévations, des plaines, des côteaux, des vallons qui forment ces contrastes & ces effets pittoresques, qui conservent à chaque chose son air naturel. 4°. On doit mettre au nombre des grands défauts qui se trouvent dans les jardins de Versailles, ces grands massifs de verdure qui gênent la vue, & qui empêchent la circulation de l'air. On croit être éternellement entre des murailles de verdure. 5°. La couleur verte des buis, qui est extrêmement triste, les allées blanches ou sablées, & les parterres en broderies, qui sont très-ennuyeux. On devroit y voir différentes nuances de verd, au lieu de sables colorés, qui n'annoncent que l'aridité. Si les allées étoient couvertes de verdure, elles en seroient beaucoup plus agréables. Malgré les dépenses immenses qu'il a fallu faire pour amener les eaux à Versailles, les fontaines sont presque toujours à sec, ou les bassins sont à demi remplis d'eau croupie, & ne jettent de l'eau que les jours de grandes fêtes.

Le Nôtre fit briller son génie dans le parti qu'il tira d'un marais qu'on vouloit dessécher pour aggrandir Versailles. Louis XIV lui dit que ce desséchement devoit être difficile. *Quant à moi, je le crois impossible,* répondit cet artiste, *mais je ferai plutôt le contraire ; au lieu de m'obstiner à détourner toutes ces eaux, je les rassemblerai, & je les ferai écouler pour en former un canal.* Telle est l'origine du grand canal qui termine si agréablement les jardins de Versailles. Le Nôtre fut fait chevalier de l'ordre de saint Michel, & surintendant des maisons royales.

Jules Hardouin Mansard, né en 1647, & mort en 1708.

Il étoit fils d'une sœur de François Mansard, & prit le nom de cet architecte, à cause de sa célébrité. Il fit une fortune immense sous Louis XIV, qui le fit son architecte, chevalier de saint Michel, & surintendant général de ses bâtimens, & des manufactures royales. Presque tous les édifices que ce grand monarque fit construire, ont été élevés sur les desseins de Mansard. Ses talens ne repondirent pas aux grandes entreprises dont il fut chargé, & si sa fortune surpassa celle de son

P vj

oncle, il ne l'égala jamais du côté de la capacité. Le château de Clagni, que Louis XIV fit bâtir près de Verſailles, pour madame de Monteſpan, eſt le premier ouvrage de réputation que fit Hardouin Manſard, & celui où il nous a donné les preuves les plus complettes de la bonté de ſon goût. Les proportions ſont exactes, & l'on voit une préciſion admirable dans toutes les parties de la décoration.

Le grand ouvrage de cet architecte eſt le château de Verſailles. Il eſt très-rare que des architectes aient l'occaſion d'exercer leurs talens dans des édifices auſſi vaſtes. Manſard fut aſſez heureux pour la trouver ; mais il n'en retira pas tout l'honneur qu'il auroit pu y acquérir. 1°. Le choix de la ſituation eſt des plus mauvais ; elle inſpire la triſteſſe de tous les côtés ; l'air n'eſt pas des plus ſains, & il y manque d'eau : Cette faute groſſiere ne vient peut-être pas de l'architecte. 2°. La décoration extérieure eſt meſquine & pleine de défauts. Ce palais en impoſe de loin, par la quantité de bâtimens qu'il préſente, par leur richeſſe, puiſque les toits en ſont dorés ; mais l'admiration diminue à meſure qu'on s'en approche, & diſparoît entiérement quand on arrive à cette cour meſquine que l'on nomme la cour de marbre.

Ce palais est d'une forme insipide du côté des jardins. On voit un avant corps quarré, flanqué par deux longues ailes, qui forment une façade immense, d'une architecture mesquine, où il n'y a ni pavillon, ni contraste, & nulle opposition. Ce palais ne ressemble qu'à une longue muraille, quand on le regarde d'une certaine distance. L'intérieur est d'une mauvaise distribution. L'escalier est si éloigné de l'entrée, & si caché, qu'il faut un guide pour le trouver. Dès que l'on l'a monté, l'on ne trouve plus ni vestibule ni salle; on voit seulement deux ou trois petites chambres qui conduisent à un anti-chambre à demi éclairé, après avoir fait un coude (angle). Les appartemens sont interrompus, & ne communiquent point facilement de l'un à l'autre; il faut continuellement monter & descendre.

On a déja parlé des jardins. C'est donc avec raison que l'on a défini Versailles *un favori sans merite*. Cependant, quelque grands que soient ses défauts, ce palais renferme de grandes beautés dans ses détails. On peut citer, par exemple, l'orangerie, qui est décorée de colonnes Toscanes, & dont le style est des plus nobles.

La chapelle qui est ornée de colonnes

isolées, & réunies par des architraves très-hardis, est encore bien entendue, quoique le peu d'étendue du terrein ait empêché Mansard de déployer tous ses talens.

Cet architecte donna le plan de la galerie du palais royal; celui de la place de Louis XIV, qui est trés-réguliere & ornée d'une magnifique architecture. La place des victoires, qui a été faite d'après les dessins de cet architecte, est encore remarquable, malgré sa petitesse, à cause de la quantité de rues qui y aboutissent. Le monastere de saint Cir, la belle cascade de Saint-Cloud, sont encore d'Hardouin Mansard. Il finit la fameuse église des invalides, commencée par Liberal Bruant, & éleva la coupole, qui est la plus belle de Paris. Si l'on en croit les François, elle ne cede qu'à celle de saint Pierre de Rome, pour la grandeur (1).

_____

(1) Cette coupole, quelque élégante qu'elle soit, paroît un peu trop alongée ; elle est d'ailleurs terminée par une pyramide qui rappelle les monumens gothiques, & qui est contre les régles d'une bonne construction. Le savant pere Frisi l'a fait voir dans sa dissertation sur l'architecture gothique, que j'ai traduite de l'Italien en François. On ne peut cependant s'empêcher d'admirer la maniere ingénieuse dont Mansard a éclairé l'intérieur de ce dôme, sans que les fenêtres paruffent. La coupole est double, l'intérieure est percée par le milieu, pour laisser voir la lanterne, qui porte sur la coupole extérieure. C'est entre ces deux dômes

André Pozzo, né en 1642, & mort en 1690.

Il naquit à Trente, & se fit Jésuite à l'âge de 23 ans. On dit, qu'étant cuisinier au college Romain, quelques jeunes seigneurs Allemands, qui y faisoient leurs études, s'apperçurent de son goût singulier pour la peinture. Les Jésuites ne s'en étoient jamais douté; ils retirerent aussitôt André Pozzo de leur cuisine, & l'employerent à peindre dans leurs maisons. Si ce fait est vrai, il n'est pas vraisemblable que les Jésuites, qui étoient si attentifs à démêler les talens de leurs confreres, n'eussent pas vu celui de notre artiste. On peut le regarder comme un très-grand peintre. Il travailloit avec une célérité incroyable, & s'est distingué principalement dans les perspectives.

---

que vient la lumiere, ce qui produit un effet très-pittoresque. M. Louis, architecte du roi de Pologne, en a fait une heureuse application dans la belle salle de bal qu'il a construite à Paris, pour les fêtes que M. le comte de Fuentes, ambassadeur d'Espagne, a données pour le mariage de Madame la dauphine, archiduchesse d'Autriche. Cet artiste a encore appliqué à la chapelle du Purgatoire à sainte Marguerite, du faubourg saint Antoine à Paris, la maniere dont la chapelle du crucifix, dans l'église de l'Annonciade de Genes, est éclairée. On ne voit aucune fenêtre dans cette chapelle; le jour vient par un espace très-étroit, qui se trouve du haut en bas entre les murs des côtés & celui du fond de la chapelle, sur lequel on voit un beau crucifix de bronze, sur un fond noirâtre. Ces effets avoient été vus par une foule d'artistes, & n'avoient été imités par personne.

Ce Jesuite voulut se mêler d'architecture, ayant pour principe, qu'un bon peintre est toujours un bon architecte. Ses propres dessins prouvent que ce raisonnement n'est qu'un paralogisme.

L'autel de saint Ignace, dans l'église du Jesu, à Rome, a été élevé sur les dessins du frere Pozzo. C'est le plus riche de cette ville, & peut-être de toute l'Europe ; cependant, si sa richesse étoit encore plus considérable, elle n'excuseroit jamais la bizarrerie de son architecture. Le bel autel de saint Louis de Gonzague, qui est dans l'église de saint Ignace, est dans le même genre.

Si l'on se donne la peine de feuilleter les deux gros volumes de la perspective à l'usage des peintres & des architectes (1), magnifiquement imprimés sous les yeux de ce Jesuite, on sera surpris de ce qu'ils jouissent d'une aussi grande réputation. On ne voit que des piédestaux sur des piédestaux, des colonnes sur des consoles, des ondulations continuelles, des frontons écrasés, des figures irrégulieres ; & ce qu'il y a de plus monstrueux, des colonnes torses qui res-

---

(1) *Prospettiva de pittori ed architetti*. A Rome, chez Jean-Jacques Komarec, Bohémien, à la fontaine de Trevi, 2 vol. *in-folio.* 1700.

semblent à un serpent qui veut s'élever en l'air. On trouve dans l'ouvrage du frere Pozzo, deux deffins pour la façade de faint Jean de Latran, dont l'un eft orné de pilaftres corinthiens repliés & faifant des reffauts défagréables. On voit, au milieu de ces pilaftres, un efpace concave, terminé par deux demi-frontons contournés, qui reffemblent à des cornes.

L'autre deffin offre un zigzag des plus bizarre, avec un portique ondulé dans fon étendue. Celui qui ne voudroit jamais être architecte, pourroit prendre le frere Pozzo pour guide. Il mourut à Vienne, où il avoit été appellé par l'empereur, pour peindre quelques plafonds. Il y répara quelques églifes, entre autres celle de la maifon profeffe de la compagnie, l'églife de la Miféricorde, celles de la Rédemption & de la Merci. Ce religieux menoit une vie exemplaire. Il étoit très-défintéreffé, & très-foumis à fes fupérieurs.

Auguftin-Charles d'Aviler , né en 1653 & mort en 1700.

Il naquit à Paris, où fa famille, qui étoit originaire de Nanci, s'étoit établie depuis long-tems. Il montra, dès fa plus tendre enfance, du goût pour l'architecture; il s'y appliqua avec tant de ferveur, qu'il fut en état de concourir à l'âge de vingt ans, pour aller à Rome. Il obtint une place à l'académie que la France entretient dans cette ville, & qu'elle doit toujours conserver pour le progrès des arts.

Ce jeune artiste s'embarqua à Marseille, avec Desgodetz, & le fameux antiquaire Vaillant. Leur vaisseau fut pris par des corsaires, & tous les passagers furent emmenés esclaves à Alger. D'Aviler continua à dessiner chez les barbaresques, malgré le risque qu'il y courroit de rester plus long-tems en esclavage, en faisant connoître ses talens, vu le prix exorbitant qu'ils pouvoient demander pour sa rançon. Il donna le plan d'une mosquée, qui fut exécutée sur le chemin qui conduit au bourg de Babaluch. On doit présumer que c'est le meilleur édifice qui se trouve dans le pays. D'Aviler vint à Rome, après avoir passé seize mois dans l'esclavage. Il y demeura cinq ans, pendant lesquels il examina avec la plus grande attention les meilleurs bâtimens anciens & modernes. De retour en France, il travailla sous Hardouin Mansard, qui lui fit exécuter plusieurs édifices dont on l'avoit chargé.

Malgré ses différentes occupations, il entreprit de commenter Vignole, d'après lequel il composa son cours complet d'architecture, avec un dictionnaire de tous les termes d'architecture civile & hydraulique. Cet artiste laborieux traduisit encore & orna de notes, quelques livres de l'ouvrage de Scamozzi. Comme il s'apperçut que Mansard ne lui fournissoit jamais l'occasion de travailler d'après ses propres idées, il alla à Montpellier, pour y faire exécuter une porte, en forme d'arc de triomphe, dont Dorbay avoit donné le dessin. Elle se nomme la porte du Pérou. On y voit un grand arc triomphal d'une seule arcade, sans colonnes & sans pilastres, qui est terminé par un entablement dorique d'une belle proportion. Elle est ornée de quatre bas-reliefs en forme de medaillons, sculptés par le fameux Bertrand.

D'Aviler s'étoit fait une si grande réputation par différens édifices qu'il fit construire à Carcassone, à Beziers, à Nismes, & à Toulouse, qu'on créa pour lui, à Montpellier, la nouvelle place d'architecte du Languedoc. A peine fut-il pourvu de cet emploi lucratif, qu'il se maria dans cette derniere ville, & mourut à l'âge de quarante-sept ans.

Antoine Desgodets, Parisien, né en 1653, & mort en 1728.

Cet artiste demeura à Rome pendant trois ans, après avoir été seize mois en esclavage avec d'Aviler. Il composa dans cette ville, son traité des édifices antiques de Rome (1), qui est si estimé des artistes, soit par l'exactitude des mesures, soit pour la justesse des raisonnemens. Il est aujourd'hui si rare, qu'il mériteroit qu'on en fît une nouvelle édition. De retour dans sa patrie, il se maria, & fut nommé architecte du roi, & succéda en 1619, à M. de la Hire, en qualité de professeur d'architecture. Il commença ses leçons, qu'il continua jusques à sa mort. Lorsqu'il entra à l'académie, il présenta au roi, un traité des cinq ordres d'architecture, & l'on trouva parmi ses papiers différens traités sur l'ordre François, sur les coupoles, sur la coupe des pierres, sur la maniere de bâtir à Paris, & quelques ébauches sur la maniere de construire les églises, & les autres édifices publics. Cet artiste joignit aux connoissances profondes qu'il avoit sur la

---

(1) Il fut imprimé à Paris, chez Coignard, en 1732, en 1 vol. *in-folio.*

théorie de l'architecture, toutes les vertus morales,

CHAPITRE IV.

Des architectes du dix-huitieme siecle.

On croit communément que l'Italie ne possede pas aujourd'hui des architectes aussi fameux que ceux du siecle dernier, & que l'architecture y est beaucoup déchue de la splendeur où elle avoit été, par un si grand nombre d'excellens artistes, dans le seizieme siecle. Si cette opinion est une de ces manies de louer sans cesse le passé pour blâmer le présent, je le desire très-sincérement. Si le mal est réel, on doit en chercher la cause pour y remédier. La seule & unique cause de la décadance de l'architecture, consiste dans les mauvaises études que l'on fait de cet art. Si l'on suivoit exactement le plan qu'on en a ébauché dans la préface, chaque siecle & chaque nation verroit renaître les Vitruves, les Peruzzi, les Palladio, les Inigo Jones, & les Perrault. En effet, quoique l'Italie manque à présent d'excellens architectes (1), les autres nations, telles que l'Angleterre, la France, la Hollande, l'Allemagne, le Danemarck, & la Russie ont aujourd'hui une plus grande quantité de bons architectes, qu'elles n'avoient autrefois, parce que l'on y étudie mieux, & que l'on raisonne d'avantage sur ce que l'on y fait.

Ferdinand Galli Bibiena, né en 1657 & mort en 1743.

Il naquit à Bologne, où son pere, Jean-Marie Galli, vint d'un petit endroit de la Toscane, nommé Bibiena, pour apprendre la peinture à l'école des Albanes. Comme ces artistes célebres avoient un autre éleve qui s'appelloit Galli, on donna le surnom de Bibiena à celui qui

---

(1) Cette proposition trop générale est contredite par le fameux Vanvitelli, architecte du roi des deux Siciles, qui a bâti le Lazaret d'Ancone, la maison des chanoines de Notre-Dame de Lorette, une des ailes du palais du roi à Naples, le château royal de Caserte, & la place du Saint-Esprit à Naples, avec les bâtimens qui l'environnent. Cet habile architecte, qui a d'abord été peintre à Rome, a réparé, avec beaucoup d'intelligence & de goût, l'église des Augustins de Lucques. Dom Joseph Marini, son éleve, marche sur ses traces. Il seroit à désirer, pour le progrès des arts, que ce dernier donnât au public les plans & les élévations des plus belles églises d'Italie, qu'il a levées dans le plus grand détail, & qu'il voulût me les communiquer pendant mon séjour à Naples.

se nommoit Jean-Marie ; ses enfans continuerent à porter le même nom.

Ferdinand Bibiena fut peintre & architecte. Il bâtit, entre autres édifices, une maison de plaisance très-agréable, à Colorno, pour le duc Ranuce Farnese, dont les jardins sont extrêmement beaux. Ces différens édifices lui firent une si grande réputation, qu'il fut appellé à Barcelone, pour diriger les fêtes qui y furent données pour le mariage de Charles III.

Ce prince étant devenu empereur, notre artiste passa à Vienne, & donna le projet des belles fêtes pour la naissance de l'archiduc. C'est dans cette circonstance, que Bibiena fit de ses illuminations étonnantes, sur l'étang de la Favorite (nom d'une maison de plaisance de l'empereur). Il étoit fort aimé du prince, qui le combla de biens.

Notre artiste se retira dans sa patrie, parce que sa vue s'étoit singuliérement affoiblie. Il excella dans l'art de peindre les décorations de théatre. On voit de ses ouvrages, dans ce genre, dans les villes les plus considérables d'Italie. Il donna deux volumes sur l'architecture, & on a fait un recueil de toutes les perspectives & de toutes les décorations qu'il a peintes.

Cet artiste mourut aveugle, & laissa trois fils qui avoient beaucoup de talens. Joseph & Antoine Bibiena passerent au service de l'empereur Charles VI, & remplirent la place qu'y occupoit leur pere. Joseph mourut à Berlin, en 1757. Le troisieme fils, qui se nommoit Alexandre, fut architecte & peintre, comme son pere, & mourut au service de l'électeur Palatin.

François Galli Bibiena, né en 1659, & mort en 1739.

Cet artiste fut, de même que son frere, un architecte & un peintre très-célebre en même tems son imagination étoit féconde. Il fit bâtir un beau manege pour le duc de Mantoue, & peignit de très-belles décorations, pour les différens théatres de l'Italie. Bibiena fut chargé des fêtes qu'on donna à Naples, pour l'arrivée de Philippe V, qui le nomma son premier architecte. Ce prince l'engagea à le suivre à Madrid; mais il ne voulut point accepter ces offres. Il préféra d'aller à Vienne, où il fit construire un très-beau théatre. L'empereur Léopold se proposa de le fixer à son service, & lui offrit jusqu'à six mille florins par an, environ 12000 livres de France. Comme cet artiste s'étoit obstiné

à

à lui en demander huit mille, Leopold mourut fur ces entrefaites.

L'empereur Joseph, qui lui fuccéda, récompenfa Bibiena de la maniere la plus généreufe, & lui donna la liberté d'aller où bon lui fembleroit. Il fut invité de fe rendre à Londres ; mais il aima mieux aller à la cour de Lorraine, où il bâtit un théatre fuperbe.

Il fe maria à Nanci, & retourna en Italie. L'académie des Phylharmoniques de Vérone, voulant avoir un beau théatre, chargea le célébre marquis Scipion Maffei du foin de choifir le plus habile architecte, pour cet ouvrage. Le choix tomba fur François Bibiena. Verone peut fe vanter d'avoir un théatre des mieux entendus de toute l'Italie. Il eft précédé par un beau portique, & l'on y voit des efcaliers magnifiques dans les quatre angles, des falles & des corridors commodes. L'orcheftre eft féparé du parterre, afin que les fpectateurs ne foient point incommodés par le grand bruit des inftrumens. Les loges font difpofées de maniere que l'on ne voit jamais les acteurs de côté. Les portes d'entrées font entre le théatre & le parterre, felon l'ufage des Grecs & des Romains. La porte ne devroit jamais être en face du théatre. Il eft dommage qu'elle foit dans la meilleure place, où elle contribue encore à affoiblir la voix.

Bibiena alla à Rome, où il bâtit le théatre d'Aliberti ; mais comme il n'y avoit pas un Scipion Maffei, pour en diriger la construction, l'unique mérite se borne à la seule étendue. La situation en est ingrate, les entrées sont mesquines, les escaliers & les corridors incommodes. Ce qu'il y a de pire, c'est que la forme générale n'est point agréable, & que les loges, qui sont ceintrées, font saillie.

Si Rome ancienne eut les théatres les plus beaux & les plus magnifiques du monde, ceux de Rome moderne, quoiqu'en grand nombre, sont tous-défectueux, soit dans leur forme, soit dans la maniere dont ils sont tenus.

François Bibiena enseigna, avec beaucoup de zele, la géométrie, l'architecture, la perspective, la méchanique & l'arpentage, dans l'académie de Bologne.

Charles Fontana, né en 1634, & mort en 1714.

Cet artiste naquit à Bruciato, dans le territoire de Côme, & vint à Rome, où il apprit l'architecture sous le chevalier Bernin. Nous allons rapporter la liste des principaux édifices qu'il a construits à Rome.

La chapelle Ginetti à saint André della Valle, qui est la premiere en entrant à main droite.

La chapelle Cibo, dans l'église de Notre-Dame du Peuple. On y voit une forêt de colonnes, & des pilastres corinthiens dans les angles. L'autel est d'une belle forme, & la coupole très-élégante.

Le dôme, & le grand autel, & les ornemens de l'église de Notre-Dame des Miracles.

L'église des religieuses de Ste. Marthe.

La façade de l'église de la bienheureuse Rita, & celle de saint Marçel au cours, qui sont toutes les deux irrégulieres, & de mauvais goût.

Le mausolée de la reine Christine de Suede, à saint Pierre du Vatican.

Le palais Grimani, à Strada Rosella.

Le palais Bolognetti, qui est dans un style mâle & simple. Il seroit encore plus beau si les fenêtres étoient mieux espacées.

La fontaine de sainte Marie en Transtevere (1).

La fontaine qui est sur la place de saint Pierre, du côté de la porte des chevaux-légers.

---

(1) Partie de Rome dont les habitans ont des mœurs austeres & différentes des autres citoyens de cette ville.

La reparation de l'églife du Saint-Efprit, qui appartient à la nation Napolitaine.

Le théatre de Tordinona.

Innocent XII, qui protégeoit fingulierement cet artifte, lui fit conftruire la vafte églife de faint Michel, à Ripa; la chapelle du baptême, à faint Pierre du Vatican, & lui fit achever le beau palais de Monte-Citorio, où font les cours de juftice.

Clement XI chargea Charles Fontana de bâtir les greniers publics à Termini; le portique de fainte Marie, à Tranftevere; & le grand baffin de la fontaine de faint Pierre Montorio; fa figure eft d'abord formée par deux lignes droites, qui font paralleles, qui retournent enfuite d'équerre pour fe joindre à un grand arc, qui eft encore plus grand que le demi cercle. Il femble que fi les côtés qui s'étendent en ligne droite, étoient deux fois plus longs, la forme de ce baffin feroit plus élégante.

Notre artifte répara le cafin du Vatican, & y raffembla tous les modeles de ce vafte édifice. Il conftruifit la bibliotheque de la Minerve, dont la voûte eft à lunettes, & paroît un peu trop écrafée, la coupole de la cathédrale de Montérafcone, eft encore de cet architecte;

de même que le palais & la maison de campagne de monsignor Visconti, à Frescati.

Charles Fontana, envoya à Fulde, un modele pour la cathédrale, & plusieurs autres modeles, à Vienne, soit pour les écuries soit pour les remises de la cour. Cet artiste a montré, dans presque tous ces différens édifices, peu de correction & beaucoup de caprice.

Fontana fit une ample description de la basilique du vatican, par ordre d'Innocent XI. Cet auteur, propose dans cet ouvrage, d'abattre ces mauvaises maisons, qui forment comme une isle, depuis le pont saint Ange, jusqu'à la place saint Pierre, & qui empêchent qu'on ne puisse jouir du coup-d'œil de la façade de cette église magnifique. Il conseilla encore de faire deux portiques depuis la colonnade jusques à la place de saint Jacques *Scossa cavalli*, dans le goût de ceux qui réunissent la colonnade à l'église. Entre ces deux nouveaux portiques, il éleve sur la place dont on vient de parler, une espece d'arc de triomphe, avec un clocher pour un horloge, dont la hauteur seroit médiocre, pour ne pas gêner la vue de la coupole & de la façade de saint Pierre. Depuis cet arc triomphal, jusqu'au pont saint

Ange, il fait une place fpacieufe & régulière, pour tenir différens marchés. Notre artifte propofoit encore de faire deux rues derriere les portiques, qui feroient en même tems le tour de l'églife de faint Pierre, & conduiroient jufques aux murs de la ville & à cette porte fermée, par où l'on iroit à Civita Vecchia. Si l'on adoptoit ce projet, tout le quartier qui eft derriere faint Pierre feroit fréquenté ; l'air y feroit beaucoup plus fain. Quoique l'on convienne de la bonté de cette idée, quoique les plans & les deffins foient faits, & généralement approuvés, il s'eft déja écoulé plus de foixante & dix ans, fans qu'un pape ait ofé exécuter ce projet.

Le plus beau temple du monde mériteroit que ces acceffoires répondiffent à fa magnificence (1).

Fontana calcula toutes les dépenfes qu'à coûté l'églife de faint Pierre, depuis fa fondation, jufqu'en 1694; la fomme fe monte à quarante-fix millions huit cents mille & cinquante deux écus Romains, qui font deux cents trente-quatre millions deux cents foixante livres de

_____

(1) Il conviendroit d'avoir fous fes yeux le plan de Rome, ou du moins des environs de faint Pierre, en lifant cet article. On verroit que le projet de Fontana eft un des plus beaux qui aient jamais été conçus.

France. On ne comprend point dans ce calcul la dépense des modeles, celle de la démolition des murs de l'ancienne église, & du clocher élevé par le chevalier Bernin. Ce dernier ouvrage coûta plus de cent mille écus, ou cinq cents mille livres; & les frais de la démolition monterent à douze mille écus, ou soixante mille livres.

On ne fait point entrer dans cette dépense les vases sacrés, les ornemens d'églises, les peintures, & les échaffauds avec les machines. Fontana n'a point tiré cette dépense des regiſtres, parce qu'ils ne sont point complets; mais il les a déduits des mesures de l'église, qui contient, selon son calcul, cent onze millions, cent vingt-deux mille palmes cubiques. Combien d'argent n'a-t-on pas dépensé depuis ce temps, qui n'a point été employé directement à l'entretien de ce superbe édifice, sans compter celui qu'on a exigé !

Parlons actuellement de la coupole, qui est le principal objet de l'ouvrage de Fontana. Il y avoit déja quelque tems qu'il s'étoit répandu dans le public, qu'elle paroissoit menacer ruine. Ce bruit s'augmenta après que le Bernin eut pratiqué des escaliers & des niches dans les quatre massifs qui la supportent. On

Q iv

apperçut quelques fentes, & l'on ne manqua pas d'en attribuer la cause à ce que l'on avoit affoibli ces massifs.

Les premiers architectes de ce tems démontrerent que le Bramante & Buonarotti avoient laissé exprès les vuides qui sont dans ces massifs, afin qu'ils pussent sécher; & que le Bernin n'avoit fait autre chose que de s'en servir utilement; d'ailleurs, les fentes n'étoient d'aucune importance, & que cette vaste masse étoit très-solide.

Le pape Innocent XI fit enfin assembler les plus habiles architectes des différentes parties de l'Italie, & les personnes les plus éclairées, pour recueillir leur avis. Il fut décidé que le dôme n'avoit point souffert, & qu'il ne souffroit point de maniere à pouvoir causer la moindre crainte.

C'est pour dissiper ces alarmes, que le pape chargea en partie Fontana de la description du temple du vatican. Cet architecte remplit complettement son objet, & fit voir en plusieurs endroits de son ouvrage, combien toutes ces appréhensions étoient mal fondées.

Toutes les démarches de ce pape, dont la bonté passera à la postérité la plus reculée, furent inutiles, de même que les soins de Fontana.

En 1742, le bruit courut de nouveau, que la coupole de saint Pierre menaçoit ruine. Il devint si général, que l'on vit paroître une foule d'écrits, & l'on tint des assemblées pour cet objet. Il est vrai que l'on appercevoit, tant au dehors que dans l'intérieur du dôme, des fentes & des lézardes (1), dans les grands arcs, dans les contreforts du tambour, certaines parties paroissoient même surplomber (sortir de l'aplomb). On disputa beaucoup sur la maniere dont ces accidens avoient pu arriver, sur le tems & sur les moyens d'y remédier.

Les mathématiciens résidens à Rome, tels que deux célebres Minimes (Paolotti) François, savoir, le pere Jacquier & le pere le Sueur, & le fameux pere Boscowich, jesuite, opinerent que ces défauts de la coupole de l'église de saint Pierre, étoient une suite de sa mauvaise forme. Comme elle poussoit continuellement, selon leur avis, elle devoit tendre naturellement à sa ruine, parce que l'action surpassoit de beaucoup la réaction. Ces mathématiciens conclurent de-là, que ces fentes étoient de la plus grande conséquence, & qu'il falloit promptement alléger ce dôme, & l'entourer

___
(1) Lorsque les fentes sont petites, on les nomme lézardes ; & couleuvres, quand elles sont considérables.

avec des cercles de fer, afin qu'il ne s'écartât pas davantage.

Les mathématiciens de Naples, Intieri, Orlandi, & Martini, tous les trois également habiles, se moquerent de l'avis des mathématiciens de Rome. Ils leur demanderent comment ce dôme pouvoit subsister, s'il n'y avoit plus d'équilibre, & si la poussée étoit supérieure à la résistance. Ces derniers pensoient qu'on ne devoit rien faire, si ce n'est qu'il convenoit d'observer pendant quelques années ces différentes lézardes. Leur opinion étoit très-sensée : ou le danger étoit imminent, alors il n'y avoit plus de remede; où il étoit éloigné, & l'on avoit plus de tems pour examiner ces lézardes.

Un certain Chiaveri, architecte du roi de Pologne, se mit sur les rangs, & eut l'audace de proposer en pleine assemblée, que si l'on démolissoit toute la coupole, avec le tambour, il la rebâtiroit de nouveau, dans un goût plus simple. Il vouloit qu'elle fût plus aiguë, & prétendoit que d'après le plan qu'il en avoit dans la tête, cette coupole seroit beaucoup plus belle. Comme il se proposoit de faire servir les mêmes matériaux, la dépense, selon son devis eût été très-peu de chose,

Un autre architecte eut le front de dire qu'il ne falloit que resserrer cette coupole, & la réduire dans son premier état, par le moyen d'un grand cercle de fer, qu'il resserreroit en dedans par le moyen de plusieurs cables; qu'il produiroit ce merveilleux effet en moins de deux minutes, si l'on venoit à les mouiller. Mais ces projets etoient, selon la façon de parler des Italiens, des songes de malades, ou des fictions dignes de trouver place dans les romans.

Sur dix-neuf avis ou mémoires qui furent donnés sur cette matiere, les auteurs de la plus grande partie prétendoient qu'il falloit environner cette cou-coupole avec plusieurs cercles de fer, comme si elle eût été un tonneau.

On fit venir de Padoue, le fameux Marquis Jean Poleni, qui, après avoir examiné cette masse énorme, avec la plus grande attention, dit : 1°. que, malgré que la coupe verticale de cette coupole ne fût pas une ligne appellée chaînette (1), la figure étoit cependant

___

(1) *Chaînette.* C'est ainsi que l'on appelle la courbe que forme une chaîne également pesante, & suspendue par ses deux extrêmités. Les géometres lui ont trouvé plusieurs propriétés, qui peuvent contribuer à perfectionner la théorie des voûtes. La courbure de la chaînette est celle, suivant laquelle il faudroit arranger une infinité de petits voussoirs, pour en former une voûte qui se soutiendroit par son propre poids.

bonne. 2°. Qu'elle étoit très-solide, & que si elle venoit jamais à menacer ruine, il ne restoit d'autre ressource que de la démolir.

Ce grand homme ne tint aucun compte des différentes couleuvres & crevasses, & conclut qu'elles venoient de deux causes; l'une interne, & l'autre externe. Les causes internes sont : 1°. les massifs de maçonnerie qui soutiennent la coupole, ayant été renforcés à tant de différentes reprises, il pouvoit bien se faire que quelques-uns d'entre eux se fussent affaissés. Ces quatre massifs paroissent cependant intacts. 2°. Les grands arcs qui ont resté découverts pendant un aussi grand nombre d'années. 3°. Le tambour bâti dans la vieillesse de Michel-Ange, qui étoit environné de jaloux & d'envieux, & sur-tout de Ligorio, n'a pu être construite avec tout le soin qu'il exigeoit. 4°. La coupole, qui a été voûtée en vingt-deux mois, par six cents hommes qui travailloient tous les jours, & souvent la nuit, a été bâtie à la hâte, sans aucune précaution. 5°. Les matériaux qui n'étoient pas également bons, & qui peuvent bien n'avoir pas été également bien mis en œuvre, occasionnent des affaissemens dans les édifices, qui ne deviennent sensibles dans un temple aussi vaste que saint Pierre, qu'après une longue suite d'années.

Les causes extérieures ou externes, sont les grandes chaleurs, les gelées, l'humidité, les temps de sécheresse, les tonnerres, la foudre, les tremblemens de terre. Le tambour qui a quitté son aplomb, & qui cause par là tant d'alarmes aux mathématiciens dont on a parlé, fut regardé, par le marquis Poleni, comme de peu d'importance. Il en conjectura même la solidité de la coupole.

Comme ce tambour ne surplombe pas également, ce savant conclut avec raison, que ce changement de situation n'étoit pas l'effet de la poussée du dôme; mais qu'il n'avoit d'autre cause que la négligence des ouvriers qui avoient construit les contreforts, ou que cela avoit été fait exprès pour placer les ornemens.

On plaça deux grands cercles de fer, en bâtissant la coupole (1); l'un au com-

_____

(1) Les cercles de fer, dont on environne une coupole, ont pour principal objet de résister à la premiere impulsion de la poussée, lorsqu'on ôte les ceintres, & de donner le tems au mortier de bien faire sa prise, ainsi qu'à toutes les parties de la construction d'opérer sa compression. C'est la perfection de la coupe des pierres, l'excellence du mortier, la bonne proportion des supports, & leur rapport avec la poussée des voûtes, qui doivent faire la solidité d'un édifice. On compromettroit la solidité, en la faisant dépendre d'une force artificielle, comme est celle d'un cercle de fer.

mencement de la courbure ou du ceintre de ce dôme, & le second sous les premieres fenêtres. On trouva ce dernier rompu en deux endroits ; mais la fracture paroissoit ancienne.

Voici une nouvelle preuve de la solidité de ce dôme. Les fentes ne répondoient point aux endroits où s'étoit rompu le cercle. Cet accident n'a donc pu arriver que par une cause étrangere, & non pas par la poussée de la coupole.

Le raisonnement du marquis de Poleni paroît très-juste, & digne d'un aussi grand homme. Il sembloit donc que depuis qu'il avoit décidé que ce dôme étoit très-solide, on eût dû laisser tomber tous les propos auxquels il donna lieu. Le marquis Poleni conseilla cependant de mettre cinq grands cercles de fer, qui furent placés sous les yeux de Vanvitelli ; le premier, fut mis au socle du tambour, un peu au dessous des colonnes. Le second au dessous de l'attique, dans l'endroit où finit l'ordre principal ; le troisieme, au commencement de la voûte ; le quatrieme, sous les fenêtres du milieu ; & le cinquieme enfin, dans l'endroit où se terminent les côtés du dôme, & où commence la lanterne.

Ces cercles furent mis en dehors de la coupole, & bien incrustés, & couverts de lames de plomb, pour empêcher la rouille de les détruire. On fouda l'ancien cercle, qui étoit rompu en quatre parties. Comme on ne put jamais découvrir l'endroit où l'on avoit placé le premier, on ignore l'état dans lequel il se trouve. Mais ne pouvant prendre trop de précautions dans ce cas, on mit un nouveau cercle entre les deux derniers. La coupole est donc assujettie par huit cercles. On mit sur toutes les fentes, des pattes de cuivre à queue d'aronde, que l'on scella avec du plomb & du stuck, & cette réparation fut entiérement achevée en 1747.

Quelques personnes ont cru que ces différens cercles, loin de contribuer à la solidité de la fameuse coupole de saint Pierre, lui ont causé un dommage très-considérable. En effet, cette masse eut beaucoup à souffrir des excavations qu'il fallut faire pour découvrir les anciens cercles de fer, & pour en mettre de nouveaux. Elles furent si considérables, que les décombres qu'on en tira remplirent plusieurs tombereaux. D'ailleurs les efforts répétés qu'il fallut faire, pour donner à grands coups de marteau la courbure convenable à ces différens cercles de fer, a dû ébranler cette coupole. Ces censeurs prétendent encore qu'il y a une très-grande différence entre les précautions que l'on a prises de mettre cinq cercles de fer, selon le conseil du marquis Poleni, & la sécurité où l'on devoit être pour une coupole qui, selon l'avis de ce savant, n'avoit que quelques fentes de peu d'importance. Ils nous disent en même tems, que toutes les coupoles ont de pareilles couleuvres ; mais comme elles n'ont pas trente mille écus romains, ou cent cinquante mille livres de France, affectés pour les entretenir pendant l'année, on les laisse tranquilles. Ces accidens passent chez elles comme une suite de l'affaissement des matériaux, que l'on regarde comme irréparable.

Charles Fontana eut deux neveux, dont l'un nommé Jerôme, mourut jeune, & fit bâtir la façade de l'église cathédrale de Frescati, & la fontaine qui est sur la grande place de ce bourg. Ces deux morceaux sont très-ordinaires.

Charles Bizzacheri, l'un des éleves de notre artiste, répara le palais Negroni, & bâtit celui de saint Louis des François. On voit peu d'invention & de génie dans l'un & dans l'autre édifice.

Alexandre Specchi, un de ses autres éleves, bâtit sur le cours de Rome, le palais de Carolis, que l'on nomme vulgairement le palais des jesuites, parce qu'il leur appartient depuis quelque tems. Cet édifice est dans un très-bon genre. Il est dommage que les fenêtres en soient un peu trop éloignées. Bizzacheri construisit encore le port de Ripette, sur le Tibre; & le portique de saint Paul, qui menace ruine, parce que l'architecte s'est un peu fié aux chaînes, ou tirans de fer qui assujettissent sa voûte.

Comme Fontana a beaucoup écrit sur la véritable forme d'un beau dôme, & sur la maniere d'en tracer géometriquement le profil, je crois devoir la rapporter ici en faveur des jeunes architectes.

Les coupoles hémisphériques, & celles qui ne le sont pas absolument, produisent un effet très-agréable à l'œil, quand on les voit de l'endroit qu'elles couvrent, c'est-à-dire, quand on en examine l'intérieur. Si on les regarde hors de l'édifice, elles paroissent écrasées & trop lourdes. La raison est, que celui qui voit la coupole, ne l'appercevant que de bas en haut, ne sauroit en découvrir le sommet, ce qui doit nécessairement la faire paroître lourde & pesante. L'art a dû corriger ce défaut apparent, soit en couvrant la coupole intérieure qui est hémisphérique avec un autre dôme, soit en l'élevant dans le milieu, de maniere qu'étant vue tout à l'entour, d'une certaine distance, d'un lieu dont le niveau est donné, elle paroisse à peu près hémisphérique. On y parvient de la maniere suivante.

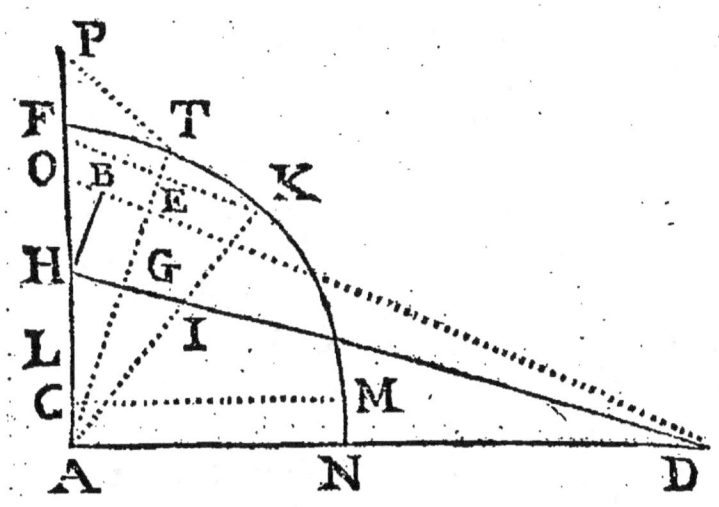

Soit AH la hauteur que doit avoir la coupole à construire, & que cette hauteur soit prise à plomb sur le niveau du sol AD, & que le point D indique la distance donnée, pour appercevoir ce dôme. On réduira cette hauteur AH, & la distance AD, en petit, par le moyen d'une échelle, comme tous les autres dessins.

On tirera ensuite HD, sur laquelle on élevera au point H la perpendiculaire HB, égale au demi diametre de la coupole.

Sans faire une nouvelle réduction de grand en petit, par le moyen de l'échelle on menera du point A la ligne AE, perpendiculairement fur HD, à laquelle on donnera pour longueur le demi-diametre du dôme. S'il doit y avoir 36 pieds, on lui en donnera 18. Du point E on menera la ligne AH, prolongée en F.

On fait ensuite GI égal à HG, & l'on tire AIK, qui rencontrera FE, prolongée en K. On donnera ensuite à FL la même longueur de la ligne AK; & l'on partagera LA par le milieu, au point C, d'où l'on tirera CM, parallele à AD, égale à AE, qui est le demi-diametre de la coupole.

Les lignes FC & CM sont les deux demi-axes conjugués que l'on cherche, & le point C le centre du sphéroïde. Par le moyen de ces axes, on décrira une portion d'ellipse MKTF, dont la révolution fur son plus grand demi-diametre CF, formera le sphéroïde de la coupole, dont l'apparence sera un hémisphere lorsqu'on le regardera du point D & de tous ceux qui seront à la même distance & fur le même niveau. En voici la démonstration.

Soit la ligne DB prolongée jusques au point O, où elle coupera la verticale

AF. On suppose ensuite une sphere, dont le rayon vertical HO est élevé au dessus du point D, ou de la ligne AD, d'une hauteur égale à la ligne AH. On remarquera que ce rayon étant vu du point D, doit paroître diminuer au point qu'il paroîtra égal à la perpendiculaire HB, puisque l'un & l'autre sont compris sous le même angle de vision HDO, formé par les rayons visuels DH & DO. Donc par l'inverse, supposant un rayon de sphere incliné en HB, il paroîtra égal au plus long HO.

Or, suivant la construction EF & BO étant parallele, on aura HB : AE :: OB : FE :: HO : AF. Donc la coupole doit être exhaussée selon la proportion des lignes AE & AF. Cependant, comme la ligne AK, qui fait au-dessous de AE un angle égal à EAF, paroîtroit encore égale à AF, quoiqu'elle fût plus courte, parce que la ligne FK est autant inclinée sur la ligne HI, que la parallele OD. Il semble donc convenable de ne prendre aucune des deux lignes AF & AK pour demi-axes, mais de placer le centre C au milieu de leur différence LA.

Si l'on cherche maintenant l'endroit où il faut élever la lanterne, il semble que ce devroit être au point T, où la tangente PT, parallele à FE, touche la courbe. Comme la partie supérieure TF ne peut pas être vue du point T, elle peut être décorée d'une lanterne, ou de tout autre ornement plus élevé, dont la base doit passer par le point T.

Nota bene. Comme nous n'aurons plus occasion de parler de l'église de saint Pierre de Rome, qui est sans contredit la plus belle du monde, nous croyons faire plaisir aux jeunes architectes, en leur présentant ici le tableau de ses principales dimensions.

	toises.	pieds.	pouce
Longueur extérieure,	110	0	6
Longueur intérieure,	94		
Largeur extérieure,	77		
Largeur intérieure,	70		
Largeur de la nef,	13	4	
Largeur du premier collatéral,	5	3	
Largeur du second collatéral, où sont les chapelles,	4	3	
Hauteur de l'église sous la clef de la voûte	24		
Epaisseur de la voûte,	0	3	6
Hauteur mesurée depuis le dessous de la boule,	63	5	
Diametre de la boule,	1	2	
Hauteur de la croix,	2	1	

Christophe Wren (1), *Anglois, né en 1632, & mort en 1723.*

Cet artiste étoit d'une ancienne famille, originaire de Winchester, dans le comté de Durham. Il naquit à East-Knoyle, dans le comté de Wiltz, où son pere étoit ministre. Il montra de bonne heure un goût décidé pour les sciences, & surtout pour les mathématiques. Christophe Wren n'avoit que treize ans, lorsqu'il construisit une machine pour représenter le cours des astres. A l'âge de seize ans, il avoit déja fait des découvertes dans l'astronomie, la gnomonique, la statique & la méchanique ; & à vingt-cinq ans, il professoit ces différentes sciences. Christophe Wren fut ensuite nommé professeur d'astronomie à Oxford, & membre de la société royale de Londres. Il alla en France pour examiner les antiquités, relativement à l'architecture, & en composa un traité. Après le terrible incendie qui consuma, en 1666, presque toute la ville de Londres , & causa un dommage de plus de quarante millions d'écus (dommage bien infé-

───────────

(1 .) On prononce *Renne* en Anglois, & je crois qu'on doit faire de même en François, la prononciation des noms propres devant être invariable.

rieur à celui qu'occafionne ordinairement une guerre), Chriftophe Wren donna un plan felon lequel on devoit rebâtir cette ville. On voit dans ce deffin, qui fut gravé & rendu public en 1724, des rues fpacieufes tirées au cordeau, & fe coupant toutes à angles droits ; des églifes & des places publiques, placées dans des endroits convenables, de même que tous les autres édifices publics. Il devoit encore y avoir des portiques au bout des principales rues, pour les terminer d'une maniere agréable. L'auteur préfenta ce plan au parlement, ce qui donna lieu à une queftion très-intéreffante. Les uns prétendoient qu'il falloit rebâtir Londres d'après fon ancien plan ; d'autres vouloient qu'on adoptât le plan de Wren dans toutes fes parties ; enfin, un troifieme parti defiroit que l'on prît un milieu, c'eft-à-dire que l'on confervât ce qu'il y avoit de bon dans l'ancien plan, & que l'on suppléât à ce qui pourroit être défectueux, par certaines parties du plan de Chriftophe Wren. On rebâtit cette ville fans fuivre aucun plan, puifqu'on fe fervit des anciens fondemens, les particuliers n'ayant jamais voulu facrifier leur terrein. Londres, qui pouvoit reffufciter, de fes cendres, la plus belle ville du monde, perdit, pour les différentes considérations que l'on vient de rapporter, le seul avantage qu'elle pouvoit retirer de ses malheurs & de sa disgrace. Elle en retira cependant quelques-uns ; car on y voit, depuis cette terrible époque, de belles & larges rues, & des maisons de briques & de pierres, dans les endroits où elles étoient auparavant de bois. On prétend que la ville de Londres étoit sujette aux maladies épidémiques, avant ce funeste accident, au moins deux ou trois fois dans un siecle, à cause du peu de largeur des rues, & qu'elle n'y a plus été exposée depuis. Si ce que l'on vient d'avancer est vrai, on peut regarder cet incendie comme un événement très-heureux pour cette ville.

Que les villes aient été irrégulieres, incommodes & difformes dans leurs principes & dans leur accroissement, on peut en attribuer toute la cause à l'ignorance & à la barbarie des temps ; mais si nous laissons subsister tous ces défauts, & sur-tout les plus considérables, quelle sera notre excuse ? Il n'est point de grande ville en Europe, qui dans l'espace d'un demi-siecle, ne pût devenir réguliere en démolissant tous les édifices dont la situation n'est pas avantageuse, & en les rebâtissant dans des
endroits

endroits plus convenables. On verroit bientôt disparoître ces rues étroites & tortueuses, ces carrefours incommodes, ces ruelles toujours malpropres, & l'obscurité des villes. Les façades des édifices publics paroîtroient plus belles, en pratiquant des places d'une certaine étendue devant elles; en un mot, les citoyens auroient des demeures plus saines, plus commodes & plus agréables.

Wren donna le dessin de la fameuse église de saint Paul de Londres, que l'on commença à rebâtir en 1672, & qui fut achevée en 1710. Cet architecte posa la premiere pierre, & son fils y mit la derniere. Le premier modele qu'il fit de ce vaste édifice, étoit digne d'Athenes & de Rome; mais les inconvéniens attachés à la forme des cathédrales modernes, l'obligerent à concilier le mieux qu'il put le goût gothique, avec celui de la bonne architecture. Le plan qui a été exécuté est une espece de croix grecque, dont les bras qui la traversent sont de beaucoup plus courts que ceux du corps de l'église; elle a trois nefs avec des chapelles enfoncées. Sa longueur mesurée d'orient en occident, est de 570 pieds, en y comprenant le perron qui est devant la façade. La longueur de la croisée est de trois cents onze pieds, en

Tome II. R

y ajoutant les deux portiques extérieurs, en forme de demi-cercle, qui font aux extrêmités de cette croisée. On voit au milieu de cette église, une grande coupole, élevée au-dessus du fol de l'église, de trois cents trente huit-pieds (1). La façade a deux ordres d'architecture ; le premier est corinthien, & composé de colonnes isolées, de quatre pieds de diametre, avec un entablement, sans aucun ressaut, ni aucune interruption. Les entrecolonnemens sont tous égaux, & ressemblent à ceux du pantheon : le second ordre est composite. On voit, aux deux extrêmités de cette façade, deux clo-

_____

(1) Comme je me suis toujours proposé de joindre l'agréable à l'utile, je crois que les jeunes architectes me sçauront gré d'avoir saisi cette occasion, pour leur faire connoître un trait de prudence qui mérite une place distinguée dans l'histoire des arts. Le peintre qui travailloit à la lanterne de la coupole de saint Paul, jugeant à propos de reculer de quelques pas sur son échaffaud, pour regarder son ouvrage d'une certaine distance, étoit au moment de se précipiter. Un maçon qui travailloit dans le voisinage s'apperçut du danger que couroit cet artiste ; loin de l'en avertir, il prit une broffe pleine de couleur, avec laquelle il courut faire une tache au milieu du visage de la plus belle figure. Notre peintre devenu furieux s'élance pour empêcher que cet homme grossier ne détruise entiérement son travail ; & s'arrache sans le sçavoir au danger qui le menace. On m'a dit à Londres que Christophe Wren eut la satisfaction de voir commencer & finir l'église de saint Paul, de même que le maçon & le charpentier. Ils y ont tous les trois leur sépulture. On n'a employé que des ouvriers Anglois dans la construction de cette fameuse église, qui est la seconde de l'Europe.

chers ornés de colonnes isolées, & terminés par des attiques & une pyramide qui accompagnent la coupole, dont l'aspect est si noble. Tout cet édifice est de pierre de Portland, qui est presque aussi dure que le marbre, & d'une grande blancheur. On en a fait monter la dépense à huit cents dix mille livres sterling, qui sont évalués à dix-sept millions dix mille livres de France. Si ce fait est vrai, ainsi que le calcul que Fontana a fait de la dépense de saint Pierre du vatican, saint Paul est très-inférieur à cette derniere église.

Le monument de Londres, colonne, semblable à celle de la Trajan, qui est placée dans l'endroit où commença l'incendie, dans le mois de septembre de 1666, fut élevée sur le dessin de Christophe Wren. Cet artiste bâtit encore l'église de saint Etienne de Warbroock, qui passe pour un chef-d'œuvre, & construisit l'église de sainte Marie des Arcs. Le théatre d'Oxford fut élevé sur les dessins de notre artiste, de même que le college de Chelsea, le palais de Malbourough, sur le parc saint James à Londres, qui est d'une noble simplicité. On vante avec raison la beauté de ses jardins. La maison royale d'Hampton-Court est encore du même architecte.

Chriſtophe Wren fut nommé architecte du roi d'Angleterre, & fait chevalier. Charles II le choiſit pour être un des commiſſaires deſtinés à fixer un lieu convenable pour un obſervatoire, & pour aider de ſes conſeils le chevalier Jonas Moare, qui fut chargé de la conſtruction de cet édifice.

Wren fut encore membre du parlement, & ne voulut jamais mettre au jour ſes ouvrages; c'eſt pourquoi ce qu'il a écrit ſur les mathématiques, a été publié par différentes perſonnes. Il avoit un mérite ſupérieur; mais une timidité funeſte l'empêcha de ſe rendre favorable, ceux qui ne pouvoient s'empêcher de l'eſtimer. Il ne ſut jamais vanter ſes ouvrages, ni s'enrichir, défaut très-rare chez les architectes. La modeſtie eſt aux vertus ce que les ombres ſont aux tableaux ; quand elles ſont bien ménagées, elles ſervent à les faire paroître ; mais lorſqu'elles ſont trop fortes, bien loin de lui procurer cet avantage, elles ne ſervent qu'à l'obſcurcir & à le rendre mépriſable.

Indépendamment des vaſtes connoiſſances que Chriſtophe Wren avoit dans les ſciences les plus difficiles, il a été un des meilleurs architectes. Perſonne n'a ſçu mieux appliquer que lui la méchanique à la conſtruction des édifices. Il connoissoit exactement la proportion qu'il doit y avoir entre la puissance qui pese ou qui agit, & celle qui soutient, dans les bâtimens, c'est-à-dire, entre les murs & leurs charges. Ses idées étoient grandes & simples. Il décoroit avec beaucoup de noblesse & de magnificence.

Sa modestie, portée à l'excès, le rendit méprisable, & lui fit autant de tort que la plus grande pauvreté. On ne rend pas toujours justice au vrai mérite en Angleterre, de même que dans les autres contrées de l'Europe.

Les Anglois, pour honorer le mérite de cet homme célebre, qu'ils connurent trop tard, lui accorderent le privilege exclusif, ainsi qu'à sa famille, d'être inhumé dans l'église de saint Paul. Son tombeau consiste dans une simple tombe, avec son seul nom, auprès de laquelle on lit l'inscription suivante, qui est très-simple.

Subtùs conditur
Hujus ecclesiæ & urbis conditor,
Christophorus Wren,
Qui vixit annos ultrà nonaginta,
Non sibi, sed bono publico:
Lector, si monumentum requiris
CIRCUMSPICE.
Obiit XXV feb. anno M. DCC XXIII.

Ci-git Chriſtophe Wren, architecte de cette égliſe, dont la vie paſſa le terme de quatre-vingt & dix ans ; il négligea ſes intérêts pour ne s'occuper que du bien public. Lecteur, ſi tu cherches un monument de ſes talens & de ſa bienfaiſance, regarde autour de toi. Cet artiſte mourut le 25 Fevrier de l'année 1723.

Comme je n'aurai plus l'occaſion de parler des architectes Anglois, quoiqu'il y en ait eu un grand nombre de bons, & même d'excellens, parce que je n'ai pu me procurer aucun mémoire ſur leur vie, je me contenterai de rapporter un ſimple catalogue de leurs noms, & de leur ouvrages les plus conſidérables. Je me ſuis ſervi de Campbell, qui a recueilli, en trois gros volumes in-folio, les deſſins des plus beaux édifices qui ont été bâtis par ſes compatriotes, auxquels il a joint quelques-unes de ſes compoſitions. Il a intitulé ce volumineux recueil *Vitruvius Britanicus*, le Vitruve Breton.

Nota benè. Les fréquens démêlés entre la France & l'Angleterre, l'oppoſition du caractere des peuples qui habitent ces deux contrées, la rivalité, la concurrence dans les intérêts, ont toujours excité la curioſité des deux nations, ſur ce qu'elles pouvoient apprendre l'une de l'autre. Je crois donc plaire à mes lecteurs, en cessant de traduire, pour l'instant, pour lui donner une idée de l'état de l'architecture dans ce pays, que j'ai tiré de mon propre ouvrage, intitulé : *observations sur l'état actuel des arts libéraux & méchaniques chez les différentes nations de l'Europe*.

L'architecture est celui de tous les beaux arts qui ait fait le plus grand progrès en Angleterre. Inigo Jones, le meilleur imitateur de Palladio, & le chevalier Christophe Wren, dont on vient de parler, ont décoré leur patrie, de plusieurs beaux monumens. Les Anglois font un cas particulier de l'architecture du premier artiste. Plusieurs seigneurs de cette nation, tels que milord Tilney, ont fait copier les édifices de ce grand homme, dans la plus grande exactitude, & ont transplanté, pour ainsi dire, sur les bords du Medway & de la Tamise, les maisons de plaisance qui décorent les bords de la Brenta & les campagnes du Vicentin. Malgré ce zele des grands du royaume, pour faire fleurir l'architecture, on ne peut s'empêcher de dire que les artistes modernes font du lourd & du massif à Londres, au lieu du mâle & du majestueux ; sans oublier les fenêtres à la Vénitienne (*the Venetean window* (1). Les maisons des particuliers sont dans le goût le plus simple, & presque toutes sur le même plan; elles sont très-commodes dans leur petitesse ; mais ceux qui les habitent, jouissent plus ou moins de tous leurs étages. On pourroit même dire avec M. Rouquet, que les appartemens sont distribués verticalement en Angleterre, comme ils le sont horisontalement ailleurs. Les toits des maisons de Londres ne font point de saillie sur la rue, suivant un nouveau bill (loi) du parlement, & ressemblent beaucoup aux terrasses de Naples.

Ce que les architectes Anglois entendent le mieux est, sans contredit, la décoration des jardins; ce n'est autre chose que la nature corrigée dans ce qu'elle peut avoir de trop agreste. De beaux tapis de verdure, nommés *boulengreens*, environnés d'allées d'ormes, ou de tilleuls, plantés dans le large, composent tous ces jardins, où l'on admet

---

(1) Les fenêtres à la Vénitienne, qui servent ordinairement à marquer le milieu d'un édifice, sont composées de trois fenêtres qui se touchent, dont celle du milieu, qui est toujours ceintrée, est plus grande que les deux autres qui l'accompagnent, & qui sont architravées, c'est-à-dire au-delà de la forme d'un quarré long pour l'ordinaire. Le ciel embrumé de Londres & de l'Angleterre aura sans doute décidé de ce choix.

rarement d'allées fablées. Il faut convenir que les beaux *boulen-greens* exigent un pays humide, tel que l'Angleterre, la Flandre & la Hollande. Ces jardins me paroiſſent préférables à nos parterres en *broderie*, & à nos arbres mutilés en *arcades*. La régularité ne plait dans la plantation que juſqu'à un certain point, & devroit être bannie des détails. Ces parterres de ſybarites, qui ſe font remarquer par leur exacte ſymmétrie, feroient le ſéjour de l'ennui, s'ils n'étoient égayés par de brillantes compagnies. On ne ſe laſſe jamais d'admirer une belle forêt, & l'on ſort de ſon parc pour aller promener dans les champs. C'eſt dans les villes, où l'art a établi ſa demeure, qu'il doit regner en ſouverain.

On fait peu de cas des architectes en Angleterre, quoiqu'il y en ait de très-bons, tels que MM. Adam, Mylne, Payne & Chambers. C'eſt le ſecond de ces artiſtes qui eſt chargé de la conſtruction du fameux port de Black-Friars (les Freres Noirs), qui ſera l'un des plus beaux & des plus longs de l'Europe.

Le peu de conſidération dont jouiſſent aujourd'hui les architectes Anglois, eſt une ſuite de ce qu'étant la plupart entrepreneurs, ils ſont regardés comme des marchands de maiſon. A ce titre, ils auroient mauvaise grace d'exiger plus d'égard qu'un marchand de drap, de toile, dans un pays de commerce. On bâtit, à Londres, des maisons pour vingt ans, pour trente ans ; & il y a des compagnies opulentes nommées *Fire office*, qui les assurent contre les incendies, pour une rétribution annuelle assez modique.

Talman.

Talman a été un architecte d'un goût noble & correct. Il donna en 1671 le dessin du palais de Torby, dans le comté de Nottingham, pour le duc de Kingston. Il bâtit, en 1681, le château de Chaisworth, pour le duc de Devonshire, dans le comté de Derby. La qualité des matériaux, la propreté de l'exécution, & la sagesse des ornemens, joints aux meubles les plus riches, ont fait de ce palais l'un des plus beaux édifices de l'Angleterre, & même de l'Europe. Le rez-de-chaussée renferme les cuisines & les offices, une grande salle avec une chapelle. On voit dans l'intérieur de ce palais une vaste cour, avec deux beaux portiques. Un escalier des plus nobles & des plus magnifiques conduit au premier appartement, où l'on trouve une belle galerie, & une nombreuse bibliotheque, composée de livres choisis, & ornée de belles peintures. Au-dessus de cette vaste piece, est encore un très-bel appartement. La façade occidentale est de l'architecture la plus riche & la mieux entendue. Sur un soubassement orné de bossages, s'éleve un ordre de pilastres ioniques, au milieu desquels est un tétrastyle, ou quatre colonnes, sur lesquelles pose un riche fronton. Tout cet édifice est couronné par une balustrade, dont les acroteres sont garnis de vases qui produisent un meilleur effet que les statues. Les fenêtres sont rectangulaires, & dans le goût le plus simple. Il eût mieux valu n'y point mettre ces claveaux énormes en forme de coins, qui coupent la plinthe, qui sépare les différens étages.

Le palais de Dyrham, dans le comté de Glocester, dont Talman donna le dessin, est encore très-beau. Cet édifice est terminé par une balustrade chargée de trophées & de vases d'un excellent goût. Les fenêtres sont bien profilées, mais un peu trop hautes.

Guillaume Bruce.

Il a été un des meilleurs architectes de l'Angleterre. Il bâtit en 1702, le palais Hopeton, en Ecosse. Le rez-de-chaussée renferme un portique, une salle

& quatre beaux appartemens. On voit au milieu un grand escalier octogone, qui conduit au premier étage. La façade est ornée de bossages d'une belle pierre, & les fenêtres sont d'une bonne proportion & bien espacées. Cet édifice est terminé par une balustrade ornée de vases & de statues. Une belle coupole de pierre s'éleve du milieu de ce bâtiment pour couvrir l'escalier. Les dômes sont communs dans les châteaux d'Angleterre; pourquoi se borneroit-on à ne les employer que dans les églises? Il semble même que les coupoles conviennent plutôt dans les palais, pour éclairer le principal escalier & les salles qui sont environnées de bâtimens. Elles servent non seulement pour la commodité, mais elles contribuent encore à la décoration extérieure & intérieure. Notre auteur desireroit qu'on employât les coupoles, en Italie, de préférence aux belvederes quarrés, qu'on éleve au dessus des toits; c'est-à-dire, que sans y renoncer, on leur donnât une forme circulaire, & que leur couverture se terminât en dôme.

Archer.

Cet architecte a eu un goût singulier, & très-bizarre. La maison de Cary, qu'il a bâtie à Rowhampton, est incorrecte & pleine de licences. Le château de Cliefden, dans le comté de Buckingam, qui a été bâti sur ses desseins, est très-vaste & a de beaux jardins. Son plan est des plus capricieux ; on y voit entre autres une façade, dont le rez-de-chaussée est orné de colonnes ioniques, avec des niches dans chaque entrecolonnement, au nombre modeste de vingt-six.

Jean Waesbruck.

Quoique le goût de cet architecte n'ait pas été des plus purs, il a cependant bâti un très grand nombre d'édifices. C'est lui qui éleva le fameux château de Blenheim, dans le comté d'Oxford. La nation Angloise le fit construire à ses frais, pour en faire présent au duc de Malbourough, pour lui témoigner sa reconnoissance de la fameuse victoire qu'il remporta en 1704, à Hocstet, ou Blenheim, sur les troupes Françoises. Le style de cet édifice est noble & majestueux, & le tout ensemble est très-analogue au génie martial de son possesseur. On trouve cependant à redire à la trop grande variété qui y regne, de même que le contraste des ordres différens, & celui des colonnes, des bossages, & corniches. L'intérieur est décoré d'un grand nombre de peintures du célebre Tornhill, qui a été le Raphaël de l'Angleterre. Les jardins sont plantés dans le grand ; & l'on ne peut s'empêcher d'admirer un grand pont, dont l'arche du milieu a cent pieds de haut, sous lequel passe un simple petit ruisseau. Un satyrique saisit cette circonstance, pour dire que la hauteur du pont désignoit l'ambition du duc de Malbourough, & que le petit ruisseau étoit l'emblême de sa générosité. Le célebre comte de Bolimbrocke, étant un jour interrogé sur l'avarice de ce général, répondit que ce héros avoit tant de vertus, qu'il ne se ressouvenoit plus de ses défauts. Qu'est-ce qui plaira le plus, du trait du satyrique, ou de la réponse du philosophe.

Le même architecte bâtit, en 1714, le château Howard, pour le comte de Carlile, dans le comté d'Yorck. On y voit des jardins magnifiques, un parc spacieux, des obélisques, des grottes & des fontaines, & autres embellissemens. Cet édifice a six cents soixante pieds de long, & la façade est ornée de bossages avec des pilastres doriques, mal distribués, qui embrassent deux étages. Les fenêtres sont ceintrées, & trop élevées. Enfin les ressauts sont si multipliés, qu'ils en deviennent fatiguans & ennuyeux. L'autre façade est de meilleur goût, parce que les pilastres sont bien espacés. Ce palais est encore orné d'une belle coupole.

Wyne.

Ce capitaine, qui réunissoit une foule de connoissances à beaucoup de goût, bâtit, en 1705, le palais de Buckingam, au bout du parc Saint-James, dans la plus agréable situation. La façade est ornée de pilastres corinthiens, & terminée par une balustrade décorée de statues. L'escalier est très-beau; & l'on voit une belle collection de curiosités, en tout genre, dans l'intérieur de ce palais, qui appartient aujourd'hui à la reine d'Angleterre, qui l'a destiné pour y faire ses couches.

Foley.

Ce particulier, qui avoit un emploi d'auditeur, fit bâtir, pour lui, en 1710, un casin superbe, avec de beaux jardins, dans le comté d'Oxford.

Guillaume Benson.

Ce seigneur fit construire en 1710, un beau palais, dans le style d'Inigo, ou Ignace Jones, dans le comté de Wiltz. Il en donna lui-même les dessins.

Le comte de Pembrocke.

Il fit bâtir dans sa belle maison de campagne, à Wilton, un pont de pierre, d'après ſes deſſins, ſur lequel regne une belle galerie d'ordre ionique.

Le duc de Northumberland.

Ce ſeigneur a fait conſtruire dans une de ſes terres, à une petite diſtance de Londres, un beau palais dans le goût grec, ou l'on voit des tribunes, des calcidiques, & autres embelliſſemens, qui rappellent la nobleſſe & la majeſté des édifices des anciens. Ce duc a dans ſon hôtel à Londres, une riche collection de tableaux, où ſe trouve la fameuſe famille Cornara, peinte par le Titien, qui eſt un morceau capital. On y voit encore les copies des plus beaux tableaux de Rome, faits par Menks, Coſtanzi, Pompée Battoni, &c.

Milord Weſtmorland

Il a fait bâtir, près de Tumbridge, la rotonde de Capra, à laquelle il ne manque que la belle poſition où elle ſe trouve à Vicence, étant dans un lieu peu favorable.

Le comte Burlington.

Ce ſeigneur s'eſt diſtingué parmi la nobleſſe Angloiſe, par ſon goût exquis pour les beaux arts, & ſur-tout, pour l'architecture. Il voyagea long-tems en

Italie, & s'attacha sur-tout à étudier les ouvrages de Palladio, dont il recueillit plus de soixante dessins originaux, qu'il a publiés, comme on l'a déja dit, à l'article de ce grand maître, avec un volume de thermes antiques (1). Il fit bâtir à Londres, en 1724, un palais pour le général Vade. Le rez-de-chauffée est orné de bossages, qui font le plus grand effet, au dessus duquel s'élève le second étage, qui est décoré avec des pilastres doriques, bien distribués, qui supportent une simple frize. Les fenêtres sont dans le style le plus simple, & ornées de balustrades. Le tout ensemble annonce une certaine solidité, une correction & une unité qui enchantent. Sa belle maison de campagne à Chiswich, a été embellie par plusieurs beaux morceaux d'architecture, dont il donna les dessins. Cet ensemble est si bien entendu, qu'il feroit honneur aux plus grands maîtres. Cette maison de campagne a été gravée en quatre grandes feuilles. On voit encore à Londres, un temple bâti sur les dessins

---

(1) Milord Burlington a joint plusieurs dessins de sa composition à ceux de Palladio, dans la belle édition qu'il a donné des ouvrages de cet architecte. Il s'est contenté de mettre au bas: Burlington, architectus, invenit; inventé par Burlington, architecte. Ce seigneur faisoit avec raison beaucoup plus de cas d'un titre qui est le fruit d'une longue étude, que de celui qu'il devoit au hazard.

du comte de Burlington, qui est très-estimé.

On voit dans le Vitruve Anglois beaucoup de dessins de son auteur Campbell, pour des églises, des palais, & des maisons de campagne. On y remarque entre autres le dessin du pont de Lambeth, qui est tout en bossages avec deux petites tours à la tête. Il a sept cents soixante-dix pieds de long, & sept grandes arcades. Cet architecte qui aimoit beaucoup le goût de Palladio, a tâché d'imiter sa maniere, & l'a copié quelquefois dans ses plans. Il avoit encore un grand amour pour l'antiquité, & pour Vitruve. Cet artiste fit un dessin très-beau, pour une église. Il suivit les regles de cet auteur célebre, & imita le goût des anciens temples. Tous ses dessins ne sont pas également sages & corrects. On en voit quelques-uns où il a pris beaucoup de licences, & a fait bien des fautes, pour avoir voulu s'écarter de ces deux meilleurs guides, Vitruve & Palladio.

Jacques Gibbs.

Il bâtit à Oxford, en 1747, la bibliotheque radicliffe, ainsi appellée du nom d'un célebre professeur en médecine, qui laissa quarante mille livres sterlings, ou huit cents quarante mille livres de France, pour cet objet. Cet édifice est une rotonde qui a un soubassement rustique, avec plusieurs portes & plusieurs niches, au-dessus duquel s'éleve une colonnade corinthienne, formée par des colonnes accouplées, avec deux rangs de fenêtres & de niches placées alternativement. Sur l'entablement de cette colonnade regne une belle balustrade, avec des acroteres portant des vases. Le tout est terminé par une belle coupole, d'un goût très-noble & très-simple. L'extérieur de cet édifice est très-majestueux & d'un style pur. On ne peut critiquer que le second rang de fenêtres, qui ressemble à une mezzanine, & les frontons inutiles qui sont sur les portes. On voit également le goût de l'architecte dans l'intérieur de ce monument, soit par la distribution des appartemens & des salles qui sont au rez-de-chaussée, soit par la distribution de l'étage supérieur. On trouve dans ce dernier une grande salle en forme de rotonde, décorée de pilastres ioniques, où l'on conserve les livres.

Jacques Gibbs a publié une description de ce bel édifice, à l'imitation des anciens. Cet usage feroit encore très-utile aux modernes, pour une foule de raisons que nous avons déja données dans le cours de cet ouvrage.

Robert de Cotte, Parisien, né en 1657, & mort en 1735.

Il étoit petit fils de Fremin de Cotte, qui servit en qualité d'ingénieur, au fameux siége de la Rochelle, & qui étoit architecte ordinaire de Louis XIII. Robert de Cotte, dont nous allons parler, se rendit célebre par le beau péristyle, ou la colonnade ionique du palais de Trianon, & par les augmentations qu'il fit à cette maison royale. Il donna le dessin du vœu de Louis XIII, & en conduisit l'exécution (1), dans la cathédrale de Paris. La fontaine qui est en face du palais royal, dans cette ville, le portail de l'église de saint Roch ; celui des peres de la Charité, & un grand nombre d'hôtels, à Paris, ont été bâtis sur les dessins de cet artiste.

Il donna encore le plan de la place de Bellecour à Lyon, & celui des grands bâtimens qui décorent les deux petits côtés. Le palais épiscopal de Verdun, le château de Frescati, belle maison de p'aisance de l'évêque de Metz, le palais

---

(1) On appelle vœu de Louis XIII, le beau retable qui décore l'église Notre-Dame On y voit la Vierge au pied de la croix, tenant son fils sur ses genoux. Ces figures ont été faites par les meilleurs sculpteurs du regne de Louis XIV.

épiscopal de Strasbourg, & plusieurs autres édifices considérables ont été bâtis sur ses plans.

Robert de Cotte fut nommé directeur de l'académie d'architecture, & vice-protecteur de celle de sculpture & de peinture. Il remplaça Hardouin Mansard, dans la place de premier architecte du roi, à la mort de cet artiste, & fut nommé, comme lui, surintendant des bâtimens, jardins, arts & manufactures royales. Louis XIV, qui avoit pour lui beaucoup d'estime, & qui l'honoroit de sa familiarité, le décora du cordon de saint Michel.

Cet artiste étoit doué d'une imagination très-vive, qui étoit réglée par un jugement sain, & par un travail continuel. Robert de Cotte composoit avec beaucoup de facilité. Ces belles qualités étoient relevées par la simplicité de ses mœurs, & par un extérieur modeste. Cet artiste étoit d'un caractere obligeant, & très-vertueux.

Les électeurs de Baviere & de Cologne, le comte d'Hanau, l'évêque de Wurtzbourg voulurent que cet architecte leur donnât des plans pour leurs palais. C'est à Robert de Cotte que l'on doit l'invention d'orner les cheminées avec des miroirs. Si l'on usoit plus sobrement de cette décoration, elle n'en feroit que plus élégante.

Jean-Bernard Fifcher, Allemand, mort en 1724.

Les plus beaux édifices de Vienne en Autriche, ont été bâtis par cet architecte. L'empereur Joseph premier, ce prince si généreux, l'annoblit, & lui donna la terre d'Erlachen. Fifcher fit conftruire, en 1696, le palais de Schombrun, pour fervir de repos de chaffe à la famille impériale. Il confifte dans un grand palais à trois étages; favoir, un rez-de-chauffée, un bel étage (le premier), & des mezzanines. Cet édifice est précédé par une vafte cour environnée de quatre grands corps de bâtimens. Les deux grands corps de logis qui font en face du palais font ornés de boffages à l'extérieur, & fervent pour les courtifans & pour les perfonnes attachées au fervice de la cour. L'intérieur eft de forme concave, & paroît deftiné pour les remifes. Ces deux édifices laiffent entre eux un efpace vuide, qui fert d'entrée, & deux arcs de triomphe, qui font chacun terminés par une pyramide. Les deux autres corps de logis qui font de chaque côté de la cour, fervent d'écuries, & font ornés de pilaftres accouplés. Ils fupportent un attique, au-dessus duquel on voit des figures de chevaux, comme si ces animaux pouvoient se tenir sur ces acroteres. Cette cour qui est de forme presque ovale, est ornée de deux belles fontaines, qui sont aux foyers (1); leurs bassins ont au moins cinquante quatre pieds de diametre. Mais quelle est la figure de cette cour ? C'est un mêlange de lignes droites & de lignes courbes, qui en borne l'enceinte, & qui forme plusieurs angles. On demande encore pourquoi ce palais a deux avant-corps, à ses deux extrêmités, derriere lesquelles on en apperçoit deux petits corps de bâtiment. On voudroit savoir pareillement pour quelle raison l'architecte a placé un escalier suspendu en l'air, de figure mixtiligne, au milieu de la façade. Ces différentes bizarreries font paroître la grande cour trop petite, & d'une forme irréguliere. Ce palais annonce d'ailleurs un édifice immense, puisqu'il a trente-cinq croisées de face. Le rez-de-chaussée est orné de

---

(1) On nomme ainsi les centres de deux cercles égaux qui servent à former les extrêmités de l'ovale. Cette figure s'acheve en prenant les points où la circonférence des cercles se coupe pour centre, & en traçant des arcs d'un intervalle égal à la distance qui se trouve jusqu'à la partie supérieure de l'un des cercles. On répete cette opération des deux côtés du grand diametre, pour former entiérement l'ovale.

bossages. On voit dans son milieu, au-dessus de l'escalier extérieur, un portique architravé, soutenu par six colonnes ioniques; on remarque encore à à droite & à gauche des pilastres du même ordre, qui se trouvent chacun entre les fenêtres. Ceux des avant-corps sont accouplés. Au-dessus de l'entablement s'éleve une attique, terminée par une balustrade chargée de statues, qui répondent à chaque pilastres. Cinq arcades en forme de frontons, s'élevent du milieu de l'attique, & sont soutenues par des colonnes; elles sont ornées de balustrades, & portent des statues. Ce palais est encore composé de plusieurs corps de bâtimens en retraite, qui font plusieurs ressauts. Les jardins sont très-vastes & bien décorés. L'idée de ce grand édifice n'est point heureuse, puisqu'elle manque de simplicité; la distribution intérieure est mal entendue, & ne renferme pas cette multitude de chambres & de cabinets annoncée par la décoration extérieure.

Les négocians étrangers, établis à Vienne, chargerent en 1699 Fischer d'élever un arc de triomphe, pour les noces de l'empereur Joseph premier; c'est un chef-d'œuvre d'extravagance. Il est composé de deux étages l'un sur l'autre, l'autre. Le premier eſt orné d'arcades, & environné de piédeſtaux très-élevés, qui portent des colonnes corinthiennes. On voit dans l'intérieur deux grands arcs, ſupportés par quatre ſtatues d'Hercule, qui ſont ſur des piédeſtaux iſolés. L'étage ſupérieur, qui conſiſte dans une coupole, ſupportée par de grandes colonnes du même ordre que les premieres, ne poſe pas ſur l'inférieur; il eſt porté par des nuages, ſur leſquels on voit pluſieurs ſtatues, entre autres celle de l'empereur à cheval. Le ſectaire le plus effréné du Borromini, dit notre auteur, ne pouvoit rien imaginer de plus ſingulier & de plus bizarre.

La colonne cocléaire, en forme de vis, qui eſt ſur la place du marché de Vienne, dans le goût des colonnes Trajanne & Antonine, qui ſont à Rome, a été érigée ſur les deſſins de Fiſcher. J'ignore quel eſt le mérite de la ſculpture & ſi elle eſt de notre architecte, qui étoit ſculpteur en même tems. Quoi qu'il en ſoit, le piédeſtal n'eſt point comparable à celui de la colonne Trajanne, qui eſt d'une ſi belle proportion, ni même à celui de la colonne Antonine.

Fiſcher fut chargé de conſtruire les écuries de l'empereur. Il y employa un goût

Tome II S

simple, noble & aifé. Cet édifice peut non feulement contenir fix cents chevaux, mais encore tous les carroffes & les domeftiques attachés à la cour. On y voit encore une grande cour, pour les carroufels, avec un vafte amphitéatre pour les fpectateurs.

On dit que la chancellerie de Bohême, qui eft d'une architecture très-majeftueufe, a été batie d'après les deffins de Jean-Bernard Fifcher.

Le même artifte fit encore bâtir à Vienne le palais du célebre prince Eugene. On voit au rez-de-chauffée de cet édifice, trois différentes efpeces de fenêtres, qui font toutes d'une mauvaife forme. Au-deffus de cette forte de foubaffement, s'élevent des pilaftres ioniques qui embraffent le premier étage, & les mezzanines. Toute cette façade eft ornée de boffages ou de refends. L'entablement eft furmonté par une baluftrade, avec des ftatues, & des vafes, qui forment une décoration commune & peu agréable. Le palais Trauthfon, bâti en 1711, qui eft du même architecte, n'eft pas meilleur. On n'y voit que reffauts & courbures bizarres.

Les édifices facrés, bâtis fur les deffins de Fifcher, font la coupole de l'églife de Notre-Dame, à Strasbourg; l'églife de faint Charles Borromée, dans un fauxbourg de Vienne, près de la Favorite. Le premier morceau d'architecture est d'un style simple & assez bon. Le même artiste donna encore le plan d'une maison de plaisance pour l'évêque & prince de Saltzbourg, où l'on ne voit ni correction ni génie.

L'église de saint Charles Borromée, que l'empereur Charles VI fit bâtir en 1716, pour accomplir son vœu, est un édifice célebre & magnifique. On peut dire que son plan est une belle croix grecque, couverte par une coupole elliptique. Plusieurs marches très-commodes conduisent à un simple portique, soutenu par six colonnes corinthiennes, qui supportent un beau fronton. Du portique on passe dans une espece de vestibule ou avant-cour, ornée de colonnes ïoniques accouplées. On voit dans leur voisinage d'autres colonnes du même ordre que les premieres, mais beaucoup plus grandes, & placées sur des socles très-élevés. Ces colonnes sont d'autant plus disparates avec les premieres, qu'elles supportent un entablement inutile, qui est chargé de statues. On voit aux bras de cette croix, des colonnes pareilles à celles que l'on vient de décrire. Il s'en trouve aussi en face de l'entrée, c'est-à-dire, derriere le grand

S ij

autel, où cet édifice se termine en demi-cercle. On trouve encore un chœur très-simple, derriere cette partie de l'église. Le soubassement, au-dessus duquel s'éleve la coupole, est orné de pilastres corinthiens, placés sur des piédestaux très-élevés, & qui coupent l'entablement inférieur, & ne s'accordent point avec les colonnes ioniques. Le tambour intérieur de la coupole est encore décoré de pilastres corinthiens qui sont couplés, & dont la plus grande partie portent à faux. On peut donc conclure que si le plan de cette église est ingénieux, la disposition des ordres est ingrate. Les ornemens, la forme des portes & des fenêtres, sont-encore très-éloignés du bon goût. La façade n'a rien de bon que le portique dont on a déja parlé. On voit encore des statues sur le fronton, qui produisent un assez mauvais effet. A côté du portique, on voit des formes mixtilignes, du milieu desquelles s'élevent deux colonnes cocléaires dans le goût de Vienne, avec deux clochers d'un mauvais style au-dessus. On trouve à côté de ces colonnes deux édifices pour les horloges, d'un mauvais goût, où l'on ne remarque que des licences & des abus. La coupole, qui s'éleve du milieu de l'église, se distingue par ses ressauts & la bizarrerie des ornemens qui la surchargent.

Jean Bernard Fiſcher eſt auteur d'un ouvrage également curieux & utile, intitulé l'Architecture hiſtorique, orné de planches très-bien gravées en taille-douce, avec leur deſcription. Il eſt diviſé en cinq parties. La premiere contient les édifices les plus renommés des Hébreux, des Egyptiens, des Syriens, des Perſes & des Grecs. La ſeconde renferme les principaux édifices de Rome ancienne. La troiſieme contient les élévations & les plans de quelques édifices turcs & arabes, & quelques morceaux d'architecture moderne des Perſans, des Siamois, des Chinois & Japonnois. La quatrieme embraſſe les bâtimens de l'invention de l'auteur. La cinquieme enfin renferme différens vaſes antiques, Egyptiens, Grecs, Romains, & quelques vaſes modernes, dont quelques-uns ont été inventés par Fiſcher.

Notre architecte ne termina pas les différens bâtimens dont nous avons parlé; ſon fils, Emanuel Fiſcher, fut chargé de ce ſoin. Ce dernier fut non-ſeulement bon architecte, mais encore très-verſé dans les méchaniques. La machine hydraulique qu'il fit à Vienne, pour les jardins du prince de Schwartzemberg, eſt célebre, de même que les machines

S iij

à feu qu'il conſtruiſit pour tirer les eaux des mines de Kremnitz & de Scemnitz. Ces différens travaux procurent des richeſſes conſidérables à Emanuel Fiſcher, qui mourut en 1738.

Gilles-Marie Oppenord, François, mort en 1730.

Les François le regardent en général comme un architecte du premier ordre, & citent ſes ouvrages comme des modeles à ſuivre par les jeunes gens. Le duc d'Orléans, régent de France, juſte appréciateur des talens, lui donna la place de directeur des manufactures royales, & celle d'intendant des jardins des maiſons royales. Oppenord a laiſſé des deſſins que M. Huquier, artiſte intelligent & amateur, a ramaſſé au nombre de plus de deux mille ; il en a gravé une bonne partie avec beaucoup de propreté.

Oppenord eſt le Borromini des François ; ſon goût pour les contours outrés doit être abſolument rejetté.

François Romain, né en 1646, & mort en 1737.

Il naquit à Gand, & entra dans l'ordre de ſaint Dominique. Il entreprit, à la ſollicitation des états généraux, la conſtruction du pont de Maëſtricht, & fut ensuite appellé à Paris pour achever le pont royal, que l'on croyoit ne pouvoir jamais finir. Le succès de cette entreprise mérita au frere François Romain la place d'inspecteur des ponts & chauffées, & celle d'inspecteur général des bâtimens du roi, dans la généralité de Paris. On le mandoit souvent à la cour, pour le consulter sur les objets les plus importans de son art. Il mourut à Paris, à l'âge de quatre-vingt-neuf ans.

N. B. Ce n'est que depuis le commencement de ce siecle qu'on a bâti sur nos rivieres, des ponts d'un certain mérite. Celui d'Orléans, qui a été construit sur la Loire, sous la conduite de M. Hupeau, a neuf arches, dont la principale a 104 pieds, & environ 1200 pieds de long; c'est peut être le plus bel ouvrage que l'on ait fait dans ce genre. On pourroit encore citer celui de Mantes, dont la grande arche a cent vingt pieds; celui de Moulins, sur l'Allier, dont la fondation a coûté tant de soins, à cause des sables; & le beau pont de Saumur, conduit par M. de Voglie, selon la méthode employée par M. Labellie, architecte Suisse, au pont de Westminster sur la Tamise, & perfectionné par cet habile ingénieur.

Comme il est avantageux pour les artistes, qu'une découverte aussi impor-

tante soit répandue le plus qu'il est possible, nous allons transcrire ce que M. Patte, architecte du duc des Deux-Ponts, en dit à la page 10 de sa description des monumens élevés à la gloire de Louis XV. « Pour en sentir l'importance, il
» faut se rappeller que lorsqu'il s'agit de
» fonder un pont, l'usage ordinaire est
» de faire un batardeau d'enceinte,
» qui enveloppe l'emplacement d'une ou
» deux piles, & qui coupe toute com-
» munication avec l'eau de la riviere. On
» sait avec combien de dépenses & de
» peines on parvient à faire les épuise-
» mens de l'eau comprises dans le batar-
» deau, à force de pompes & de chape-
» lets. Une multitude d'ouvriers est em-
» ployée jour & nuit à cette opération,
» qu'il faut le plus souvent continuer
» jusqu'à ce que la maçonnerie soit hors
» de l'eau. Une crûe inopinée, des eaux
» qui sourcillent dérangent pour l'ordi-
» naire ces travaux: à chaque pas on se
» trouve arrêté par des difficultés. Ainsi
» un nouveau procédé dans la nouvelle
» construction, qui est capable d'obvier
» à tous ces inconvéniens ne pourroit
» être qu'extrêmement utile.

» Ce fut à l'occasion du pont de Sau-
» mur, que M. de Voglie, ingénieur
» des ponts & chaussées, employa en

» 1758, la nouvelle méthode, avec
» le plus grand succès. Comme la Loire
» a dans cet endroit trois cents toises de
» largeur, & depuis huit jusqu'à vingt
» pieds de profondeur, l'expérience qui
» a été faite de cette nouvelle construc-
» tion, ne doit laisser aucun doute sur
» sa solidité.

» Cet ingénieur, après avoir reconnu
» l'endroit où il vouloit fonder les piles
» de son pont, commença par en entre-
» prendre une. Pour cet effet il entourra
» son emplacement par un échaffaudage
» d'enceinte; il fit ensuite enfoncer, sui-
» vant la méthode usitée, les pilotis con-
» venables pour fonder sa pile, jusqu'au
» refus de mouton. La grande difficulté
» étoit de couper bien de niveau ces pilo-
» tis enfoncés au fond de l'eau. Il y par-
» vint à l'aide d'une scie très-ingénieuse,
» inventée par M. Perronet, premier in-
» génieur des ponts & chaussées, & mem-
» bre de l'académie royale des sciences,
» laquelle est construite de façon que,
» de dessus l'échaffaud d'enceinte, elle
» peut aller couper les pieux de niveau
» jusqu'à douze pieds sous l'eau. Ce qu'il
» y a d'admirable, c'est qu'à cette pro-
» fondeur, elle manœuvre avec une
» telle précision, qu'il n'y a pas trois

» lignes de différence du niveau entre
» les pierres des deux extrêmités de la
» pile.

» Pendant que l'opération du pilo-
» tage s'exécutoit auſſi ſimplement, M. de
» Voglie faiſoit conſtruire ſur les bords
» de la riviere, un caiſſon ou bateau,
» avec des bords fort élevés, & à peu
» près de la grandeur de la pile. Après
» qu'il fut achevé, il fut mis à flot, &
» conduit dans l'endroit piloté. En le
» chargeant, on le fit échouer dans la
» direction convenable, & l'on aſſujettit
» le fond de ce bâteau, compoſé à ce deſ-
» ſein, d'un fort grillage de charpente,
» ſur la tête de ces pieux, coupés exprès
» de niveau pour le recevoir. Dans ce
» bateau on éleva auſſi la maçonnerie de
» cette pile, ſuivant l'art. Quand elle
» fut hors de l'eau, & que l'on jugea
» que les mortiers avoient pris corps,
» on démonta les bords de ce bateau,
» qui avoient été diſpoſés à cet effet, leſ-
» quels ſe mirent à flot en deux parties.
» La même méthode fut employée ſuc-
» ceſſivement pour toutes les autres piles.

C'eſt l'opération la plus avantageuſe
» pour ſes ſuites, que l'on ait imaginé
» depuis long-tems. Elle évite les frais
» conſidérables & l'embarras des épuiſe-
» mens : au lieu de quatre cens hommes

» qu'ils exigent, neuf ou dix hommes font
» toute la manœuvre. Ce qui n'est pas
» moins utile, c'est qu'on peut prévoir
» par cette méthode, la dépense de ces
» sortes d'ouvrages, qui est près de moi-
» tié moindre que par les procédés or-
» dinaires. Enfin le peu d'embarras de
» cette construction met à même de
» fonder dans une campagne (une an-
» née) un pont, très-considérable.

M. de Labellie avoit fait une semblable tentative au pont de Westminster, mais il s'en faut de beaucoup que sa méthode soit aussi solide que celle qui a été employé au pont de Saumur. Il construisit ses piles dans des caissons qu'il fit ensuite échouer dans des emplacemens qui leur étoient destinés, sans les arrêter sur un fond solidement préparé ; aussi s'est-il fait, autour de ces piles, quantité d'affouillemens qui ont occasionné depuis des réparations considérables, & beaucoup de désagrément à l'architecte.

Ceux qui feroient dans le cas de faire construire des ouvrages dans les rivieres, pourront consulter avec fruit 1°. la *nouvelle méthode d'encaissement pour fonder solidement & facilement, à telle profondeur qu'il sera nécessaire, dans les rivieres, dans les marais, dans la mer, à proximité* des côtes, & généralement dans les terreins sablonneux ou vaseux. Par M. Tardif, ingénieur des ponts & chaussées; 1 grand vol. in-folio. A Paris, chez Chaubert, 1757. 2°. Le receuil de différens projets d'architecture & de charpente, concernant la construction des ponts, par feu M. Pitrou (1), inspecteur général des ponts & chaussées de France, redigés & mis en ordre, par M. Tardif, 1. vol. in-folio. A Paris, 1756.

Jean-Baptiste-Alexandre le Blond, de Paris, né en 1679, & mort en 1719.

Cet artiste augmenta de beaucoup le cours & le dictionnaire d'architecture de Daviler, auquel on a fait depuis un grand nombre d'additions. C'est aux soins du célebre M. Mariette, & aux belles planches, dont M. Blondel a orné cet ouvrage, que l'on doit ce corps complet de doctrine. M. le Blond a bâti plusieurs édifices considérables à Paris, entre autres, un très-bel hôtel dans la rue d'Enfer, près de la Chartreuse. La

---

[1] Cet artiste a joui pendant sa vie de la confiance des ministres, sous les ordres desquels il a travaillé. Peu jaloux de ses productions, il les sacrifioit volontiers à l'avancement & à l'instruction de ses éleves. D'ailleurs, sa grande facilité à imaginer ce qui convenoit dans les occasions, lui faisoit négliger de garder des doubles de ses projets. On doit sçavoir gré à M. Tardif, d'en avoir sauvé un petit nombre de l'oubli. M. Pitrou mourut à Paris, le 13 janvier 1750.

réputation de cet architecte se répandit jusqu'en Moscovie, où Pierre le Grand le fit venir en 1716, & lui donna le titre de son premier architecte. Il devoit présider aux grands travaux dont ce prince avoit formé le projet; mais cet artiste mourut peu de temps après son arrivée. Le Czar lui fit faire des funérailles magnifiques, qu'il honora de sa présence. Ces distinctions encouragent les artistes & les sçavans. Les richesses, les charges, les dignités peuvent être les effets de la brigue, & sont souvent donnés à ceux qui les méritent le moins. L'estime publique est le tribut dû au mérite, & le plus puissant motif pour exciter les hommes qui pensent à se distinguer dans leur carriere.

Jacques Gabriel, de Paris, né en 1667, & mort en 1742.

Il étoit éleve & parent d'Hardouin Mansard, & fils de Jacques Gabriel, mort en 1686, qui fut architecte du roi, & qui bâtit la maison royale de Choisy, & commença le pont royal, qui fut achevé par le frere Romain, dont on vient de parler. Jacques Gabriel se distingua dans l'architecture; il fut fait chevalier de saint Michel, inspecteur général des bâtimens, jardins & manufactures royales, & premier ingénieur des ponts & chausfées du royaume. Cet artiste donna les desseins des places de Nantes, de Bordeaux, de la cour du palais & de la tour de l'horloge de Rennes, d'une belle maison de campagne destinée aux magistrats de la ville de Dijon; & ceux de la salle & de la chapelle des états. Il fit encore le projet du grand égout de la ville de Paris.

M. Gabriel, qui est aujourd'hui premier architecte du roi, marche sur les traces de ses ancêtres, comme on peut le remarquer dans les bâtimens immenses de l'école militaire, que l'on construit actuellement sous sa direction, aux portes de Paris, & qui surpasseront ceux des invalides, tant par la grandeur du style, que par la commodité de la distribution. La place de Louis XV, auprès des Thuileries, est de M. Gabriel. C'est un rectangle long de sept cents quarante-quatre pieds, sur cinq cents vingt-deux de large. Les angles sont taillées à pans coupés, & l'on voit au centre la statue équestre du roi, entre deux fontaines. Comme cette place est dans un lieu écarté, & presque dans la campagne, on a cru devoir l'entourer de fossés, avec des balustrades ornées, de distance en distance, par des trophées. Les deux grands édifices qui l'embellissent, sont d'un beau style, & très-bien décorés. Le rez-de-chauffée est formé par des portiques ornés de bossages & de refends, qui servent de soubassement à un ordre de colonnes corinthiennes, qui embrassent les deux étages supérieurs. Si le soubassement n'étoit pas si élevé, l'ordre paroîtroit plus majestueux. Les entrecolonnemens sont trop larges, & les fenêtres n'en remplissent pas exactement l'intervalle. Ces édifices qui sont couronnés par des balustrades, & terminés par deux magnifiques pavillons produiroient un meilleur effet si l'on eût supprimé leurs frontons. Ces bâtimens retournent d'équerre dans la belle rue royale, au bout de laquelle sera la nouvelle église de la magdeleine, d'après les desseins de M. Contant. Le plan de ce temple est une croix latine, où l'on voit trois nefs séparées l'une de l'autre, par des colonnes isolées. La façade n'a qu'un seul ordre avec un portique soutenu par des colonnes corinthiennes. Il semble que le fronton ne fait pas un bon effet au milieu des balustrades qui l'accompagnent. La coupole paroît trop lourde à cause des quatre frontons, au dessus desquels elle s'éleve. La lanterne qui est décorée vers son milieu d'une balustrade qui fait une trop grande saillie, est de mauvais goût.

Cet édifice n'est encore connu que par les plans qui ont été gravés : les fondations en sont cependant faites ; mais les travaux sont absolument suspendus ; on ignore s'ils seront jamais continués.

Philippe Juvara, né en 1685, & mort en 1735.

Cet artiste naquit à Messine, d'une famille ancienne, mais très-pauvre. Il s'appliqua de bonne heure au dessin & à l'architecture. Un de ses freres s'attacha à faire des bas-reliefs, & des petites figures en argent qui sont très-estimées, sur-tout en Angleterre & en France. Philippe Juvara prit l'habit ecclésiastique, & alla à Rome, n'ayant d'autre objet que de se perfectionner dans l'architecture. Il entra à l'école du chevalier Fontana. Il présenta à cet artiste, pour preuve de sa capacité, le dessin d'un palais, d'après les idées qu'il s'étoit faites de la magnificence. Fontana l'ayant éxaminé avec attention, lui dit, en le lui remettant : *oubliez tout ce que vous avez appris jusqu'ici, si vous voulez demeurer dans mon école.* Cet architecte lui fit copier le palais Farnese, & quelques autres édifices d'un style simple & noble tout à la fois. Il lui recommanda toujours la simplicité, ne craignant point qu'il vînt jamais à pécher par excès dans ce genre. Philippe Juvara étoit plein de feu, & paroissoit naturellement porté à donner dans l'extrêmité contraire.

Ce jeune artiste tâchoit de profiter d'un si sage conseil, & travailloit sans cesse. La pauvreté l'auroit cependant précipité dans les plus grands malheurs, si un certain Pellegrini, bon méchanicien, & maître de la chambre du cardinal Ottoboni, & son compatriote, ne l'eût présenté à cette éminence. Il l'employa en même tems à décorer le joli petit théatre de Buratini. On y voit de très-belles décorations gravées par Juvara, qui se vit obligé à prendre l'état de graveur, pour vivre. Le duc de Savoye, étant devenu roi de Sicile, le fit venir à Messine, où il le chargea de lui bâtir un palais sur le port de cette ville. Le dessin que Juvara présenta à ce prince, lui fit tant de plaisir, qu'il le nomma son premier architecte, & lui donna six cents écus romains, ou trois mille cinq cents livres de pension par an. Le duc de Savoye l'emmena à Turin, & lui donna par la suite la riche abbaye de Selve, qui rapporte plus de onze cents écus romains, ou cinq mille cinq cens livres de France.

L'abbé dom Philippe Juvara, bâtit

à Turin, par ordre de madame Royale, la façade de l'églife des carmélites, fur la place de faint Charles, où l'on voit deux ordres d'architecture, avec des reffauts, des arcades & des frontons brifés. Il fit enfuite conftruire l'efcalier du palais du duc de favoye, avec la fuperbe façade (1). Cet artifte bâtit encore une belle églife, avec les bâtimens contigus, fur la montagne de la Superga, pour accomplir le vœu du roi Victor-Amédée, lorfque les François leverent le fiege de Turin. Le plan de ce temple eft circulaire.

Huit pilaftres très détachés du mur qui forment l'enceinte, & dans lefquels font engagées autant de colonnes, foutiennent la coupole. On paffe par l'entrepilaftre, qui eft vis-à-vis la principale entrée, pour aller dans une grande chapelle octogone, au fond de laquelle eft le maître-autel. Les marches qui compofent le perron qui eft devant cet églife, font partie en lignes droites, & partie en lignes courbes. La façade eft décorée d'un portique foutenu par quatre

―――――――――――――――――――

[1] Comme le palais ne répond point par fa grandeur à la magnificence de l'efcalier, on appelle ce dernier *fcala fenza palazzo*, efcalier fans palais ; & celui du roi de Sardaigne, qui a un défaut contraire, *palazzo fenza fcala*, palais fans efcalier.

colonnes corinthiennes, dont l'entrecolonnement du milieu eſt plus large que celui des deux côtés. On voit un fronton au deſſus de l'ordre, qui interrompt la baluſtrade. La grande coupole, qui eſt accompagnée de deux tours très-élégantes, eſt d'une forme très-agréable.

Juvara bâtit la chapelle royale de la Vénerie, près de Turin. Elle paſſe pour un chef-d'œuvre d'architecture. La beauté du plan égale celui de la décoration. On vante encore les écuries, la galerie, & l'orangerie de ce palais.

Notre architecte conſtruiſit l'égliſe du Carmel, dans un goût très-ſingulier; & fit un modele magnifique, pour les peres de l'oratoire, qui ſe propoſoient de rebâtir leur égliſe. Il bâtit encore le grand eſcalier du palais de Turin.

Juvara fit entiérement bâtir le palais de Stupigni, qui eſt deſtiné pour un repos de chaſſe. On y voit un ſalon très-ſingulier, qui a huit entrées qui répondent à quatre appartemens en croix, pour les princes, & des logemens à côté, pour les ſeigneurs de la cour, pour les officiers de la chaſſe, & pour les piqueurs. Les écuries de Stupigni ſont très-belles & très-grandes, de même que les chenils. Le marquis Maffei nous apprend que l'on voit beaucoup de goût & de génie dans la diftribution du plan de ce palais, fans y trouver aucune faute groffiere. On ne peut, dit-il, s'empêcher d'admirer la fageffe avec laquelle chaque piece répond à fon objet, & l'art avec lequel l'architecte a toujours fuivi les bons principes qui nous ont été tranfmis par les anciens. Nous n'adopterons pas ici les éloges pompeux que ce favant fait de Juvara; nous remarquerons feulement que cet architecte a été célebre, mais qu'il aimoit peu la fimplicité & l'unité dans fes compofitions, & enfin qu'il n'étoit pas correct.

L'abbé Juvara alloit à Rome pendant l'hyver, lorfqu'on ne pouvoit plus bâtir; il préféroit cette ville à toutes les autres; & malgré les avantages dont il jouiffoit à Turin, il avoit toujours eu envie de s'y établir. Il y donna le deffin & le modele d'une facriftie & d'une falle de chapitre, pour l'églife de faint Pierre. On le conferve encore avec cinq autres, dans une des falles qui font au-deffus de ce temple. On ignore quand on exécutera l'un d'entre eux. Le modele de Juvara annonce un édifice également vafte & magnifique. La facriftie eft de forme elliptique, & a plufieurs défauts. Le rez-de-chauffée de la façade de la maifon & de la falle du chapitre, forment une espece de soubassement, au dessus duquel s'élevent des pilastres corinthiens, qui embrassent deux étages. Les fenêtres, qui sont ornées de colonnes engagées, ne sont pas d'une bonne proportion.

Lorsque l'abbé Juvara étoit à Rome, le roi de Portugal pria instamment le roi de Sardaigne de lui permettre qu'il vînt à sa cour. On raconte que cet artiste étant sur le point de faire ses malles, pour aller en Portugal, le provincial des Minimes François vint lui demander un plan pour l'escalier de la Trinité-du-Mont (nom d'un monastere de Rome, situé sur une montagne que l'on nommoit jadis le mont Esquilin), qu'il lui promettoit depuis long-tems. Juvara lui dit qu'il n'étoit pas fait, & qu'il n'avoit plus le tems de réaliser sa parole. Le Minime se mit fort en colere; & notre artiste voulant l'appaiser, suspendit l'arrangement de sa malle, & fit une esquisse sur un morceau de papier, sans s'asseoir. Ceux qui ont vu cet escalier en perspective, prétendent qu'il auroit fait l'admiration de tous les connoisseurs, s'il eût été exécuté, & qu'il étoit bien supérieur à celui que François de Sanctis, architecte Romain, a fait construire. Juvara composoit & dessinoit avec tant de facilité, qu'il lui arrivoit souvent de faire au caffé, avec de mauvaises plumes, de très-belles choses, qui sont aujourd'hui sous glace, avec de beaux cadres, dans les cabinets des amateurs. Il falloit nécessairement le presser quand on vouloit avoir de ses ouvrages, comme il étoit impossible de s'en procurer lorsqu'on lui laissoit le tems d'y réfléchir.

Pendant le séjour que cet artiste fit à Lisbonne, il donna les plans de l'église patriarchale & celui d'un palais pour le roi. On prétend qu'on n'a jamais rien vu de plus magnifique. Juvara fit encore les dessins de plusieurs autres édifices, & revint comblé de présens dans sa patrie. Le roi de Portugal le nomma chevalier de l'ordre de Christ, avec une pension de trois mille écus romains, ou de quinze mille livres de France. Ce prince lui fit encore présent d'une croix de diamans de très-grand prix.

Avant de revenir à Turin, Juvara voulut voir Londres & Paris. De retour en Piémont, il fut appellé à Mantoue, pour la coupole de l'église de saint André ; à Côme, pour celle de la Cathédrale, & à Milan pour élever la façade de la fameuse église de saint Ambroise. On voit très-peu de maisons particulieres bâties d'après les dessins de notre artistes, parce qu'il donnoit dans le grand & dans la dépense. Juvara a cependant bâti à Turin, le palais du comte de Birago de Borgho, lieutenant général, que l'on regarde comme un très-bel édifice, soit pour la décoration, soit pour la distribution.

Le palais royal, ayant été brûlé, à Madrid, le roi d'Espagne s'empressa à faire venir Juvara. Cet architecte se rendit à ses invitations ; mais à peine eut-il commencé à mettre ses projets au net, qu'il fut surpris par une violente fievre, dont il mourut, à l'âge de cinquante ans. Juvara étoit gai, d'une conversation agréable ; il aimoit les plaisirs, mais il portoit en même tems l'économie jusqu'à la lésine.

Ferdinand de Saint-Felix.

Ferdinand de Saint-Félix étoit noble Napolitain, du siege de la Montagne, & descendant des princes Normands qui régnerent jadis dans ces contrées. Il montra, dès son enfance, une grande inclination pour la peinture. Après s'être amusé pendant quelque tems à dessiner d'après ses propres idées, il entra à l'école du celebre Solimeni, & fit plusieurs tableaux. Charles second, roi d'Espagne, étant mort pendant qu'il étoit un des élus (sorte de magistrats de la ville de

Naples), on le chargea de faire élever le catafalque dans la chapelle du tréfor. Cette circonſtance obligea Saint-Felix à s'appliquer à l'architecture. Il fit de très-beaux deſſins pour cette pompe funebre & pour les fêtes qui ſe donnerent à Naples, à l'avénement de Philippe V au trône d'Eſpagne. Cet artiſte ſe rendit fameux par le grand nombre d'eſcaliers d'une invention ſinguliere, qu'il a fait conſtruire dans différens palais de Naples. Ferdinand de Saint-Felix donna le plan de l'égliſe des Jeſuites, à Pizzifalcone, & de celle de ſainte Marie, au fauxbourg des Vierges. Il répara la coupole de l'égliſe des religieuſes de Dona Alvina, peinte par le Solimeni; il y ajouta certains pilaſtres en dehors, pour en augmenter la ſolidité & ſupprima la lanterne. Cet artiſte rebâtit le monaſtere appellé Régina Cœli (la Reine du Ciel). Il répara en même tems la façade de l'égliſe, conſtruiſit la moitié du clocher, en commençant depuis les fondemens, & conſerva la partie ſupérieure qui étoit très-bien conſtruite. Cette opération étoit très-hardie, à Naples, où l'art de reprendre les édifices ſous œuvre, n'eſt pas auſſi bien connu qu'à Paris. L'eſcalier qui eſt devant l'égliſe de ſaint Jean, à Carbonara, & le mauſolée du fameux

Gaëtan

Gaetan d'Argentau, dans la même église, font encore de Saint-Felix, de même que la bibliotheque du couvent, qui forme une étoile. Elle est au dessus d'un des bastions de la ville.

Le même architecte bâtit, sur la montagne de Pizzi Falcone, le palais Serra, avec un escalier que l'on regarde comme le plus beau de Naples. Il aggrandit le palais Monte-Leone, & en orna la porte principale, d'une maniere très-bizarre. Un mascaron de satyre forme le chapiteau des colonnes, les oreilles représentent les volutes : les cheveux forment les rosettes, & la barbe imite les feuilles d'acante. Ferdinand de Saint-Felix, fit bâtir trois palais pour sa famille ; l'un au fauxbourg des Vierges, le second hors de la porte de Constantinople, & le troisieme près le siege de la Montagne. Cet architecte éleva ensuite la façade de l'église de S. Laurent.

Lorsque dom Carlos, qui regne actuellement en Espagne, vint prendre possession du royaume de Naples, & lorsqu'il y épousa une princesse de Saxe, Saint-Felix fut chargé des fêtes extraordinaires qu'on donna pour célébrer cet événement. Il fut le premier qui forma un beau projet pour cette foire, qui se tient tous

Tome II.   T

les ans sur le pont de la Magdeleine (1). Les deffins que cet architecte a donnés, soit pour la capitale, soit pour les différentes provinces du royame de Naples, sont en très-grand nombre. On cite volontiers à Naples le bon mot du satyrique Capasso, qui voyant un palais bâti par Saint-Felix, disoit qu'il méritoit cette inscription : *scostati, che casca* ; éloigne-toi, il tombe(1). J'ignore si le défaut de solidité étoit réel ou apparent,

---

(1) Le roi d'Espagne étant encore à Naples, imagina un moyen très-naturel pour faire fleurir une manufacture de bons canons de fusil, qu'il a établie près de cette capitale, dans un village nommé la Tour-du-Grec. On exposoit ces canons en vente à cette foire & l'on écrivoit le nom des acheteurs sur un régistre que ce prince se faisoit un plaisir de parcourir. Toute la noblesse & les personnes opulentes en achetoient pour être inscrites.

[2] On est en usage depuis un tems immémorial, de mettre des inscriptions sur les palais de Naples, & de différentes villes d'Italie. C'est une méprise dans ce genre, qui a donné lieu au proverbe latin *uno pro puncto Martinus caruit asello*, pour un point Martin perdit son ane. Ce Martin avoit l'abbaye d'Asello, sur la porte delaquelle il avoit mis cette inscription latine. *Porta patens esto nulli, claudaris honesto*, avec la virgule avant *claudaris*, ce qui signifioit que la porte ne fût ouverte à personne,& sur-tout aux honnêtes gens. L'évêque faisant sa tournée lut par hazard cette inscription. Il en fut si indigné, qu'il priva l'abbé de son bénéfice. Comme *asellus* veut dire un petit âne, en latin & en italien, les François ont traduit littéralement le proverbe, en disant pour un point Martin perdit son âne. Il y a toute apparence que le bon abbé Martin n'avoit fait qu'une faute de ponctuation ; la virgule étant avant *nulli*, l'inscription signifioit alors que la porte ne devoit être ouverte qu'aux personnes honnêtes.

dans cet édifice de Saint-Felix, ou si ce trait de satyre étoit lancé en l'air & sans fondement.

Alexandre Galilei, Florentin, né en 1691, & mort en 1737.

Il paroît que cet artiste n'étoit pas de l'illustre famille des Galileo-Galilei qui a fait l'honneur de l'Italie, & des sciences, puisqu'il éprouva beaucoup de difficulté de la part de la noblesse de Florence, quand on voulut l'admettre dans cet ordre. Cet artiste fut nommé surintendant des édifices publics de Toscane, par les grands-ducs Côme III & Jean-Gaston de Medicis, après avoir demeuré sept ans en Angleterre, où il avoit été emmené par quelques seigneurs étrangers.

Alexandre Galilei ne bâtit aucun édifice considérable en Angleterre & en Toscane. Ce fut à Rome, où Clement XII l'avoit appelé, qu'il manifesta ses talents. Il y éleva trois superbes monumens; savoir, la façade de l'église de saint Jean de Latran; la chapelle Corsini, qui est dans la même église, & la façade de saint Jean des Florentins.

On a déja dit, que le modele fait par Michel-Ange, pour l'église nationale des Florentins, s'étoit conservé pendant long-tems, & que plusieurs personnes qui vivent encore, en avoient une idée ; mais qu'il avoit disparu. On se proposa donc d'adapter à cette église, le dessin que le fameux artiste avoit fait pour la façade de saint Laurent, à Florence, qui n'avoit pas été exécuté, & qui pouvoit y convenir à merveille. Ce conseil fut rejetté, pour nous faire croire que l'architecture avoit fait de grands progrès, depuis la mort de Michel-Ange. On confia à Galilei le soin de bâtir la façade qu'on voit aujourd'hui. Elle est majestueuse, & bien décorée tout à la fois. On y voit deux ordres de colonnes corinthiennes. Les niches semblent trop petites. Les ressauts de l'entablement du premier ordre font un mauvais effet, & les grands socles qui sont sous les colonnes paroissent inutiles.

La façade de saint Jean de Latran, où Galilei eut la facilité de pouvoir montrer un grand génie, n'est pas cependant fort heureuse. On y remarque deux portiques l'un sur l'autre, réunis dans le milieu par quelques colonnes composites, dont les unes sont couplées, & les autres isolées, qui posent toutes sur des piédestaux très-élevés. Elles interrompent les faces des architraves, & les corniches qui séparent les deux étages. On voit à côté & au deſſus des grandes colonnes dont on vient de parler, des colonnes plus petites, qui font un effet déſagréable à l'œil. La maniere qui termine cette façade, eſt encore plus ridicule. On voit s'élever au-deſſus de ſon fronton triangulaire, un grouppe de piédeſtaux chargé de ſtatues très-lourdes. L'intérieur du portique eſt cependant d'un très-bon genre. On ne doit cependant pas imiter la diſpoſition des pilaſtres qui ne ſont point eſpacés également. Les portes de différentes grandeurs, offrent un mêlange confus de corniches. Leurs moulures ſont cependant d'un bon profil, de même que celles des arcades & des niches. La grande voûte eſt très-bien décorée, & d'un beau ceintre.

La chapelle Corſini fait beaucoup d'honneur à Galilei. Elle eſt digne de la piété & de la nobleſſe de l'illuſtre famille qui l'a fait conſtruire avec tant de magnificence. Il ſeroit difficile de trouver des ornemens d'un meilleur choix, & qui fuſſent mieux employés. On peut cependant faire quelques obſervations ſur cette chapelle. 1°. Le ſoubaſſement, au-deſſus duquel s'éleve l'ordre, paroît trop haut. 2°. On blâme les deux pilaſtres détachés & accouplés, qui ſont aux angles ſaillans, au lieu d'un ſeul.

3°. On trouve à redire à la trop grande élévation de la coupole. 4°. On voit encore des piédestaux, sur d'autres piédestaux, pour supporter les colonnes, d'albâtre & de porphire qui décorent le grand autel, & les niches. Ce défaut est un des plus considérables ; mais la rareté & la beauté du marbre de ces colonnes antiques, servent d'excuse à l'architecte ; comme elles n'étoient pas assez hautes, l'artiste y a suppléé par les socles & les piédestaux que l'on vient de critiquer.

Il est très-facile de voir, d'après les trois édifices que l'on vient d'analyser, que si Galilei n'a pas été heureux dans la disposition des ordres d'architecture, il entendoit très-bien la décoration & le choix des ornemens. Cet artiste étoit encore très-bon mathématicien, & avoit encore d'autres qualités qui le rendoient recommandable.

Dominique Antoine Vaccaro, Napolitain, né en 1680.

Il fut peintre, sculpteur & architecte, comme son pere, qui se nommoit Laurent. On l'appliqua de très-bonne heure à l'étude des belles-lettres. Comme son pere s'apperçut qu'au lieu d'étudier dans les livres, qui sont si ennuyeux pour les jeunes gens, il se cachoit pour dessiner, il lui laissa une liberté entiere.

Dominique Vaccaro bâtit, à Naples, l'église des religieuses de la Conception, dittes du mont Calvaire. Elle est deforme circulaire, & interrompue par quatre grandes arcades, qui soutiennent quatre grandes tribunes, où se placent les religieuses. Cet artiste bâtit dans un emplacement très-étroit, le théatre neuf, dans la même ville; il y répara l'église de Monte Virgine, près de celle du Jesu vecchio (l'ancien Jesus). Il bâtit l'église de saint Michel Archange, hors de la porte du Saint-Esprit. Cet artiste éleva plusieurs autres édifices, soit à Naples, soit dans l'intérieur du royaume; tels sont le palais Tarsia, le petit palais Caravita, à Portici, l'église de saint Jean, à Capoue. Il répara encore l'église cathédrale de Pavie, qui est dans un goût gothique.

Antoine Cannevari, Romain, né en 1681.

Cet artiste bâtit à Rome l'église des Stigmates, où l'on voit une foule de défauts, sans aucune beauté; répara l'église de saint Jean & saint Paul, & fit plusieurs dessins pour la façade de saint Jean de Latran, & pour la maison du chapitre de saint Pierre. Il alla ensuite en Portugal, où il fut encore plus malheureux. On le chargea de construire un acqueduc, qui réussit si mal, que l'eau ne put jamais y couler. Le pauvre Cannevari quitta ce pays tout confus, & alla s'établir à Naples. Il y bâtit le palais royal de Portici, & le siége de Porte-Neuve (1), près de saint Joseph. On ne voit rien de merveilleux dans ces deux ouvrages. Antoine Cannevari étoit d'ailleurs un homme honnête. Il mourut à Naples, dans un âge très-avancé.

Nicolas Salvi, Romain, né en 1699, & mort en 1751.

Cet architecte étudia les belles-lettres, & fut reçu comme poëte dans les différentes académies de Rome. Il s'appliqua encore à la philosophie & à quelques parties de mathématiques, & eut une teinture de la médecine & de l'anatomie. Son inclination particuliere étoit pour l'architecture, qu'il apprit sous Antoine Cannevari. Celui-ci lui fit étudier Vitruve, & dessiner les plus beaux

---

[1] Endroit où s'assemble la noblesse. C'est pour l'ordinaire un très-beau portique orné de peintures, dans l'intérieur duquel on voit les armoiries des nobles qui se rassemblent.

morceaux anciens & modernes. Le premier ouvrage que fit Nicolas Salvi, fut un feu d'artifice, sur la place d'Espagne, au-dessus de la fontaine de la Barcacia. Il éleva, sans faire aucun trou dans la terre, une machine de deux cents soixante palmes de haut, représentant le temple de la gloire, avec quatre façades. L'architecture étoit de relief, & non point peinte. Cannevari, ayant été appellé en Portugal, pour le service du roi Jean V, Salvi resta chargé de toutes les entreprises que son maître avoit à Rome. Il rebâtit le baptistaire de saint Paul, hors des murs; éleva le grand autel de l'église de saint Eustache; bâtit la petite église de la ville Bolognetti, hors de la porte Pie; l'autel des saints Laurent & Damase. Cet artiste donna encore le dessin du grand autel de saint Pantaleon, qui ne fut pas exécuté, & fit celui du riche ciboire (tabernacle) du Mont Cassin, & de l'église de sainte Marie de Gradi, pour les dominicains de Viterbe.

L'ouvrage le plus considérable de Nicolas Salvi, est la fameuse Fontaine de Trevi. Clement XII forma le projet d'ajouter à Rome un nouveau monument, digne de cette ville; mais il n'eut pas le courage de le faire élever dans un endroit plus avantageux. On n'a pas même tenté d'y remédier, en démolissant quelques maisons de peu d'importance, pour faire une belle place vis-à-vis. Salvi a voulu représenter dans cette fontaine l'Océan, qui sous une figure gigantesque, est debout dans un char formé par une coquille tirée par deux chevaux, conduits par deux tritons. Ces différentes statues sont au milieu d'un amas considérable de rochers, au travers desquels l'eau s'écoule de différentes manieres. Cette fontaine, qui est adossée au palais du duc de Poli, renferme dans son milieu une très-belle niche, décorée avec des colonnes ioniques, d'où l'Océan est supposé sortir, pour entrer dans son char. On voit à chaque côté deux colonnes corinthiennes qui embrassent les deux étages, & dont les entrecolonnemens sont remplis par deux statues & deux bas-reliefs. Il y a quatre autres statues sur l'entablement, qui répondent chacune aux quatre colonnes. On voit ensuite une attique, au-dessus de laquelle sont les armes du pape Corsini, & une balustrade. De chaque côté de cet avant-corps, sont quatre pilastres corinthiens, qui embrassent pareillement deux rangées de fenêtres. Leur entablement supporte une attique plus basse que celle du milieu, dont les petites fenêtres sont ornées de guirlandes qui répondent de l'une à l'autre. Cette fontaine annonce la plus grande magnificence, & le tout ensemble offre le coup-d'œil le plus étonnant. On peut dire en toute sûreté que Rome ne renferme aucun monument plus grand & plus noble. Les connoisseurs y trouvent cependant plusieurs défauts. 1°. L'eau, qui doit être l'objet principal d'une fontaine, au-lieu de tenir le premier rang, en sortant avec la plus grande profusion, est divisée, & les filets qui sortent entre des rochers sont trop cachés; de sorte qu'il n'y a point d'endroit d'où l'on puisse appercevoir toutes les issues par où l'eau s'échappe. On a fait pire il y a quelques années, lorsqu'en plaçant les statues de marbre on a pratiqué des fenêtres horisontales par où l'eau s'écoule tranquillement en forme de nappes; elle sortoit jadis en murmurant par des ouvertures des rochers, ce qui répondoit mieux à la composition générale. 2°. Les rochers ressemblent à un amas énorme de décombres ou de pierres renversées les unes sur les autres, & occupent trop de place. 3°. La convenance ne paroît pas, observée en faisant élever au-dessus d'un foubaffement auffi ruftique qu'un rocher, un ordre auffi élegant & auffi noble que le corinthien. 4°. On demande fi une niche, dont la voûte eft auffi décorée & auffi belle, convient à l'Océan? 5°. Les colonnes ioniques qui l'accompagnent, étant comparées aux colonnes corinthiennes qui font à côté, reffemblent à des nains placés auprès des géans. 6°. Quel eft l'emploi de ces dernieres? 7°. Pourquoi a-t-on fait fortir des demi-pilaftres de chacun de leurs côtés, & caufer par-là tant de confufion dans les chapiteaux? 8°. On demande pourquoi l'artifte a mis des denticules dans fon entablement corinthien, comme s'il étoit ionique? 9°. La corniche des impoftes de la voûte de la niche eft prolongée dans toute l'étendue de la façade, & fe trouve coupée par les colonnes & par les pilaftres. 10°. Les fenêtres qui font ornées de baluftrades, femblent fufpendues, pour n'avoir aucun appui. 11°. Les fenêtres fupérieures font plus élevées les chapiteaux corinthiens, & coupent par conféquent l'architecture & la frife de l'entablement. 12°. On accorde des frontons aux fenêtres du premier étage; mais l'on demande de quelle utilité peuvent être ceux qui couvrent les fenêtres qui font fous l'entablement?

On se dispense d'un plus grand nombre de détails, pour ne pas ennuyer les lecteurs (1).

Salvi fit quatre dessins pour la même fontaine, qui sont à peu près dans le même genre, mais inférieurs à celui qui a été exécuté. Cet ouvrage causa beaucoup d'embarras & de chagrins à l'architecte, pendant l'espace de treize ans. L'envie du commun des artistes se déchaîna contre lui, & l'on interrompoit souvent les travaux, pour les reprendre lorsque les cris étoient cessés. Notre artiste refusa pour cette raison les offres de la cour de Turin, qui desiroit l'avoir à son service, après la mort de Juvara. Il refusa encore les propositions que lui firent les Milanois, pour construire la façade de leur cathédrale, & ne voulut

―――――――――――――――――――――

(1) Il seroit à desirer qu'on eût l'analyse de tous les monumens anciens & modernes faits d'après les véritables principes de l'art; rien ne seroit plus propre à former le goût, & à inspirer la correction & la pureté des détails. Comme nous n'avons en vue que les jeunes architectes, nous leur conseillons de se procurer l'élévation de la fameuse fontaine dont on vient de parler, pour lire cet article avec plus de fruit; elle se trouve communément; ils appercevront la fausseté du principe, si cher aux architectes françois, que l'effet pittoresque fait seul la beauté d'un monument. La fontaine de Trevi fait très-bien pour me servir de leurs propres termes; mais conviendront-ils, après la lecture de cette analyse, que sa décoration soit raisonnable? Nous le repétons encore: un architecte ne doit rien faire dont il ne puisse rendre compte, & ne doit pas simplement flatter les yeux.

pas aller à Naples pour y bâtir le palais de Caferte, & l'hôpital général (il recluforio), qui ont été conftruits depuis fur les deffins du célebre Vanvitelli. Que de difgraces n'éprouva pas Salvi, à la place des avantages qu'il eût retiré de fes talens dans ces différens endroits! Les fréquentes vifites qu'il fut obligé de faire dans les conduits de l'*aqua vergine*, affoiblirent tellement fon tempérament, qui étoit très-délicat, qu'il devint paralitique. Il vécut pendant cinq ans dans cet état de langueur, & fut trop heureux de mourir, à l'âge de cinquante deux ans.

Cet artifte fut chargé par Augufte II, roi de Pologne, de lui faire le plan d'un théatre dans le goût antique, avec toutes les falles & les dépendances, non-feulement pour le fpectacle, mais encore pour le jeu, les concerts & les bals. Salvi donna trois projets pour la façade de faint Jean-de-Latran, où l'on voit toujours deux ordres d'architecture avec un portique. On exécuta celui de Galilei. Vers les derniers tems de fa maladie, lorfqu'il ne pouvoit plus fe fervir de fes mains, il fit deffiner, par un de fes éleves trois projets pour la façade de l'églife des faints Apôtres. On voit dans l'un d'entre eux un feul ordre d'architecture,

& deux ordres dans les autres deſſins.

Salvi avoit l'ame honnête, il étoit ſincere & de bonnes mœurs. Quoiqu'il parût réfléchir, il avoit la répartie vive & ſpirituelle. Le caractere de ſon architecture a quelque choſe d'agréable & d'élégant, quoiqu'il ſoit ſimple ; mais il n'eſt pas exempt d'incorrection. Il a fait pluſieurs éleves, parmi leſquels on diſtingue M. Jean Simone, bon architecte, qui demeure actuellement à Rome.

M. de Boffrand, né en 1667, & mort en 1754.

M. Germain de Boffrand, naquit à Nantes en Bretagne, le 7 mai de l'année 1667. Il étoit fils d'un ſculpteur, & de la ſœur du célebre Quinault. Ses talens pour l'architecture s'étant manifeſtés de très-bonne heure, ſes parens l'envoyerent à Paris, pour ſe perfectionner dans cette ſcience. Il fut éleve d'Hardouin Manſard, qui lui confioit ſes ouvrages les plus importans. Ses talens lui mériterent une place à l'académie d'architecture, en 1709, & lui valurent la confiance de pluſieurs princes d'Allemagne, qui firent élever pluſieurs édifices conſidérables, d'après ſes deſſins. Quoique cet artiſte n'eût jamais voyagé en Italie, il s'étoit attaché au goût de

Palladio, & tâchoit de l'imiter dans tous les cas. On remarque, en général, beaucoup d'élégance dans tout ce qu'il a conſtruit. On peut citer avec éloge une jolie maiſon de chaſſe, à deux lieues de Bruxelles, au-deſſous du village de Bouchefort, qu'il commença à faire bâtir pour Maximilien-Emmanuel duc de Baviere. Elle conſiſte en une cour circulaire, de cent cinquante toiſes de diametre, au centre de laquelle eſt un pavillon octogone, avec quatre portiques de colonnes de marbre d'ordre ïonique, terminé par des frontons, dont celui du côté de l'entrée eſt orné des armes de ſon alteſſe électorale, & les autres des ſujets de chaſſe. Quatre veſtibules ou ſalles conduiſent à un ſallon du milieu, de dix toiſes de diametre, qui comprend deux étages, & un troiſieme dans la coupole, qui eſt percée de ſeize croiſées. Elles éclairent le ſallon & les galeries au pourtour, qui communiquent à pluſieurs appartemens au premier & au ſecond étage. Celui du rez-de-chauſſée devoit être occupé par leurs alteſſes électorales, & leur cour pouvoit s'aſſembler facilement dans le ſallon, qui eſt au milieu du pavillon. Du centre de cette piece, on découvre pluſieurs routes dans la forêt par leſquelles on peut voir à perte de vue paſſer la chaſſe, & deſquelles on découvre le pavillon. On devoit placer un fanal ſur une eſpece de tour, qui en occupoit le milieu, afin que les chaſſeurs puſſent reconnoître cette maiſon, pendant la nuit. La cour eſt en partie en terraſſe, d'où l'on découvre le village de Bouchefort, & au deſſous les étangs, & les plaines; ce qui forme une vue très-agréable. A la tête des maſſifs de bois, qui ſont ſéparés par les routes, il y a des bâtimens qui ſervent à des corps de garde, pour les cuiſines, les remiſes, les écuries, & pour le chenil. Il eſt dommage que ce projet n'ait pas été entiérement exécuté.

Notre artiſte donna quelque tems après le plan du palais de Nanci, à ſon alteſſe royale le duc Leopold. Cet édifice occupe le terrein de l'ancien palais des ducs de Lorraine, qui a été démoli en partie. On y trouve toutes les commodités qu'exige la réſidence d'un ſouverain. Ce prince fit encore conſtruire par M. de Boffrand, qu'il avoit nommé ſon premier architecte, le palais de la Malgrange, à un quart de lieue de la ville de Nanci. Les ducs de Lorraine y avoient jadis une petite maiſon avec une ménagerie. Le principal corps de logis a cinquante quatre toiſes de face, ſur vingt-huit toifes de profondeur. L'entrée eſt fous un périſtyle de fix colonnes d'ordre compofite, fous lequel on peut defcendre de carroffe à couvert.

Notre architecte donna un fecond projet pour cette maifon de plaifance, qui devoit être exécuté dans le même endroit que le premier. Comme il renferme des fingularités agréables, nous ne doutons point que nos lecteurs ne foient charmés de le connoître. Le palais devoit être compofé, au-rez-de-chauffée, d'un fallon de dix toifes de diametre, pour raffembler la cour, & d'une galerie au pourtour, pour la garde, & d'une pareille galerie au premier étage, qui communiquoit aux appartemens. Ce fallon devoit être foutenu, au rez-de-chauffée, par vingt-quatre colonnes de feize pieds de hauteur, d'ordre ionique, dont vingt-deux auroient été de marbre, & deux de bronze, pour fervir de poëles pour échauffer tout le palais dans le centre, par le moyen d'un fourneau fous le rez-de-chauffée. Du milieu du fallon, on devoit découvrir quatre appartemens, qui d'un bout à l'autre formoient deux enfilades en lignes diagonales, qui fe coupoient dans le centre. On auroit vu d'un côté, entre ces lignes, un grand efcalier pour monter au premier étage, après lequel il y auroit eu une galerie, pour lier les deux appartemens. On auroit trouvé, du côté opposé à l'escalier, une salle à manger, ayant son issue sur un pérystile de six colonnes. Cet édifice eût été décoré extérieurement d'un ordre ïonique de trente pieds de hauteur, flanqué aux quatre angles de pavillons, qui se feroient élevés au dessus de l'entablement, de même que le sallon du milieu, qui devoit être percé de douze croisées. Cette même piece eût été soutenue, dans son pourtour, par des arcs qui auroient empêché l'écartement.

Monsieur de Boffrand fit encore construire le palais de Luneville, où son altesse royale Leopold, premier duc de Lorraine, faisoit sa résidence pendant l'été. Il est dans l'enceinte même de la ville. Staniflas le Bienfaisant, roi de Pologne, y fit faire des augmentations considérables, qui l'avoient rendu capable de recevoir commodément une cour nombreuse. Après la mort de ce dernier prince, cet édifice a été changé en un corps de caserne, pour la gendarmerie de France.

L'hôtel de Montmorency, situé à Paris, dans la rue Saint-Dominique, est encore de M. de Boffrand. On y voit une cour ovale, à côté de laquelle il y a deux baffes-cours, avec des écuries, remifes & cuifines, & un corps de logis, cour & jardins, & deux ailes fur la cour ovale. Malgré la bizarrerie de cette forme, les chambres qui compofent les appartemens font d'une forme réguliere. La façade de l'hôtel eft décorée de pilaftres compofites, qui comprennent deux étages. L'entrée de la cour eft ornée d'un ordre ionique.

M. de Boffrand fit encore bâtir l'hôtel d'Argenfon à Paris, dont l'entrée eft par la rue des Bons-Enfans. Le principal appartement a vue fur le jardin du palais royal. Cet édifice vient d'être réparé par M. Wailly, architecte du roi, qui en a tiré le plus grand parti, malgré la petiteffe de l'emplacement. Cet hôtel eft une preuve convaincante de ce que j'ai dit dans la préface du tome premier, qu'un ordre d'architecture exige une certaine dimenfion, pour produire un grand effet, & ne pas reffembler à un modele. Le plafond du fallon, qui a été confervé, eft de Coypel, premier peintre du roi & de monfeigneur le régent de France. Il paffe pour un des plus beaux ouvrages de cet artifte.

Le château de Cramayel, à fept lieues de Paris, a été conftruit en partie fur les deffins de notre architecte. Il eft plus connu par la beauté de fes avenues, des avants-cours & des jardins potagers, que par fon architecture. C'étoit un bâtiment très-ancien, que M. de Boffrand a trouvé le moyen de rendre très-commode.

Le château d'Aroué en Lorraine, appartenant au prince de Craon, eft du même architecte. Quoique cet édifice foit moderne, il a été flanqué de tours rondes, qui ont été élevées fur les fondations de l'ancien château. Les façades du principal corps de logis, qui donnent fur les premieres cours & fur le jardin, font ornés d'un ordre ionique au rez-de chauffée, & d'un ordre corinthien au premier étage. On voit devant les ailes du château un périftyle de colonnes ioniques, qui conduifent à couvert au principal corps de logis.

M. de Boffrand bâtit encore un palais à Nanci, pour le même prince, fur une place nommée les carrieres. La face principale eft décorée d'un avant-corps, où l'on voit fept pilaftres d'ordre corinthien, qui portent un entablement couronné par une baluftrade, dont les acroteres font chargés de vafes.

M. de Boffrand a donné le deffin de quelques portes d'hôtel, à Paris; telles que celles de l'hôtel de Villars, du palais du petit luxembourg, & de l'églife de la Merci. Ce dernier portail eſt compoſé de deux ordres d'architecture, dont le premier qui eſt corinthien, a été élevé en même tems que l'égliſe. Comme l'architecte étoit gêné par le peu de largeur de la rue, il a imaginé d'employer des colonnes ovales, engagées d'un tiers de leur petit diametre, dans l'épaiſſeur de la façade; licence que rien n'excuſe. Le ſecond ordre, qui eſt compoſite, a été élevé par M. de Boffrand. Cet artiſte bâtit quelque tems après la réſidence de Wurtzbourg, c'eſt-à-dire, le palais de l'évêque de cette ville, qui tient le premier rang dans le cercle de Franconie. Le premier projet en avoit été fait par M. Neuman, célebre architecte Allemand. M. de Boffrand n'y fit que quelque légers changemens (1). Ce vaſte édifice a cent toiſes de long, ſur cinquante toiſes de large. On y voit

---

[1] M. de Boffrand rapporte à propos de ce palais, une maniere de faire les plafonds preſqu'auſſi bonne qu'avec le plâtre dans un ſens, mais ſupérieure de beaucoup dans un autre. Je l'avois vu pratiquer en Pologne, à Lébartow, dans le Palatinat, de Lublin, dans le palais de ſon alteſſe, madame la princeſſe Sangutzko, grande maréchale de Lithuanie. On forme une eſpece de claie avec des petits roſeaux bien ſecs, & du fil de fer que l'on cloue contre le plancher. On la recouvre enſuite avec de la bourre mêlée avec de la chaux, & enfin avec de la chaux ſans autre mélange que l'eau. Les ornemens ſe moulent aſſez bien, & le bois ne s'échauffe jamais comme ſous le plâtre, & ſe conſerve très-long-tems.

une cour d'entrée, un corps de logis double entre la cour & le jardin, qui occupe une partie des remparts de la ville, deux corps de logis en aile sur la cour, deux autres corps de logis formant les faces latérales de ce bâtiment, entre lesquels & les murs ou ailes sur la cour d'entrée, il y a de chaque côté deux cours renfermées par des corps de logis. La cour d'entrée est séparée, par une grille, d'une grande place formée par les maisons des particuliers. Le corps qui forme le milieu de ce palais, est décoré de colonnes & de pilastres doriques, au rez-de-chaussée. L'ordre ionique regne au premier étage, & le corinthien embellit le second. Ce corps de bâtiment est terminé par un gros dôme quarré, accompagné de quatre autres plus petits, qui couronnent autant d'avant-corps, dans cette longue façade. Ce palais seroit un des plus beaux d'Allemagne s'il étoit achevé. Les décorations extérieures & intérieures de l'hôtel de Soubise, sont du même architecte. Elles tiennent de ce goût de rocailles & de cartouches sans forme, qui régnoit alors.

L'édifice qui fait le plus d'honneur à M. de Boffrand, est sans contredit l'hôpital des enfans trouvés, à Paris. Le style en est simple & noble tout à la fois. On vante sur-tout l'entablement qui le termine. La chapelle est célebre par ses peintures, qui sont de M. Natoire, peintre du roi, & directeur de son académie à Rome. L'architecture a été peinte par M. Brunetti, décorateur & peintre Italien. Le sujet est la nativité de Jesus-Christ. Les deux artistes célebres que je viens de nommer, ont supposé que la Vierge & saint Joseph avoient choisi pour asyle un ancien palais, presque tout ruiné. On excuse ce défaut de vraisemblance, en faveur des beautés pittoresques que cette idée a fournies.

M. de Boffrand fit voir, dans la construction du puit de Bicêtre, toutes les ressources de son imagination. L'eau, si nécessaire à un grand établissement, manquant presque entiérement, on étoit obligé d'aller la chercher à la riviere de Seine, qui en est à plus de demi lieue. Ce puits si fameux, construit par notre artiste, a seize pieds de diametre, sur vingt-huit toises de profondeur. Il faut lire dans l'ouvrage même de M. de Boffrand (1), page 70, tous les détails de la construction, qui éprouva tant de diffi-

_____

[1] Les ouvrages d'architecture de M. de Boffrand dont nous avons beaucoup profité pour l'analyse des bâti-

cultés.

cultés. Je me contenterai de décrire la machine qui sert à élever l'eau dans le réservoir, pouvant avoir son application dans tout autre puits profond. Elle est dans un manege octogone de trente-six pieds de largeur dans œuvre, au milieu duquel est un arbre debout, auquel huit bras sont assemblés. Il suffit cependant d'y atteler quatre chevaux, à moins qu'en cas de besoin on ne voulût forcer le travail. Au haut de l'arbre debout est un tambour de six pieds de diametre, sur lequel tournent deux cables, dont l'un file & l'autre défile, & qui passent sur deux poutres, de quatre pieds de diametre, au dessus du puits. Au bout de ces deux cables, il y a deux sceaux contenant chacun quatre muids, dont l'un descend à mesure que l'autre monte. Comme leur volume est trop gros pour pouvoir se renverser dans le puits, pour être rempli, ils sont percés dans le fond, & se remplissent par quatre soupapes de cuivre. Lorsque ces sceaux sont au-dessus du puits, ils y sont accrochés par des crochets de fer, qui les font pencher en

---

mens que cet architecte laborieux a construits, forment un gros vol. in-folio, publié à Paris, en 1755, chez Cavelier, rue saint Jacques; ils sont écrits en François & en très-bon latin.

montant, pour qu'ils se vuident dans le réservoir, d'où, par des tuyaux de plomb laminés, il fournit de l'eau dans tous les endroits de la maison où elle est nécessaire. Le grand réservoir a soixante-quatre pieds en quarré, & neuf pieds de profondeur. Il contient quatre mille cinq cens muids.

Comme M. de Boffrand étoit ingénieur en chef, & inspecteur des ponts & chaussées de France, il fit construire beaucoup de canaux, d'écluses, de ponts, parmi lesquels on distingue celui de Sens, qui est en pierre, & le pont de Monterau-faut-Yonne, qui est en bois. Cet architecte publia, indépendamment de son grand ouvrage sur l'architecture, dont j'ai parlé, un mémoire latin & françois, contenant, dans le plus grand détail, tout ce qui avoit été pratiqué pour fondre d'un seul jet, la statue équestre de Louis XIV. Cette description a été, de nos jours, de la plus grande utillité. Lorsqu'il fut question de fondre la statue équestre de Louis XV, pour la ville de Bourdeaux, tous les fondeurs qui avoient travaillé à celle de Louis XIV, n'éxistoient plus. Ce mémoire servit de guide à M. Varin, & à M. Lemoine. M. de Boffrand avoit une maniere de penser noble & désintéressée. Il étoit agréable dans la conversation, & son caractere étoit doux & facile. Cet artiste célebre, qui excelloit sur-tout dans la distribution, termina sa carriere à Paris, le 18 mars 1754. Il étoit doyen de l'académie d'architecture, pensionnaire du roi, premier ingénieur, inspecteur général des ponts & chaussées de France, & administrateur de l'hôpital général.

Nicolas Servandoni, né en 1795, & mort en 1766.

Cet artiste célebre, dont l'Europe vit les travaux avec étonnement, naquit à Florence, le 2 mai de l'année 1695. Son style en architecture fut toujours grand & noble; & son goût pour les décorations & pour les fêtes, fut tel que les princes seuls pouvoient dignement l'occuper. Il s'attacha d'abord à la peinture, qu'il cultiva avec le plus grand succès. Ses tableaux de ruines & de paysages décorent aujourd'hui les cabinets des curieux. C'est à cet art si noble & si difficile en même tems, qu'il dut tout ces effets pittoresques, qui font le charme de ses compositions. M. Servandoni étudia l'architecture à Rome, sous les meilleurs maîtres, & s'attacha particuliérement à l'étude des anciens monumens. Il n'avoit alors d'autre vues que d'être en général plus correct que ne le font les peintres de ruines & d'architecture, genre qu'il paroissoit avoir embrassé. La réputation de cet artiste, qui travailla plus pour la gloire que pour sa fortune se répandit de bonne heure. Entraîné par le goût des voyages, il passa en Portugal, où il peignit des décorations pour l'opéra Italien, & donna le projet de différentes fêtes. Le succès passa son attente. Il fut décoré de l'ordre de Christ; de-là vint qu'on ne l'appella plus que le chevalier Servandoni.

Arrivé en France, il se présenta, comme peintre de paysages, à l'académie, qui le reçut avec le plus vif empressement. Son tableau de réception fait encore un de ses plus beaux ornemens. Cet artiste donna ensuite des dessins de décoration, où il déploya l'élévation de son génie, & ses talens pour l'architecture. Il eut l'honneur d'être architecte décorateur du roi. Plusieurs autres souverains, tels que les rois d'Angleterre, de Portugal & de Pologne, lui accorderent le même titre, ainsi que le duc regnant de Wirtemberg, qui l'employa le plus fréquemment de tous. Personne n'ignore que ce prince, amateur des arts a souvent rassemblé les plus grands hommes de l'Europe, pour donner à Stugard des fêtes & des spectacles, qui eussent fait honneur à

Louis XIV. L'Europe entiere accouroit, pendant un tems, dans la capitale.

Il est dommage qu'on n'ait pas recueilli les œuvres de M. Servandoni, pour les faire graver. Peut-être balanceroient-elles la gloire de Bibiena Galli, & celle de plusieurs autres décorateurs célebres. M. Servandoni le fils, qui cultive la peinture avec succès, doit ce tribut aux mânes de son pere, & à la postérité. Combien d'idées heureuses & grandes ne feroient elles pas naître. Comme les matériaux nécéssaires pour donner une idée des talens de ce grand homme, nous ont manqué, quelques recherches que nous ayons fait! Nous nous contenterons de donner la liste de ses ouvrages, telle qu'elle est dans le Nécrologe. Nous y joindrons seulement quelques réflexions sur les monumens de cet artiste, qui nous sont le plus connus.

1°. Le grand portail de saint Sulpice, qui est d'un goût noble & mâle, où l'on remarque trois ordres; savoir, le dorique, l'ionique, & le corinthien (1).

(1) On doit sçavoir que pour juger des proportions d'un édifice, il faut être à une distance égale à sa hauteur & à sa largeur. Si elle est par exemple de vingt toises, l'œil du spectateur doit être éloignée de vingt toises du pied de l'édifice, afin que les rayons puissent en embrasser toutes les parties. Dans cette position, l'œil du spectateur sera le sommet d'un triangle équilatéral, qui aura pour base la largeur de ce bâtiment.

Il lui manque une place aſſez vaſte pour ſaiſir toutes les beautés de l'enſemble. Elle ſe trouve dans le projet de M. Servandoni. Cette entrepriſe lui fut adjugée au concours, qui ſe fit en 1731 à cette occaſion.

2°. Une partie de la même égliſe, la tribune des orgues, qui eſt ſoutenue par des colonnes corinthiennes, & la décoration de la chapelle de la Vierge, ſont de cet artiſte.

3°. La porte d'entrée de la maiſon de l'Enfant-Jeſus, où l'on éleve un certain nombre de jeunes demoiſelles de condition, peu favoriſées de la fortune, rue & barriere de Vaugirard.

4°. L'égliſe paroiſſiale de Coulanges en Bourgogne.

5°. Le grand autel de la cathédrale de Sens, au deſſus duquel eſt un baldaquin, ſupporté par quatre colonnes de marbre, & enrichi de bronzes dorés. L'élévation de ce monument eſt de ſoixante & dix pieds.

6°. Le grand autel des Chartreux, à Lyon. L'égliſe de ces religieux, qui eſt une des plus belles de cette ville, a eté conſtruite dans ce ſiecle, par feu M. de la Monce, architecte habile (1). Ses talens

_____
(1) M. de la Monce a fait conſtruire dans cette ville le portail & une partie de l'égliſe collégiale de ſaint Juſt, où

sont restés enfouis dans la province, malgré les bonnes études qu'il avoit faites en Italie.

7°. Le grand escalier de l'hôtel du cardinal d'Auvergne, rue de l'université, à Paris.

8°. Une chapelle isolée, en forme de rotonde, chez M. de la Live, ci-devant introducteur des ambassadeurs, rue neuve du Luxembourg.

9°. Une rotonde en forme de temple antique, avec douze colonnes corinthiennes, pour M. le maréchal de Richelieu, près de Paris. Il s'agissoit de faire une glaciere, notre artiste en fit un objet de magnificence ; tout autre n'auroit bâtit qu'une hutte.

10°. Une fontaine ornée de colonnes, pour le cloître de sainte Croix de la Bretonnerie, à Paris.

11°. Une place bâtie en 1754, sur l'un des côtés de l'église saint Sulpise. La grande maison qui environne la plus grande partie, est d'un très-bon genre. L'escalier, sur-tout, étonne les connoisseurs, par son hardiesse.

---

l'on remarque un grand style ; la porte d'entrée de l'Hôtel-Dieu, un petit port sur le Rhône, dans le goût de celui de Ripette à Rome. Cet artiste donna encore un beau projet pour le même hôpital, que M. Souflot a fait achever.

12°. Une jolie maiſon de plaiſance à Balaine, à quatre lieues de Paris.

13°. Une maiſon de campagne à Vaugirard, pour le délaſſement des prêtres de la communauté de ſaint Sulpice.

14°. On a éxécuté, d'après ſes deſſins, le grand eſcalier du palais neuf, à Madrid. M. Servandoni bâtit encore pluſieurs édifices conſidérables à Bruxelles pour M. le marquis de Leyde, & pour, les ducs d'Aremberg & d'Urſel. On a du même artiſte, plus de ſoixante décorations au théatre de l'opéra de Paris, dont il eut la direction pour cette partie, pendant dix-huit ans. M. Servandoni en fit un grand nombre pour les théatres de Londres & de Dreſde.

On obſervera, pour donner une idée de la magnificence des ſpectacles qu'il donna dans les pays étrangers, que dans un opéra où il s'agiſſoit du triomphe d'un conquérant, il fit paroître ſur la ſcene plus de quatre cents chevaux, qui firent leurs évolutions avec la plus grande facilité. On lui permit de donner à ſon profit, des ſpectacles en ſimples décorations, pendant le carême. Le théatre du roi, appellé la ſalle des machines, au palais des tuileries, l'un des plus beaux de l'Europe, fut conſacré à cet uſage. L'objet du gouvernement étoit, qu'il ſe formât des éleves dans ce genre.

On se ressouvient encore du plaisir que cet artiste procura dans la Descente d'Énée aux enfers, & dans la Forêt enchantée, sujet tiré du Tasse.

M. Servandoni construisit, quelque tems après, un théatre au château de Chambord, pour le maréchal de Saxe. Il donna encore les desseins & le modele du théatre royal de Dresde, commencé sous le regne d'Auguste III, & interrompu par la derniere guerre. Indépendamment de ce grand nombre d'édifices, on trouve encore, chez les curieux de Paris & de Londres, une grande quantité de tableaux d'architecture & de ruines.

M. Servandoni, de même que la plupart de ses compatriotes, avoit un goût singulier pour les fêtes. Des circonstances particulieres le mirent souvent à portée de faire briller ses talens dans ce grand genre. Il fut chargé des fêtes que la ville de Paris donna sur la riviere de Seine, pour la naissance de Monseigneur le Dauphin. Elles furent des plus belles, & des plus complettes.

Le même artiste en donna une pour le même sujet, à Saint-Germain en Laye, aux frais de M. le marechal de Noailles, & une autre fête à l'hôtel de ville, pour la paix conclue en 1739. M. Servandoni donna une autre fête à Sceaux, pour

V v

Madame la duchesse du Maine. Il fut encore chargé de celle que la ville de Paris donna pour le mariage de Madame Premiere de France, avec l'Infant Dom Philippe. On ne peut rien comparer à sa magnificence. Il suffira de dire, que le pont neuf, & tout le bassin, jusqu'au pont royal, étoient décorés. Le roi & toute sa cour honorerent cette fête de leur présence, & plus de 800000 spectateurs purent y assister commodément.

La réputation de notre artiste étoit si grande pour les fêtes & pour les décorations de théatre, que l'on s'adressoit à lui de tout le royaume, & même de toute l'Europe. Il donna la belle fête pour le mariage de M. le président Molé, & celles que les villes de Bayonne & de Bordeaux donnerent à Madame l'Infante d'Espagne, lors de son arrivée en France, en 1739; & pour le passage de Madame la premiere Dauphine. M. Servandoni fut appellé en Angleterre pour le feu d'artifice, & pour les fêtes qui se donnerent à Londres, en 1749, pour l'avant-derniere paix. Le feu a été gravé, de même que celui du mariage de l'Infant Dom Philippe.

Les Anglois établis à Lisbonne, chargerent cet artiste célebre, de donner une fête, pour une victoire remportée à Culloden, en Ecosse, par M. le duc de Cumberland. Le roi de Portugal l'employa très-souvent, & il eut l'honneur de lui présenter plusieurs dessins de palais, & différens modeles. Il en avoit un grand nombre pour le feu prince de Galles, pere du roi d'Angleterre, actuellement regnant. La mort de ce prince en empêcha l'exécution.

M. Servandoni dirigea les fêtes magnifiques que la cour de Vienne donna pour le mariage de l'empereur, pour lors archiduc, avec l'Infante de Parme. Le duc régnant de Wirtemberg, l'employa long-tems à Stugard, pour les fêtes qu'il y donna, comme on l'a déja remarqué, & pour les décorations de son théatre. Elles font aujourd'hui l'étonnement des connoisseurs.

Notre artiste donna un magnifique projet pour la place de Louis XV, à Paris, entre les tuileries & les champs élisées. Cette place, qu'il destinoit pour les fêtes publiques, auroit pu contenir facilement sous les galeries & les péristyles, plus de vingt-cinq mille personnes à couvert, sans compter un peuple immense dans son enceinte. Elle devoit être ornée de trois cents soixante colonnes, tant grandes que petites, de cinq cents vingt pilastres,

& l'on y auroit compté cent trente-six arcades, tant extérieures qu'intérieures.

Le chevalier Servandoni proposa encore des fêtes pour la derniere paix. Le projet étoit immense, & même impossible à exécuter, à cause des sommes prodigieuses qu'il eût fallu y employer.

On croiroit, à l'inspection de la quantité d'ouvrages dont fut chargé notre artiste, qu'il auroit dû laisser une fortune immense; malgré tous ces avantages, il n'a pas laissé de richesses. Il ne connut jamais la nécessité de l'économie. Sa prodigalité annonçoit même un homme extraordinaire. Lorsqu'il étoit en partie avec ses amis, il lui arrivoit souvent de traiter des inconnus, & tous les voisins de l'auberge. Il vouloit que tout le monde partageât sa joie & ses plaisirs. Quoique dans l'ordre moral la prodigalité soit un défaut, elle cause cependant moins de maux qu'une avarice sordide. L'homme prodigue répand ses richesses, les fait circuler, excite l'industrie, en voulant satisfaire tous ses goûts. L'avare, qui est toujours un génie étroit & borné, arrête la circulation, enfouit tout. La cause de ses deux extrêmes est dans la constitution des individus où ils se trouvent. L'homme de génie, connoissant ses forces & ses ressources, ne doute de rien, & ne ménage rien. L'homme borné se rend justice vis-à-vis de lui-même. Il craint sans cesse que les richesses ne lui échappent; étant persuadé que l'insuffisance de ses lumieres le mettroit hors d'état d'en acquérir de nouvelles. Il ne trouve de moyens, que dans une lésine sordide. Ces raisons qui paroissent démonstratives, servent à expliquer l'avarice des enfans, celle des femmes, des vieillards ; surtout des vieux célibataires, & autres êtres foibles & isolés. Elles expliquent encore la générosité des militaires & des marins, qui, sans cesse exposés à perdre tous ce qu'ils possedent, y attachent peu de valeur. L'homme prudent se garantit cependant des extrêmes, & se rappelle sans cesse ce sage conseil d'Horace:

Est modus in rebus, sunt certi deniquè fines;
Quos ultrà, citràque nescit consistere rectum.

M. Servandoni se maria en Angleterre, & mourut à Paris, le 19 janvier de l'année 1766, regretté de tous les artistes, & de tous ceux qui l'avoient connu. Il justifie pleinement les Florentins, de la lésine dont on les accuse. C'est une vraie perte pour les arts, qu'on ne rassemble pas ses projets, qui doivent se trouver encore dans les cabinets des princes & seigneurs qui employerent les talens de ce grand homme.

Le marquis Jérôme Theodoli, né en 1677, & mort en 1766.

Il naquit à Rome, d'une famille noble, & fut versé dans les sciences & dans la connoissance des belles-lettres. Il apprit l'architecture, sans maître, en lisant les meilleurs livres qui traitent de cette science, & devint également habile dans la théorie & dans la pratique.

Ce marquis voulut avoir des éleves, & choisit des jeunes gens, en qui il appercevoit beaucoup de talens, & les instruisoit avec beaucoup de douceur & de patience. Sa théorie étoit très-bonne, & ses principes excellens. Il aimoit les figures contournées & pleines d'angles, & les ornemens lourds & pesans. La contradiction dans laquelle il tomboit avec lui-même, s'étendoit jusques au sentiment qu'il portoit sur les ouvrages d'autrui : c'est pourquoi ses éleves, qui s'en étoient apperçus, blâmoient tout ce qu'ils vouloient qu'il approuvât.

Le marquis Theodoli bâtit à Rome l'église de saint Pierre & de saint Marcellin, qui eſt d'aſſez bonne architecture. Sa façade renferme un ordre de pilaſtres ioniques, & fait pluſieurs reſſauts inutiles. On y voit entre autres, une fenêtre dans le milieu, qui eſt ſinguliérement tourmentée. Le plan de cette égliſe eſt une belle croix grecque, couverte dans le milieu par une coupole d'une forme agréable. La partie extérieure de ce dôme eſt en forme d'eſcalier : on ignore la raiſon de cette ſingularité, dont on voit cependant un exemple dans une partie de la voûte du Pantheon. L'ordre ïonique regne dans l'intérieur de cette égliſe, au deſſus d'un ſoubaſſement qui eſt un peu trop élevé. On y remarque les défauts ordinaires, tels que des pilaſtres pliés dans les angles, des demi-pilaſtres qui ſortent des pilaſtres entiers, des reſſauts choquans, des frontons fatigans, & des autels de mauvais goût.

La forme du théatre d'Argentina à Rome, dont le marquis Theodoli donna le deſſin, eſt aſſez bonne, quoiqu'elle ne ſoit ni elliptique ni circulaire, comme elle devroit l'être. C'eſt une eſpece de fer à cheval, dont les deux côtés qui aboutiſſent aux extrêmités de l'orcheſtre, ſont preſque droits. Ce théatre eſt d'une grandeur ſuffiſante ; mais il ne s'annonce pas d'une maniere avantageuſe par ſes accessoires, tels que les entrées, les escaliers, les corridors & les autres pieces. Sa situation est d'ailleurs très-ingrate. Le marquis Theodoli suivit la construction de ce théatre avec beaucoup d'assiduité. Il n'est pas vraisemblable que le Frediani soit l'auteur du plan de cet édifice, comme le prétendent plusieurs personnes, & que le marquis Theodoli s'en soit attribué la gloire. Il pensoit trop bien, pour être capable d'un pareil plagiat: d'ailleurs, il étoit très en état de faire quelque chose de mieux que cet édifice.

L'église de Vicovaro, le bâtiment du couvent de Notre-Dame des Miracles, qui appartient aux Picpus François, ont été construits sur les desseins de notre artiste.

On peut dire qu'il a été à tous égards un seigneur des plus respectables de Rome. Il étoit très-humain, avoit un bon esprit, & une probité à toute épreuve. Il étoit d'ailleurs très-savant & très-agréable en compagnie. Quoiqu'il fût le dernier de sa maison, & qu'il fût riche, il ne voulut jamais se marier. Il partagea sa vie entre l'étude & la fréquentation des savans & des artistes. C'est ainsi qu'il s'est rendu utile à sa patrie, & qu'il donna une belle leçon à la noblesse. Puisse le ciel qu'elle en profite !

Charles Murena, Romain, *né en 1713, & mort en 1764.*

Cet artiste s'appliqua d'abord aux belles-lettres, à la philosophie, & à la jurisprudence, dans l'intention d'entrer au barreau. Son goût décidé pour l'architecture, l'engagea à étudier cette science, sous Nicolas Salvi. Le cardinal Barberini, son protecteur, l'envoya ensuite auprès du Louis Vanvitelli, qui faisoit alors construire le Lazaret d'Ancone (1), afin qu'il apprît en même tems l'architecture hydraulique. Il fit bientôt de si grands progrès, que Vanvitelli lui confia la conduite des différentes constructions dont il ne pouvoit pas se charger. Ce dernier ayant été choisi par sa majesté le roi des deux Siciles, pour bâtir le superbe palais de Caserte, Murena travailla d'après ses propres idées.

Le premier édifice qu'il fit construire, fut le monastere des Olivetains de Monte-Morcino, à Perouse. Il fit jetter les fondémens de l'église, & la conduisit jusqu'à sa perfection. Il donna le dessin d'un beau tabernacle de bronze,

---

(1) Lieu destiné pour les équipages des vaisseaux, qui viennent d'un port où l'on soupçonne la peste.

doré & enrichi de marbre précieux, pour la cathédrale de Terni, qui fut admiré des connoisseurs. Cet artiste bâtit à Foligno l'église des religieuses de la Sainte-Trinité. Sa réputation s'étant augmentée, il fit construire, à Rome, la belle chapelle de Zampaj, dans l'église de saint Antoine des Portugais. Les ornemens en sont agréables & d'un bon choix, de même que les soutiens de la table du maître autel, sous lequel est une urne ou tombeau, d'une forme très-élégante. Les deux mausolées, qui sont adossés aux murs de côtés de cette chapelle, sont d'un très-bon genre. On demande pourquoi l'artiste a fait soutenir cette urne ou sarcophage par quatre pattes de lion. On peut regarder ce trait comme une licence. Les exemples de pareils caprices sont très-fréquens, & il faut beaucoup de force dans le raisonnement, pour ne pas se laisser entraîner par le torrent. On voit souvent les pieds des tables & des chaises avoir la forme des pieds de certains animaux. Cette licence rappelle cette belle femme d'Horace, dont le corps se terminoit par une queue de poisson. Deux colonnes de marbre, d'ordre ïonique, accompagnent l'autel, & l'on voit, au-dessus de leur entablement, un fronton inutile & surchargé de statues.

Le plan de cette chapelle eſt un quarré long. L'entablement de l'autel affecte cependant une forme concave, ſans qu'on en puiſſe ſavoir la raiſon. Il forme enſuite des angles très-déſagréables à la vue. On voit encore des pilaſtres derriere les colonnes, ſans aucune néceſſité, à moins que l'artiſte n'ait cru que la confuſion qui regne dans un ſi grand nombre de chapiteaux, dût être regardée comme une richeſſe. On voit encore des pilaſtres pliés aux angles de cette chapelle. Les colonnes qui ſont à côté de l'autel, & dont on a deja parlé, ne ſont point ſur des piédeſtaux, mais ſur de petits ſocles qui reſſemblent à celui qui fait le tour de l'égliſe. Il ſemble encore que la table de ce même autel va couper le fuſt de ces colonnes. Quelque parti qu'un architecte prenne, il tombera toujours dans divers inconvéniens, s'il veut employer des colonnes à la décoration des autels qui ne ſont point iſolés. Premierement ces colonnes ne ſoutienent rien. Si elles ſont ſans piédeſtaux, une grande partie de leurs fuſts reſte caché. Si on leur en donne, il faut qu'ils ſoient de la hauteur de l'autel : les colonnes n'ont plus la proportion convenable, & deviennent meſquines.

La ſacriſtie que Murena bâtit à Rome, pour l'égliſe de ſaint Auguſtin, eſt très-belle. Quoique sa figure soit rectangulaire extérieurement, on a rempli ses angles en dedans pour en former une ovale. La voûte est d'une belle coupe ; mais on blâme la trop grande hauteur du soubassement, & les socles, qui sont sur d'autres, pour porter les petits pilastres corinthiens. On pouvoit encore éviter les ressauts de la corniche & les frontons.

Les bâtimens des Chartreux, que Charles Murena à fait bâtir près de sainte Lucie della chiavia, sont très-bien entendus. On admire également la simplicité & la noblesse de la façade, & la distribution des appartemens. On y trouve l'ordre, la commodité, la beauté réunis & combinés avec beaucoup de sagesse.

La chapelle de la famille Bagni, dans l'église de saint Alexis, & le grand autel de saint Pantaleon, sont du même architecte. Ce dernier ouvrage vient d'être achevé par un autre artiste, qui n'a point réussi.

Charles Murena se fit beaucoup d'honneur dans la façade dont il donna le dessin, pour le cardinal de Rochechouard, ambassadeur de France, lorsque ce prélat fut décoré de la pourpre romaine. Notre artiste se fût procuré plus de gloire, par des ouvrages d'une plus grande importance, si une maladie cruelle ne l'eût arraché à la vie, à l'âge de cinquante-un ans.

Charles Murena étoit homme de bien; il avoit l'esprit très-orné, & son goût pour le travail étoit sans exemple; il exécutoit avec beaucoup de promptitude & de célérité. Cet artiste conserva toujours dans son architecture, un style simple & noble; ses projets & toutes ses compositions paroissent bien raisonnés. Il tomba dans quelques abus ordinaires. Il n'eut garde d'adopter les licences & les caprices qui caractérisent la maniere de décorer, aujourd'hui en vogue en Italie.

La vérité, que tous les hommes aiment & détestent, a empêché qu'on ne parlât des artistes actuellement vivans. Le patriotisme m'autorise cependant à terminer cet ouvrage par la vie de deux personnes d'une naissance distinguée, & dont les talens sont encore au-dessus de leur noblesse. Je veux parler du comte Alexandre Pompéi, & du comte Jerôme del Pozzo. Ces deux seigneurs font actuellement l'ornement de Verone, cette ville célebre, qui fut la patrie de Pline, de Catulle, de Fracastor (1), de San-Micheli, de Paul Vero-

---

(1) Fracastor naquit à Verone; & fit des progrès rapides dans les beaux arts & dans les sciences; il cultiva

nese, de Panvini (1), de Noris (2), de Bianchini (3), de Maffei (4), & de tant d'autres personnages illustres.

sur tout la poësie latine & la médecine avec beaucoup de succès. Ce littérateur parloit & écrivoit en latin avec la plus grande pureté. Son poëme intitulé Syphilis, ou de Morbo gallico, est dans le goût des Géorgiques de Virgile. La versification en est riche & nombreuse ; ses ouvrages ont été recueillis & imprimés à Padoue en 1739, en deux vol. in-4°.

(1) Panvini [Onufre], célebre religieux Augustin, naquit à Verone dans le seizieme siecle, & mourut à Palerme en 1568, âgé de trente-neuf ans, après avoir rempli les premieres places de son ordre. Son érudition profonde le fit estimer de tous les savans. Il nous a donnée la vie des papes qui est moins estimée que son ouvrage sur la république romaine, où l'on trouve beaucoup de recherches, de même que dans ses autres écrits.

(2) Noris [Henri] naquit à Verone en 1631, & montra dès son enfance beaucoup d'application à l'étude. Il entra dans l'ordre des hermites de saint Augustin, & ses talens l'éleverent à la pourpre romaine. Ce cardinal, qui mourut en 1704, âgé de 73 ans, passe avec raison pour un des hommes à qui l'Italie doit le plus en fait de littérature. Ses ouvrages, qui sont remplis d'érudition sacrée & profane, ont été recueillis en cinq vol. in-folio, & imprimés à Verone en 1730.

(3) Bianchini [François] naquit en 1662, d'une famille distinguée. Il cultiva les arts & les sciences exactes. Ses concitoyens lui érigerent après sa mort un buste dans leur cathédrale. Ce savant fut secretaire du pape Alexandre VIII, & fonda dans sa jeunesse l'académie des Alétofiles, ou des amateurs de la vérité, à Verone. Cette compagnie s'occupe particuliérement des mathématiques expérimentales.

(4) Maffei Scipion naquit à Verone en 1675, d'une famille illustre ; il parcourut toute la sphere des connoissances humaines, & le catalogue de ses ouvrages ressemble à ce-

Le comte Alexandre Pompei, de Verone, né en 1705.

Ce seigneur montra dès l'âge le plus tendre, de grandes dispositions pour le dessin, quoiqu'il n'eût jamais eu l'occasion de voir peindre ni dessiner. Presque tous les enfans ont le même goût, étant naturellement portés à imiter. Dès qu'ils peuvent avoir un charbon, une pointe ou une plume, ils se mettent à griffonner. Le pere du comte Pompei étant mort lorsqu'il étoit encore au berceau, sa mere se chargea de son éducation, & l'envoya à Parme, au collége des nobles, dès qu'il eut atteint l'âge de douze ans. Tandis qu'il étudioit les belles-lettres, & qu'il acquéroit toutes les connoissances qui entrent dans l'éducation d'un jeune seigneur, il s'appliquoit au dessin. Il apprit en peu de tems à bien dessiner & à manier le pinceau, sous Clement Rusa, éleve du fameux Cignani, & bon

---

lui d'une bibliotheque. Cet homme célébre mourut en 1755. Ses compatriotes avoient pour lui la plus grande considération. Ses opinions faisoient loi à Vérone. Personne n'ignore cette inscription énergique au Marquis Scipion, Maffei vivant, mise au bas de son buste, qu'il trouva à son retour à Verone, placé à l'entrée d'une des salles de l'académie. Le Marquis Maffei tenta de réformer le théatre de sa nation, & composa sa Mérope, tragédie qui eut le plus grand succès.

peintre, qui avoit été jadis attaché à la cour de Naples. Comme cet artiste ne voulut point aller à Madrid, il jugea à propos de se retirer à Parme, où il vit encore, dans un âge très-avancé.

Le comte Pompei étant sorti du college, n'alla point augmenter le nombre des inutiles, après avoir fait ce perfide raisonnement : je suis d'une naissance distinguée, & je jouis d'une fortune considérable ; il faut donc que je croupisse dans l'oisiveté. Ce seigneur, loin de perdre de vue les bons principes qu'il avoit reçus, n'alla point de tourbillon en tourbillon, pour partager son tems entre les intrigues des femmes & les plaisirs. Il sentit ce que tout homme qui pense doit connoître ; savoir, que l'homme est né pour aimer & servir l'Etre suprême, & pour travailler, c'est-à-dire, pour se rendre utile à lui-même, & à ses freres. Le travail est un devoir indispensable de l'homme qui vit en société ; le riche comme le pauvre, le noble comme le roturier, est un membre inutile, s'il vit dans la paresse. Un proverbe très-sage nous dit, qu'en ne faisant rien, on apprend à mal faire. *Col nulla fare s'impara a mal fare.*

Le comte Pompei cultiva donc son esprit, en s'attachant à l'étude des sciences,
&

& se mit à peindre, sous le fameux Antoine Balestra. Après avoir copié longtems ses plus beaux ouvrages, il peignit des sujets de son invention. Cet exercice agréable lui a toujours tenu lieu d'amusement, & emploie encore aujourd'hui son loisir.

Le comte Pompei, ayant été obligé en 1731 de faire rebâtir entiérement le palais qu'il avoit dans sa terre d'Illagi, & ne trouvant aucun architecte à Vérone, qui fût digne de sa confiance, il se mit à étudier l'architecture. Les bons livres lui servirent de maîtres, de même que les réflexions judicieuses qu'il fit sur les préceptes qu'ils renferment. Verone & l'Italie acquirent par-là un très-bon architecte, également versé dans la théorie & dans la pratique. Le comte Pompei donna en 1735, un ouvrage au public, intitulé *les cinq ordres d'architecture civile, selon Michel de San-Micheli,* qui fait autant d'honneur à son auteur qu'il est utile aux artistes. On y remarque, surtout un patriotisme très-convenable, en faisant connoître le mérite d'un de ses concitoyens. Ce dernier n'a rien écrit sur l'architecture; mais il a beaucoup bâti sur-tout à Vérone. Le marquis Pompei a tiré, des édifices qu'il a fait construire, les cinq ordres qu'il a employés, & les a comparés avec les ordres qui ont été employés par les flambeaux de l'architecture, Vitruve, Leon-Baptiste Alberti, Serlio, Palladio, Scamozzi & Vignole. Notre auteur nous met sous les yeux, avec beaucoup de méthode, tout ce que les architectes de la premiere claffe, qui font tous Italiens, ont penfé de mieux fur cet objet. On trouve encore dans cet ouvrage l'abrégé de la vie de ces grands hommes, & tous les ornemens qu'une vafte érudition fobrement employée peut y ajouter. Les fréquentes forties que le comte Pompei fait contre les caprices qui infectent de nos jours l'architecture, ne font pas le moindre mérite de fon livre. Mais hélas! fes foins & fon zele font inutiles. Le mauvais goût s'eft emparé des architectes Italiens ; & l'ouvrage même du comte Pompei, qui devroit être entre les mains de tout le monde, eft abfolument inconnu à Rome. Il femble que l'Italie doive fe contenter d'avoir jadis éclairé toutes les nations, & d'avoir fait les principales découvertes dans les arts & dans les fciences. Elle ne rougit pas d'être aujourd'hui la derniere.

Le livre dont on vient de parler, & le palais d'Illagi, qui a mérité le fuffrage de tous les connoisseurs, ont procuré au comte Pompei la réputation d'un très-bon architecte, & en ont fait un citoyen utile. Ce seigneur a bâti deux palais très-bien entendus, où l'on voit des arcades ornées de rustiques ou bossages l'un pour le marquis Piadémonti, dans sa terre Del-Vo, dans le territoire de Verone; & l'autre dans la terre de Pessino, pour le comte Giuliari. L'église que l'on voit hors du village de Sanguinetto, qui est ronde en dehors, & octogone en dedans, est encore du comte Pompei. Comme elle répond à trois chemins différens, elle a trois façades égales. Le même seigneur a encore bâti un très-beau dortoir, avec un magnifique escalier, pour les religieuses de saint Michel en campagne, & leur a donné un plan pour leur église, qui n'a point été exécuté. Ces religieuses se sont contentées de faire réparer l'ancienne église. Les différens édifices que nous avons nommés ont été bâtis à la campagne.

Le comte Pompei a été beaucoup plus employé à Verone; il y a bâti un vaste édifice, qui sert de douane pour toutes les marchandises qui viennent d'Allemagne. On voit au milieu de ce bâtiment une grande cour, qui a deux cents vingt palmes de long, sur une largeur proportionnée ; elle est environnée de deux galeries : l'une & l'autre sont soutenues par des colonnes de la même pierre que celle de l'entablement. On trouve autour de cette cour quarante-huit grands magasins pour la commodité des marchands, & quatre beaux escaliers aux angles de cette douane. Il y a à l'entrée un vaste portique d'ordre dorique, qui est soutenu par huit colonnes de pierre, qui sont très-élevées. La façade de cet édifice, qui donne sur les jardins du marquis Spolverini, où l'on voit un vestibule au milieu de quatre colonnes ioniques cannelées, est du même architecte.

Le marquis Scipion Maffei, voulant placer autour de l'académie Philharmonique, composée d'amateurs de musique, les monumens & les inscriptions antiques qu'il avoit ramassés, pria le comte Pompei de lui faire bâtir le portique qui les renferme. Ce seigneur lui donna le plan de celui qui est exécuté, plutôt pour répondre aux vues de ce savant, que pour suivre son génie, qui est naturellement porté pour les choses plus grandes & plus majestueuses. Le comte Pompei donna encore le dessin de la bibliotheque des révérends peres Franciscains de Bergame. Il n'y a qu'un très-petit nombre d'années qu'on éleva à Verone la façade de l'église de saint Paul, sur le champ de Mars, d'après les plans qu'il en avoit donnés. Le piédestal de marbre, qui est sur la place, de même que les colonnes & les pilastres qui décorent la petite place qui est devant le palais du comte Pellegrini, sont encore du comte Pompei. Ses compatriotes tirerent un parti très-avantageux de ses talens, dans les différens édifices qu'ils eurent à construire, soit à Verone, soit dans son territoire.

Quoique la mort de son frere aîné ait obligé ce seigneur à se charger, depuis quelques années, du poids de ses affaires, & malgré que ses nouvelles occupations l'aient un peu détourné du dessin & de la peinture, il s'emploie cependant d'une maniere utile pour la patrie. La ville de Verone l'a choisi pour président de l'académie de peinture que l'on vient d'y établir. Ce seigneur, qui la dirige avec tant de prudence, fait enforte que la jeunesse & les artistes de Verone en retirent les plus grands avantages.

Le Comte Jérôme del Pozzo, de Verone, né en 1718.

Le caractere le plus accompli, les talens les plus rares, & la meilleure éducation fe trouvent réunis dans ce feigneur. Il apprit les belles-lettres & la philofophie fous deux freres fameux ; fçavoir, Dom Pierre & Dom Jerôme Ballerini. Il ne fuffit pas d'avoir eu des maîtres célebres ; on n'étudie fouvent fous eux que par vanité, & l'éducation qu'on en reçoit n'a tout au plus qu'une belle apparence. On ne voit que trop fouvent des éleves ignorans fortir des meilleures écoles, & qui difent alors un éternel adieu à tous les livres. Il n'en fut pas de même du comte del Pozzo ; l'amour de l'étude lui étoit naturel ; les fciences & les lettres ont toujous fait fes délices ; il s'adonna à l'architecture & au deffin, & réuffit finguliérement dans ces deux arts, fans jamais avoir eu de maître. Il en a été de même de la plupart de ceux qui ont brillé dans la carriere qu'ils ont fuivie. En effet, à quoi fervent les maîtres, après les excellens ouvrages que nous avons fur l'architecture ? Voici les principaux profeffeurs dont le comte del Pozzo prit des leçons, Vitruve, Palladio & Scamozzi. Il obferva avec beaucoup d'attention les anciens monumens ; il les deffina, en imitant des plans & des elevations qu'on lui avoit prêtés. C'eft ainfi qu'il eft devenu habile architecte. Choqué de la maniere de bâtir, en ufage dans ce fiecle, il a fait les plus grands efforts pour bannir ce mauvais goût, & pour faire revivre la grande maniere des anciens. Ce feigneur a donné l'exemple dans les bâtimens qu'il a fait conftruire, & a recommandé fortement ce précepte dans fes difcours & dans fes écrits.

La charmante maifon de campagne des comtes Triffino, dans le territoire de Vicence, a été bâtie fur les deffins du comte del Pozzo. Elle eft fituée au fommet d'une colline que l'on a applanie pour y planter des jardins délicieux, & pour y bâtir un palais magnifique. Le terrein, malgré fon irrégularité, a été employé avec la plus grande économie, & l'on n'y voit rien que de régulier & de fymmétrique: c'eft en quoi l'on doit admirer le talent de l'architecte.

Le même comte a fait conftruire, d'après fes deffins, une églife affez grande, dans le marquifat de Caftellaro, dans le Mantouan. On y remarque un air de nouveauté, parce que ce feigneur a fait ufage des principes des anciens.

Le comte del Pozzo a fait bâtir plufieurs autres édifices, dans la feule intention d'obliger fes amis.

Il fit conftruire en 1735 un petit théatre, à la follicitation de plufieurs dames, &

de quelques jeunes cavaliers qui vouloient jouer la tragédie. Si l'on en eût excepté les décorations, tout le reste fût imité des anciens, & adapté à l'emplacement qu'on lui donna, c'est-à-dire à la grande salle de l'académie philharmonique de Verone. On voit l'élevation de ce théatre à la tête de la tragédie intitulée il *Medo*, qui fut imprimée & jouée dans la même année. Son altesse électorale de Baviere, membre de cette académie, voulut bien en accepter la dédicace. Cette nouvelle forme de théatre fut généralement applaudie. Le plan & les élévations furent présentés à ce prince, qui les accepta & les fit mettre parmi les desseins des plus grands maîtres, qu'il conserve dans son cabinet. Cet électeur, qui aime & protege les arts, fit remettre à l'auteur une belle tabatiere d'or, enrichie de diamans, pour lui prouver sa reconnoissance.

Le comte del Pozzo, dans la seule intention de plaire à miladi Weight, avec laquelle il étoit très-lié, pendant le long séjour qu'elle a fait à Verone, composa un traité intitulé: *Degli ornamenti dell' architettura civile, secondo gli antichi*. C'est-à-dire: des ornemens de l'architecture civile selon les anciens. Cet ouvrage a non-seulement le droit de plaire, à cause de la profonde érudition que son auteur y a répandue, selon son projet, mais il peut encore servir d'élémens à quiconque veut apprendre l'architecture. En effet, on s'en est déja servi avec le plus grand succès dans une école publique. L'illustre auteur explique en premier lieu tous les noms des différens ornemens de l'architecture, & rapporte leur étimologie. Il passe ensuite aux ornemens même, & rapporte leur origine, & l'usage qu'en faisoient les anciens. Enfin, il parle des abus qui se sont introduits dans l'architecture moderne. C'est ainsi qu'en un très-petit volume, il a sçu renfermer beaucoup de choses, selon M. Algarotti.

In picciol campo, fa mirabil prove.

Quoique cet ouvrage ait mérité les suffrages des savans, quoique les artistes le desirent avec impatience, il n'a point été encore imprimé. Pourquoi priver le public de ce trésor ? Il est vrai que l'Europe est surchargée de livres; mais les bons ouvrages dans tous les genres, sont très-rares. S'il falloit purger les bibliothéques des livres mal faits ou inutiles, les tablettes seroient bien tôt vuides. Le mien n'y tiendroit sûrement aucune place; mais celui dont on vient de parler, en feroit l'ornement, de même que le traité des théatres anciens & modernes, *I Teatri degli antichi e sulla idea d'un teatro adatato all' uso moderno*, qui va sortir de la presse. Ce nouvel ouvrage du comte del Pozzo sera dédié à l'un des principaux souverains de l'Europe; il mérite cet honneur, puisqu'il traite d'un sujet qui fait aujourd'hui le plus grand plaisir de la société, & surtout dans les capitales. Nos salles de spectacles ressemblent à des espèces de catacombes (1), selon quelques personnes; les ouvertures des loges font un mauvais

---

(1) Les catacombes sont des souterreins très-considérables, où les premiers chrétiens s'assembloient en secret, pour réciter les offices de l'église. Ils y enterroient leurs freres dans des ouvertures rectangulaires, qu'ils pratiquoient les unes sur les autres, dans l'épaisseur des murs, & qu'ils fermoient ensuite très-exactement avec une dale de pierre ou de marbre. Leurs épitaphes étoient fort simples, & l'on ne voit pour l'ordinaire que le monograme de Jesus-Christ, avec le nom & le sur-nom du défunt. Lorsqu'il avoit souffert le martyre, on gravoit quelquefois les instrumens de son supplice. Il y a plusieurs endroits de cette nature à Rome, & l'on n'entre plus aujourd'hui que dans celle de saint Sebastien hors les murs. On en voit de pareilles près de Naples, que l'on nomme les catacombes de saint Janvier. La plupart des tombeaux sont ouverts. Il en reste cependant quelques-uns dans les catacombes de Rome, d'où l'on tire ces reliques que le pape accorde par une grace spéciale aux communautés religieuses, ou aux grands seigneurs catholiques. Quelques antiquaires prétendent que les catacombes ne sont autre chose qu'un cimetière public. Il y a quelques autels dans ces souterreins, dont la table & la marche sont ornées de mosaïque, où l'on voit des croix dont le dessin est peu recherché.

effet ; en un mot, ces fortes d'édifices paroiſſent monſtrueux, & incapables de pouvoir allier les commodités qu'on exige de nos jours, avec les regles preſcrites par Vitruve. Il faut eſpérer que les nouvelles idées du comte del Pozzo mériteront leurs applaudiſſemens. Son nom eſt déja connu hors de Verone, & les travaux littéraires le rendront célebre par toute l'europe. L'académie royale de Parme, & l'académie clémentine de Bologne ſe ſont fait un honneur de l'inſcrire parmi leurs membres. Il eſt hors de doute que les académies les plus célelébres de l'europe ſe feroient un devoir de s'aſſocier un ſujet d'un mérite auſſi diſtingué. Ce ſeigneur réunit à toutes les qualités qui peuvent rendre recommandable une perſonne de ſon rang, des mœurs & un eſprit cultivé par les lettres & par les ſciences. Son ſtyle pour l'architecture eſt un mêlange de celui de San-Micheli & de Palladio. Les principaux membres ne ſont jamais interrompus. Les ornemens ſont placés avec choix, & l'on voit regner dans toutes ſes compoſitions l'harmonie, la nobleſſe & la magnificence.

TABLE

DES ARCHITECTES,

contenus dans cet Ouvrage,

Par ordre chronologique.
TOME I.

Trophonius & Agamedes. pag. 14
Dedale. 16
Hermogenes d'Alabanda. 18
Rhycus & Théodorus, sept cent ans avant
   l'ere vulgaire. 20
Eupalinus 20
Spintarus, 550 ans avant l'ere vulgaire. 21
Ctésiphon & Métagenes, vivans cinq
   cents ans avant l'ere vulgaire. 21
Chrisophus. 27
Andronicus. 27
Meticus, Eupolemon & Agapitus. 29
Callimaque. 30
Tarchesius & Argelius. 31
Antistates, Antimachides, Calescros &
   Porinus, 555 ans avant l'ere vulgaire. 31
Mandrocles, 500 ans avant l'ere vulgaire.
   34
Pheaceus, 500 ans avant l'ere vulgaire. 35
Libon, 450 ans avant l'ere vulgaire ibid.

DES ARCHITECTES.

Ictinus & Callicrate.	40
Mnesicles.	47
Polyclete, 420 ans avant l'ere vulgaire.	49
Demetrius, Peonius & Daphesis.	50
Pirron, Léocrate & Ermon, vivans 370 ans avant l'ere vulgaire.	50
Potée, Antisile & Meocle.	50
Satyrus & Pitée, vivans 360 ans avant l'ere vulgaire.	51
Scopas.	53
Philon.	54
Dinocrate.	69
Satyrus & Phenices, 260 ans avant l'ere vulgaire.	72
Sostrate.	73
Cossutius, 200 ans avant l'ere vulgaire.	78
Hermodore de Salamine, 100 ans avant l'ere vulgaire.	80
Satyrus & Batracus.	81
Cayus Mutius, 100 ans avant l'ere vulgaire.	81
Valerius d'Ostie.	82
Vitruve Pollion.	85
Vitruve Cerdon.	89
Cayus Postumius, & Coceius Auctus.	91
Celere & Severe.	93
Rabirius, 80 ans après l'ere vulgaire.	96
Frontin, 100 ans après l'ere vulgaire.	98
Pline le jeune.	99
Mustius.	100
Appollodore.	101

Cayus Julius Lacerus.	106
Detrianus.	107
Antoninus.	111
Hyppias.	ibid
Nicon, *mort en* 161 *de l'ere vulgaire.*	112
Metrodore.	115
Alipius.	116
Ciriade.	117
Sennamar.	118
Entinope de Candie.	119
Aloyſius.	120
Caſſiodore.	122
Leon.	124
S. Germain, *S. Avite & S. Ferreol.*	ibid
S. Dalmaze, *S. Agricole & S. Grégoire de Tours.*	125
Eterius.	126
Antemius.	ibid
Iſidore de Milet.	132
Criſes.	133
Rumaldus, 840 *ans après l'ere vulgaire.*	137
Tietland, *dans le dixieme ſiecle.*	ibid
Buſquetto de Dulichio, *dans le onzieme ſiecle.*	138
Dioti Salvi.	143
Fulbert, *dans le onzieme ſiecle.*	145
Marc Julien, *dans le douzieme ſiecle.*	146
Buono.	ibid
Guillaume ou William.	150
Suger abbé de S. Denis.	152

DES MATIERES.

Marchion, qui vivoit dans le treizieme siecle. *ibid*
Robert de Luzarche. 154
Jean de Chelles, Pierre de Montereau, & Eudes de Montreuil. 155
S. Consalve, S. Pierre Consalve, & S. Laurent. 156
Pierre Amelius, Egidius de Steene, Salomon de Gand, Nicolas de Belle, Lambert de Kenle, & Théodoric. *ibid*
Lapo, mort en 1262. 158
Fucius. 159
Nicolas de Pise. *ibid*
Masuccio, né en 1230, & mort en 1305. 161
Margariton. 162
Marin Bocanera, de Genes. 163
Arnolphe, né en 1232, & mort en 1300. *ibid*
Robert de Covey, mort en 1311. 166
Jean Ravi. *ibid*
Erwein de Steimbac, mort 1305. 167
Hualipa Rimachi Yncas. 169
Jean de Pise. 176
Le Giotto, mort en 1334. 178
Augustin & Ange de Sienne. 180
André de Pise, né en 1270, & mort en 1345. 181
Taddée Gaddi, Florentin, né en 1300, & mort en 1350. 182
Etienne, dit Masuccio II, né en 1291, & mort 1388. 183

André de Cione Orgagna, né en 1329, &
   mort en 1389. 184
Guillaume Wickam, né en 1324, & mort
   en 1404. 186
Philippe Bruneleschi, né en 1377, & mort
   en 1440. 189
Antoine Filarete, Florentin. 203
Michelozzo-Michelozzi, Florentin. 204
Giuliano da Mayano, Florentin, né en
   1377, & mort en 1447. 208
André Ciccione, mort en 1455. 211
Leon-Baptiste Alberti, né en 1398 ibid
Bernard Rosellini, Florentin. 219
Bacio Pintelli, Florentin. 221
Barthelemi Bramantino, Milanois. 221
François de Giorgio de Sienne, né en 1423,
   & mort en 1470. 222
François Colonna, mort en 1510. 224
Aristotile Alberti, de Bologne. 228
Bramante Lazari, d'Urbin, né en 1444,
   & mort en 1514. 231
Julien de San-Gallo, Florentin, né en
   1443, & mort en 1517. 242
Antoine de San-Gallo, frere du précédent,
   mort en 1534. 247
Leonard de Vinci, né en 1443, & mort
   en 1518. 248
Simon Pollajolo, Florentin, dit le Cro-
   naca, né en 1454, mort en 1509. 251
André Contucci, du Mont Sansovino. 254
Raphaël, d'Urbin, né en 1483, & mort en
   1520. 258

DES ARCHITECTES.

Baccio d'Agnolo, Florentin, né en 1460, & mort en 1543. 263
Balthazar Peruzzi, né en 1481, & mort en 1536. 267
Antoine San-Gallo, mort en 1546. 275
Fra Giocondo, de Verone, ou Frere Joyeux. 287
Jean-Marie Falconetto, de Verone é en 1458, & mort en 1534. 292
Pierre Coech, mort en 1551. 295
Jerôme Genga, d'Urbin né en 1476, & mort en 1551. 296
Barthelemy Genga, d'Urbin, né en 1518, & mort en 1558. 297
Micheli San-Micheli, de Verone, né en 1484, & mort en 1559. 299
Michel-Ange Buonarotti, Florentin, né en 1474, & mort en 1564. 319
Jacques del Duca, Sicilien. 395
Jules Pippi, dit Jules Romain, né en 1492, & mort en 1546. 396
Jacques Tatti, dit le Sansovin, né 1479, & mort en 1570. 400

TOME II.

Alexandre Vittoria, né en 1525, & mort en 1608. 1
Sebastien Serlio, de Bologne, mort en 1522. 4
Jean Gougeon & Pierre Lescot. 6

TABLE

François Primatice, de Bologne, né en 1490, & mort en 1570. 7

Philibert de Lorme. 9

Galeas Aleſſi, né à Pérouſe en 1500, & mort en 1572. 13

André-Vanone Lombard. 20

Guillaume Filander, né en 1505, & mort 1565. 20

Pierre Ligorio, Napolitain, mort en 1580. 21

Jacques Barozzio de Vignole, né en 1507, & mort en 1579. 22

George Vaſari, d'Arezzo, né en 1512, & mort en 1573. 35

Pierre de Wit, Flamand, ſurnommé le Blanc. 39

André Palladio, de Vicenze, né en 1508, & mort en 1580. 41

Sebaſtien Doya, né en 1523, & mort en 1557. 70

Bartholomé Ammanati, Florentin, né en 1511, & mort en 1586. 71

Vincent Danti, de Pérouſe, né en 1530, & mort en 1576. 74

François de Volterre, mort en 1588. 75

Rocco Lurago, Lombard, mort en 1590. 76

Frere Jean Vincent Cazali, Servite Florentin, mort en 1593. 77

Louis de Foix. 78

Dario Varotari, de Verone, né en 1539, & mort en 1606. 83

DES ARCHITECTES.

Jacques Androuet du Cerceau. 83
Jean Antoine Dosio, Florentin, né en 1513. 86
Octavien Mascherino, de Bologne. 87
Pellegrino Pellegrini, dit Tibaldi, de Bologne, né en 1522, & mort en 1592. 88
Dominique Tibaldi, de Bologne, né en 1541; & mort en 1583. 93
Jean-Baptiste Bertano, de Mantoue. 94
Bernard Buontalenti, de Florence, né en 1535, & mort en 1608. 94
Jules Parigi, Florentin, mort en 1590. 99
Santi di Tito, né en 1530, & mort en 1603. 100
Dominique Fontana, né en 1543, & mort en 1607. 101
Jean Fontana, né en 1540, & mort en 1614. 126
Jacques de la Porte, Milanois. 128
Vincent Scamozzi, de Vicence, né en 1552, & mort en 1616. 137
Pierre-Paul Olivieri, Romain, né en 1551, & mort en 1599. 148
Jean Caccini, Florentin, né en 1562, & mort en 1612, ibid
Martin-Lunghi Lombard. ibid
Honoré Lunghi, né en 1569, & mort en 1619. 154
Martin Lunghi, mort en 1657. 156
Charles Maderno, né en 1556, & mort en 1629. 159

Flaminio Ponzio, de Lombardie. 171
Jean Flamand, dit *Vasanzio*. 173
Constantin de Servi, Florentin, né en 1554, & mort en 1622. 174
Charles Lombardo, né en 1559, & mort en 1620. 177
Jacques Desbrosses, François. 178
Jean-Baptiste Aleotti, mort en 1630. 179
Louis Cigoli, né en 1559, & mort en 1613. 180
Cornelis Danckers de Ky, d'Amsterdam, né en 1561, & mort en 1634. 184
Paul Guidotti, Lucquois, né en 1569, & mort en 1629. 185
Dominique Zampieri, de Bologne, dit le Dominicain, né en 1580, & mort en 1641. 188
Jean Aicardo, Piémontois, mort en 1625. 191
Jean Coccopani, né en 1582, & mort en 1649. 191
Mathieu Nigetti, Florentin, mort en 1649 193
Inigo, ou *Ignace Jones*, né en 1572, & mort en 1652. 194
Jacques de Bruck, Flamand. 206
Jean-Baptiste Soria, Romain, né en 1581, & mort en 1651. 206
Alphonse Parigi, Florentin, mort en 1656. 208
Barthelemi Bianco, Lombard, mort en

DES ARCHITECTES.

1656. 210

Gherardo Silvani, Florentin, né en 1579, & mort en 1675. 210

Pierre Berrettini, dit Pierre de Cortone, né en 1596, & mort en 1669. 214

François Mansard, de Paris, né en 1598, & mort en 1666. 221

Pierre le Muet, né en 1591, & mort en 1669. 224

Alexandre Algardi, né en 1602, & mort en 1654. 225

Jacques Van-Campen, Hollandois, mort en 1638. 230

François Borromini, né en 1599, & mort en 1667. 233

Louis le Veau, mort en 1670. 244

Jacques Torelli, de Fano, né en 1608, & mort en 1678. 245

Jerôme Rainaldi, Romain, né en 1570, & mort en 1655. 248

Charles Rainaldi, né en 1611, & mort en 1641. 250

Jean Laurent Bernini, né en 1598, & mort en 1680. 257

Claude Perrault, de Paris, né en 1613, & mort en 1688. 305

Jean-Antoine de Rossi, Romain, né en 1616, & mort en 1695. 314

Mathias Rossi, Romain, né en 1637, & mort en 1695. 317

Dom Guarino Guarini, de Modene, né en

1624, & mort en 1683. 320
Pierre Pujet, surnommé le Michel-Ange de la France, né en 1622, & mort en 1694. 323
Nicolas Goldman, né en 1623, & mort en 1665. 340
François Blondel, né en 1618, & mort en 1688. 341
François Picchiani, de Ferrare, mort en 1690. 342
André le Nôtre, de Paris, né en 1613, & mort en 1700. 344
Jules-Hardouin Mansard, né en 1647, & mort en 1708. 347
André Pozzo, né en 1642, & mort en 1690. 351
Augustin-Charles d'Aviler, né en 1653, mort en 1700. 353
Antoine Desgodets, de Paris, né en 1653, & mort en 1728. 356
Ferdinand Galli Bibiena, né en 1657, & mort en 1743. 358
François Galli Bibiena, né en 1659, & mort en 1739. 360
Charles Fontana, né en 1634, & mort en 1714. 362
Christophe Wren, Anglois, né en 1632, & mort en 1723. 382.
Talman. 394
Guillaume Bruce. 395
Archer. 396

DES ARCHITECTES. 503

Jean Waesbruck.	397
Wine, Foley, Guillaume Benson.	399
Le comte de Pembrocke.	ibid
Le duc de Northumberland.	400
Milord Westmorland.	ibid
Le comte Burlington.	ibid
Jacques Gibbs.	402
Robert de Cotte, de Paris né en 1657, & mort en 1735.	404
Jean-Bernard Fischer, Allemand, mort en 1724.	406
Gilles Marie Oppenort, mort en 1730	414
Frere Romain, né en 1646, & mort en 1737.	414
Jean-Baptiste-Alexandre le Blond, de Paris, né en 1679, & mort en 1719.	420
Jacques Gabriel, de Paris, né en 1667, & mort en 1742.	421
Philippe Juvara, né en 1685, & mort en 1735.	424
Ferdinand de saint Felix.	431
Alexandre Galilei, Florentin, né en 1691, & mort en 1737.	435
Dominique Antoine Vaccaro, Napolitain, né en 1680.	438
Antoine Cannevari, Romain né en 1681.	439
Nicolas Salvi, Romain, né en 1699, & mort en 1751.	440

M. de Boffrand, né en 1667, & mort en

TABLE

1754. 447

Nicolas Servandoni, né en 1695, & mort en 1766. 459

Le marquis Jerôme Theodoli, né en 1677, & mort en 1766. 470

Charles Murena, Romain, né en 1713, & mort en 1764. 473

Le comte Alexandre Pompei de Vérone, né en 1705 479

Le comte Jerôme del Pozzo, de Vérone, né en 1718. 485

FIN.

ERRATA.

Tome premier, préface, pag. prmiere, ligne 5, ajoutez de l'italien *au mot* traduire.

Tom. I. préface, pag. 57, lig. 13, *lisez* moulures, *au lieu de* mortaises.

Tom. I. préface, pag. 58, *lisez* l'axe des colonnes, *au lieu de* l'ame.

Tom. I. préface, pag. 59, ligne 3, *lisez* les feuilles d'acanthes ou les caulicoles.

Tom. I. pag. 87, lig. 5, *lisez* fautless, *au lieu de* fatess.

Tom. I. pag. 113, note pour l'éclaircissement du mot septizone, qui se trouve à la deuxieme ligne de l'alinea. On donnoit ce nom au superbe mausolée de Septime Severe, dont le plan étoit quarré, & où l'on voyoit jusqu'à sept rangs de colonnes les unes sur les autres.

Tom. I. p. 144, lig. 10, *lisez* côtes, au lieu de cordon.

Tom. I. pag. 185, lig. 9, *lisez* auroit, au lieu d'avoit.

Tom. I. pag. 199, l. 4, *lisez* église, au lieu de temple.

Tom. I, pag. 303, ligne 30, *lisez* Zara au lieu de Zaora.

Tom. II. pag. 459, *Nicolas Servandoni, né en 1795, lisez* 1695.

TABLE GÉNÉRALE
DES MATIERES,

PAR ORDRE ALPHABÉTHIQUE.

a *marque le premier vol.* b *le second.*

A

ABAQUE ou tailloir, *a.* page 43
Académies. [Réflexions sur leur utilité & sur leurs inconvéniens] *b.* 152
Académie de France établie à Rome par Louis XIV pour le progrès des arts libéraux; réflexions sur son utilité, *b.* 255
Académie phylarmonique de Vérone, *b.* 361
Acrotere, *a.* 200
Adoptions communes en Italie, *b.* 145
Agapitus, *a.* 29
Agricole [Saint] *a.* 125
Aicardo [Jean] *a.* 193
Alberti [Aristotile] *a.* 228
Alberti [Leon-Baptiste] *a.* 211
Aleotti [Jean-Baptiste] *b.* 179
Alete, *a.* 208
Alessi [Galeas] *b.* 13
Allemand [ordre], son origine, préface du tome premier, XXIV
Alexandrie [description de la ville d'] *b.* 78

Tome II.

Algardi [Alexandre] b.	225
Alipius, a.	116
Aloïsius, a.	120
Amelius, a.	156
Ammanati [Bartholomée] b.	71
Amour du talc [en quoi il consiste] préface du tome premier,	LXVIII
Analyse des monumens, très-nécessaire pour le progrès de l'architecture, b.	445
Andes ou Cordillieres, a.	174
André de Cione Orgagna, a.	184
André de Pise, a.	181
Andronic, a.	27
Androuet du Cerceau, b.	83
Ange de Sienne, a.	180
Angleterre [état de l'Architecture dans ce royaume] b.	391
Anglois, raison pour laquelle ils sont aimés en Italie, b.	196
Antémius, a.	126
Antimachide, a.	120
Antisile, a.	50
Antistate, a.	31
Antoninus, a.	111
Aqueduc d'Arcueil, b.	179
Arc de triomphe de la Chine, a.	92 & 103
Arc de triomphe de Gavius à Vérone, a.	89
Arc de triomphe élevé à Paris près de l'entrée du fauxbourg S. Antoine, b.	310
Arc de triomphe bâti à Rome par Sangallo, a.	280
Arc de triomphe construit à Vienne en Autriche par Fischer,	408
Archer, b.	396
Architecture civile [son origine], préface du tome premier,	CXI
Architecture civile [l'] devroit entrer dans l'é-	

ducation des grands, préface du tome premier,
XLV

Architectes [les premiers], préface du tome premier, XXVI
Architecture [maniere de l'apprendre] préface du tome premier, LXXI
Architecture militaire [la nouvelle] *a.* 301
Archivolte, *a.* 200
Architrave, *a.* 59
Argelius, *a.* 51
Arnolphe, *a.* 162
Arsénal de Venise, *a.* 182
Astragale, *a.* 42
Augustin de Sienne, *a.* 180
Aviler [Charles d'] *b.* 353
Avite [Saint] *a.* 124
Autel de saint Ignace à Rome, *b.* 352
Autel de saint Louis de Gonzague à Rome, *b.* ibid.
Attique [origine de cet ordre] préface du tome premier, XVI
Attique, proprement dite, *a.* 238

B

Babylone [description de la ville de] *a.* 2
Balbek ou Héliopolis [description de la ville de] *a.* 57
Balancier & laminoir de la monnoie de Rome, mis en mouvement par l'eau, inventés par le cavalier Bernin, *b.* 288
Balustrades [les] produisent en général un mauvais effet dans un édifice, [pourquoi] préface du tome premier, *a.* XXXIX
Balustres en talc [maniere de les faire sur une lame de cuivre] préface du tome premier, LXVIII

Y ij

TABLE

Baptistere de Pise, *a*.	143
Basilique de Fano, *a*.	402
Basilique de S. Jean de Latran, *a*.	211
Basilique de Plotine à Nismes, *a*.	108
Basilique de Ravenne, *a*.	121
Basilique de Vicence, *b*.	42
Basilique Ulpienne, *a*.	201
Bassi [Martin] *b*.	90
Bâtards [ordres] préface du tome premier,	XVI
Batracus, *a*	81
Beauté en architecture, en quoi elle consiste, préface du tome premier,	XXXVIII
Belvedere, *a*	236
Bénédiction du pape; maniere dont elle se donne en public, *b*.	204
Benson [Guillaume] *b*.	399
Bernin [le chevalier Jean-Laurent] *b*.	ibid.
Bertano [Jean-Baptiste] *b*.	94
Bianco [Barthelemi] *b*.	210
Bianchini, *b*.	300
Bibiena [François Galli] *b*.	360
Bibliotheque de saint Marc à Venise, *a*.	405
Bicêtre [puits de] *b*.	456
Bimont [M.] excelle dans l'art de faire les modeles en talc, préface du tome premier,	LXX
Blocage, *b*.	166
Blond [le] *b*.	415
Blondel [François] *b*.	341
Bo [le] nom affecté à l'université de Padoue, *a*.	410
Boccanera [Marin de] *a*.	163
Boffrand, *b*.	447
Borromini [le] *b*.	233
Bourse [la] d'Amsterdam, *b*.	184
Bourse [la] de Londres, *b*.	201

DES MATIERES.

Braffe, *a.* 164
Bramante [le] *a.* 231
Bramantino, *a.* 221
Breuck [Jacques] *b.* 206
Brique [réflexion sur la] *b.* 66
Britannique [ordre] préface du tome premier, XXIV
Broderie comparée à la sculpture, préface du tome premier, XXXVIII
Brosses [Jacques des] *b.* 178
Bruce [Guillaume] *b.* 395
Brugnoli [Louis] *a.* 312-319
Brunelleschi [Philippe] *a.* 189
Bufle [animal] *b.* 107
Buonarotti [Michel-Ange] *a.* 319
Buono, *a.* 146
Buontalenti [Bernard] *b.* 94
Burlington [le comte] *b.* 400
Buschetto, *a.* 139

C

Caccini [Jean] *b.* 148
Cage d'escalier, *b.* 157
Calescros, *a.* 31
Callicrate, *a.* 40
Callimaque, *a.* 30
Calus, *a.* 18
Campbell, *b.* 402
Campen [Jérôme Wan] *b.* 230
Campo Santo de Pise, *a.* 177-182
Canal de Mortesana, *a.* 249
Canal del Navilio à Bologne, *b.* 25
Canal de communication ordonné par Charlemagne, *a.* 136
Candido ou le Blanc [Pierre de Wit] *b.* 39 &

Y iij

Cannevari [Antoine] *b*.	439
Casali [Frere Jean] *b*.	77
Cascade de Saint-Cloud , *b*.	412
Cassiodore , *a*.	122
Cariatide [ordre] , préface du tome premier ,	XVIII
Cariatides [les]	*ibidem*.
Cartons , *a*.	251
Catacombes , *b*.	490
Cavalier , *b*.	16
Cayus-Mutius , *b*.	81
Cayus-Postumius , *a*.	91
Cayus-Julius-Lacerus , *a*.	106
Cella , chapelle intérieure , *a*.	24
Celer & Severe , *a*.	93
Chaînette [la] *b*.	371
Chaires à prêcher [réflexions sur les] *b*.	267
Chambers [architecte Anglois] préface du tome premier ,	III
Champ de Mars , *b*.	41
Chancellerie de Boheme , *b*.	410
Chapelle [la sainte] à Paris , *a*.	155
Chapelle Guareschi , *a*.	31
Chapelle de Versailles , *b*.	350
Chapelle du Purgatoire à sainte Marguerite à Paris [belle] *b*.	351
Chapelle Corsini à Rome , *b*.	437
Chartreuse de saint Martin à Naples , célebre en Italie , *a*.	183

Châteaux d'Angleterre.

Château de Cliefden , *b*.	377
Château de Dyrham , *b*.	395
Château de Greenwich , *b*.	199
Château de Gunnerbury , *b*.	ibid.
Château de Howard , *b*.	399

DES MATIERES.

Château de Tumbridge, *b.*	400
Château de Vade, *b.*	101
Château de Wilton, *b.*	399
Château de Windsor, *a.*	168

Châteaux de France.

Château de Bouchefort, *b.*	448
Château de Choisy, *b.*	222
Château de Fontainebleau, *b.*	5
Château de Luneville, *b.*	451
Château de la Malgrange, *b.*	449
Château de Versailles, *b.*	248
Château de Vincennes, *b.*	344

Châteaux de Naples.

Château de l'Œuf, *a.*	147
Château de Saint-Elme, *a.*	183
Château de Capoue ou la Vicairie de Naples, *a.*	147-159
Château neuf à Naples, *a.*	161
Château Saint-Ange à Rome, *a.*	248
Chêne, erreur populaire sur sa propriété qu'on lui donne d'être le seul arbre propre à faire les pilotis, *b.*	231
Chrisophus, *b.*	27
Ciccione [André] *a.*	211
Cigoli [Louis] *b.*	180
Ciriade, *a.*	117
Citadelle d'Athenes, *a.*	55
Citadelle de Ferrare, *b.*	180
Citadelle de Livourne, *b.*	98
Citadelle de Pérouse, *a.*	207
Citadelles de Pise, *a.*	197
Clocher de l'église de sainte Barbe de Mantoue,	

dit le *quatrizonio*, le plus fameux de l'Italie, *a.* 40
Clocher de sainte Claire à Naples, célébré en Italie, *a.* 183
Clocher de sainte Marie *del Fiore*, à Florence, dit communément la tour de Giotto, *a.* 179
Clocher de la cathédrale de Pise, ou la tour penchante, *a.* 150
Clocher des Augustins de Pise, *a.* 159
Clocher de Strasbourg, *a.* 168
Clocher ou tour de saint Marc à Venise, *a.* 146
Clocher de la cathédrale de Vérone, *a.* 319
Coceius Auctus, *a.* 91
Coccopani [Jean] *b.* 191
Coech [Pierre] *a.* 295
College Romain, *b.* 72
College des Jesuites à Gênes, *b.* 210
College de Chelsea en Angleterre, *b.* 387
College des Quatre-Nations à Paris, *a.* 244
Colisée à Rome, *a.* 95
Colarin ou Gorgerin, *a.* 243
Colonnade de saint Pierre, *b.* 273
Colonna [François] *a.* 224
Colonnes de talc [maniere de les faire] préface du tome premier, LXVIII
Colonnes couplées ou accouplées, *a.* 260
Colonne torse, *b.* 352
Colonne cocleaire à Vienne, *b.* 409
Colonne antonine, *a.* 113
Colonne trajane, *a.* 101 *b.* 211
Colosse formé avec le mont Athos, *a.* 70
Colosse de Neron, *a.* 108
Compartimens en stuck, pour la decoration des voûtes [maniere de les faire d'un seul jet] *a.* 167
Compas [invention du] *a.* 18

Composite [ordre], origine de cet ordre, préface du tome premier, XIII
Composition d'une matiere propre à modeler les ornemens, préface du tome premier, LXIX
Composto [maniere de le faire] a. 415
Confession de saint Pierre, b. 260
Connoissances nécessaires à un architecte, préface du tome premier, 52 & suiv.
Consalve [saint Pierre] a. 156
Considération dont l'architecture jouit en Angleterre, préface du tome premier, LVI
Constantin de Servi, b. 174
Contucci [André] a. 254
Convenance [définition de la] préface du tome premier, LVIII
Corebus, a. 46
Corinthien [ordre], son origine, préface du tome premier, IX
Corniche architravée, b. 207
Cossutius, a. 78
Cortonne [Pierre de] b. 214
Cotte [Robert de] b. 404
Coupe des pierres, maniere de l'étudier, préface du tome premier, LXXI
Coupole de sainte Marie del Fiore, à Florence, l'une des plus célebres de l'Italie, a. 190
Coupole de l'église de Notre-Dame de Lorette, a. 246
Coupole de l'église de Montefiascone, a. 300
b. 364
Coupole de l'église de Donna Alvina à Naples, b. 432
Coupole des Invalides à Paris, b. 350
Coupole de Ravenne, a. 121
Coupole de Salsbourg, b. 143
Coupole de saint Pierre du Vatican, b. 367

& b. 136, 164 & 367
Couvent des hermites de saint Augustin à Florence, a. 245
Crescenzio [Jean-Baptiste] a. 96
Crises, a. 133
Critique de l'escalier de Monte Cavallo, a. 160
Croix grecque, a. 240
Ctésiphon & Métagene, a. 21
Cusco, a. 45
Cymaise, a. 43

D

Dalmazius [Saint] a. 125
Dankers [Cornelis] b. 184
Danti [Vincent] b. 74
Dario Varotari, b. 83
Daphesis, a. 50
Daterie, a. 220
Décadence de l'architecture moderne depuis le Borromini, b. 39
Décadence de l'architecture sous Constantin, préface du tome premier, XXIX
Décoration des villes, préface du tome premier, XLII & XLVII
Dédale, a. 16
Delorme [Philibert] b. 9
Démetrius, a. 50
Dépopulation [cause de la] dans les états du pape, a. 244
Desbrosses [Jacques] b. 178
Desgodets [Antoine] b. 352
Desiphane, a.
Dessin des plans, préface du tome premier, LIX

DES MATIERES.

Détrianus, *a.* 107
Dinocrate, *a.* 69
Dioti-Salvi, *a.* 145
Dômes [maniere très-ingénieuse de les éclairer inventée par Mansard, & employée avec succès par M. Louis, architecte du roi de Pologne, *b.* 351
    Maniere de tracer les dômes, *b.* 378
Dominicain [le] *b.* 188
Dorique [origine de l'ordre], préface du tome premier, VIII

Dosio [Jean-Antoine] *b.* 86
Douane de Bologne, *b.* 93
Douane de Ripa-Grande, à Rome, *b.* 318
Doya [Sébastien] *b.* 70
Duca [Jacques del] *a.* 395
Dunes [le monastere & l'église des] en Flandres, *b.* 157

E

Ecole royale militaire à Paris, préface du tome premier, LXXI, & *b.* 422
Egidius de Stéene, *a.* 165

Eglises

Eglise d'Amiens [cathédrale] *a.* 154
Eglises d'Assise [de saint François] *a.* 158
Eglise de Notre-Dame des Anges dans la même ville, *b.* 25
Eglise de Bologne, la bienheureuse Vierge *del Borgo*, *b.* 93
Eglise de sainte Pétrone, *a.* 399
Eglise de Capoue [saint Jean] *b.* 439
Eglise de Chartres [cathédrale] *a.* 145

TABLE

Eglise de Constantinople [sainte Sophie] changée en mosquée, *a.* 126.
Eglise de Cordoue [saint Jacques] dite *la Mesquita*, servant ci-devant de mosquée aux Maures, *a.* 135.

Eglises de Florence.

Eglise des Augustins, *a.* 159
Eglise des Antenori, *b.* 193
Eglise de sainte Croix, *a.* 164
Eglise du Saint-Esprit, *a.* 200
Eglise de saint François, *a.* 200
Eglise de saint François de Paule, *b.* 213
Eglise de saint Marie sur l'Arno, *a.* 159
Eglise de saint Laurent, *a.* 193, 198 & 401. *b.* 161
Eglise de sainte Marie *del Fiore* [cathédrale] *a.* 164, 190, 211 & 400
Eglise de l'Oratoire, *b.* 214
Eglise de la Paix, *b.* 207
Eglise de tous les Saints, *b.* 193
Eglise des Théatins, *b.* 211
Eglise de sainte Thérèse, *b.* 192
Eglise de la sainte Trinité, *a.* 160, & *b.* 97
Eglise de Foligno. L'église de la sainte Trinité, *b.* 410
Eglise de Frescati. La cathédrale, ou *il duomo*, *b.* 376
Eglise de Fulde. La cathédrale, *b.* 365
Eglise de Gênes. L'annonciade, *b.* 334
Eglise de Carignan, *b.* 14
Eglises de Lisbonne. La patriarchale, *b.* 430
Eglise de sainte Marie de la Providence, *b.* 322
Eglises de Londres. Sainte Marie *of the Bows* ou des Arcs, *b.* 387

Eglise de saint Etienne de Warbrook, b. 387
Eglise de saint Paul [la cathédrale], b. 385
Eglise de Lorette [Notre-Dame] a. 210 & 395
Eglise de Mantoue [la cathédrale] a. 398
Eglise de sainte Barbe, b. 94
Eglise de Vienne en Autriche. Saint Charles Borromée, b. 410
Eglise de Castelaro dans le Mantouan, b. 487

Eglises de Milan.

Eglise cathédrale dite saint Ambroise, a. 197 & b. 86
Eglise de saint Celse, b. 17
Eglise de saint Laurent, b. 92
Eglise de saint Satyre, a. 222
Eglise de saint Victor, b. 17

Eglise de Modene [S. Vincent] a. 166
Eglise de Monaco [Notre-Dame] a. 302
Eglise de Mons [S. Guillain] b. 206
Eglise du Mont Cassin, fameux monastere des Bénédictins, chef-lieu de leur ordre, a. 398
Eglise de Montefiascone, la principale, a. 300 & b. 364

Eglises de Naples.

Eglise de saint Augustin de la Zecca, b. 342
Eglise de sainte Claire, a. 183
Eglise du Divin Amour, b. 342
Eglise des ci-devant Jesuites à Pizzifalcone, b. 432
Eglise de saint Jérôme, b. 342
Eglise de saint Laurent, a. 161 & 183, & b. 433
Eglise de sainte Marie, la nouvelle, a. 177
Eglise de saint Michel Archange, b. 439

Eglife des Miracles, *b*. 342
Eglife de Mont de la Miféricorde, *b*. 342
Eglife du Mont Olivet, *a*. 211 & *b*. 343
Eglife dite *Regina Cæli*, *b*. 432
Eglife de Padoue. Il Santo, *a*. 160

Eglifes de Paris.

Eglife de fainte Anne, *b*. 322
Eglife de Saint-Denis près de Paris, fépulture ordinaire des rois de France, *a*. 134 & 153
Eglife de faint Gervais, *b*. 179
Eglife des Invalides, *b*. 350
Eglife de la Madeleine, *b*. 423
Eglife des Minimes, *b*. 225
Eglife de Notre-Dame [la cathédrale] *a*. 155 & 166
Eglife de faint Roch, *b*. 404
Eglife de faint Sulpice, *b*. 462
Eglife du Val-de-Grace, *b*. 223 & *fuiv*.

Eglife de Pife [la cathédrale] *a*. 138 & 178
Eglife des Chevaliers de faint Etienne, *b*. 97
Eglife de Piftoya [Saint André.], *a*. 14
Eglife de faint Jean de Piftoya, *a*. 181
Eglife de Prague [Sainte Marie d'Ettingen, *b*. 322
Eglife de Rheims [la cathédrale] *a*. 137
Eglife de faint Nicaife, *a*. 166
Eglifes de Rimini, faint François, *a*. 215

Eglifes de Rome.

Eglife de fainte Agnès, en place Navone, *b*. 237 & 250
Eglife de faint André ou du Noviciat des Jefuites, *b*. 280

DES MATIERES.

Eglise de saint André *della valle*, a. 148, 170
& b. 148
Eglise de saint André de Ponte-mole., b. 26
Eglise de saint Antoine des Portugais, b. 475
Eglise des saints apôtres, b. 252
Eglise de saint Charles de *Catenari*, b. 206
& b. 216
Eglise de saint Charles au cours, b. 155 & 216
Eglise de sainte Catherine de Sienne, b. 208
Eglise ditte *Chiesa nuova*, b. 149 & 235
Eglise de la Chartreuse, a. 407
Eglise de sainte Claire, b. 76
Eglise de saint Chrysogone, b. 208
Eglise du Saint-Esprit, b. 88
Eglise du Saint-Esprit, appartenant aux Napolitains, b. 364
Eglise de sainte Françoise, dame Romaine, b. 177
Eglise de saint Gregoire, b. 207
Eglise de *Jesus*, b. 134
Eglise de Jesus & Marie au cours, b. 252
Eglise de saint Jacques des Incurables, b. 75 & 159
Eglise de saint Jean des Florentins, a. 402 & b. 160 & 435
Eglise de saint Jean-de-Latran, a. 219 b. 117, 435 & 446
Eglise de saint Jerôme des Esclavons, b. 149
Eglise de saint Ignace, b. 189 & 228
Eglise de saint Laurent & de saint Damas, a. 232
Eglise de saint Louis des François, b. 135
Eglise de Notre-Dame de Lorette. a. 275
Eglise de la Madeleine, b. 316
Eglise de Notre-Dame des Miracles, b. 253, 363 & 472
Eglise de Notre-Dame *Del Orto*, a 396 b. 156
Eglise de Notre-Dame des sept Douleurs, b. 309

TABLE

Eglise de Notre-Dame du Peuple, *a*.	221
Eglise de saint Marcel, *a*.	401
Eglise de sainte Marie in *campitelli*, *b*.	252
Eglise de sainte Marie majeure, *b*.	255
Eglise de sainte Marie de Transtevere, *b*.	150
Eglise de sainte Marie *in via lata*, *b*.	216
Eglise de saint Marc, *a*.	220
Eglise de sainte Marthe, *b*.	363
Eglise de sainte Martine, *b*.	217
Eglise de Notre-Dame du Mont-Serrat, *a*.	278
	& *b*. 76
Eglise de la paix, *b*.	215
Eglise de saint Pierre & de saint Marcellin, *b*.	
	470
Eglise de saint Pierre *in montorio*, *a*.	237
Eglise de saint Pierre du Vatican, *a*. 239 & *b*. 161	
Eglise de saint Paul hors des murs, *a*. 219 & *b*.	
	154
Eglise de la bienheureuse Rita, *b*.	363
Eglise de la Sapience, *b*.	234
Eglise de saint Sauveur *in lauro*, *b*.	87
Eglise dite *sancta sanctorum*, *b*.	118
Eglise dite la *scala*, *b*.	76 & 88
Eglise de saint Sebastien, *b*.	172 & 173
Eglise des stigmates, *b*.	211 & 439
Eglise de sainte Susanne, *b*.	16 & 160
Eglise dite la Transpontine, *b*.	88
Eglise de saint Vincent & saint Anastase, *b*.	
	300
Eglise de la Victoire, *b*.	170 & 176 & 206
Eglises de Saltzbourg [la cathédrale], *a*.	143
Eglise de Strasbourg [la cathédrale], *a*.	167
Eglise de Notre-Dame de Strasbourg, *b*.	410
Eglise de Todi, un petit temple dans le goût antique, *a*.	240

Eglises de Turin.

Eglise du Carmel, *b*.	427

DES MATIERES.

Eglise des Carmelites, b.	426
Eglise de saint Philippe de Neri, b.	322
Eglise dite la *supega*, b.	426
Eglise du saint Suaire, b.	321
Eglise des Théatins, b.	321
Eglise de la Venerie, b.	427

Eglises de Venise.

Eglise de saint Fantin, a.	413 b. 404
Eglise de saint François de la Vigne, a.	49
Eglise de saint Gémignano a.	412
Eglise de saint Georges le majeur, b.	48
Eglise de saint Jacques, a.	120
Eglise de saint Marc, a.	148
Eglise du Rédempteur, b.	50
Eglise delle Zitelle. b.	52

Eglise de Verone.

Eglise de Notre-Dame dite *in campagna*, a	312
Eglise de sainte Marie *in organo*, a.	311
Eglise de saint Paul au champ de Mars, b.	485
Eglise de Vicence [saint Gaëtan] b.	203
Eglise de Vicovaro, b.	472
Egout de Paris [le grand] b.	422
Emploi des différens ordres d'architecture, préface du tome premier,	XIX
Encaissement [maniere de fonder les ponts par] b.	416
Entinope de Candie, a.	149
Entrées des villes, préface du tome premier,	XLII
Ermogenes d'Alabanda, a.	18
Ermon, a.	50
Erwin de Steinbach, a.	167
Escalier double du Quirinal, b.	172

Eterius, *a*. 126
Etienne dit Maffuccio fecond, *a*. 183
Eudes de Montreuil, *a*. 155
Eupalinus, *a*. 20
Eupolemon, *a*. 29

F

FABRIQUES neuves [les] à Venife, *a*. 411
Façades. Définition de ces fêtes données par les cardinaux étrangers qui viennent prendre le chapeau, *b*. 303
Falconetto [Jean-Marie] *a*. 292
Fancelli [Luc] *a*. 203
Fafces ou bandes, *a*. 259
Felix [Ferdinand de faint] *b*. 431
Fenêtre à la Vénitienne, *b*. 392
Fereol [faint] *a*. 124
Feftaroles, ce que l'on entend par cette profeffion, *b*. 303
Filander [Guillaume] *b*. 20
Filarete [Antoine] *a*. 203
Fire Office. Définition de cette affociation en Angleterre, *b*. 394
Fifchers [Jean-Bernard] *b*. 406
Foix [Louis de] *b*. 78
Foley, *b*. 399

Fontaines publiques.

Fontaine Medine [la] à Naples, *b*. 123
Fontaine & réfervoir du palais royal à Paris, *b*. 404
Fontaine des SS. Innocens à Paris, *b*. 6
Fontaines de Rome, la Barcacia, *b*. 263
Fontaine Barberini, *b*. 264 & 302
Fontaine de la place Navone, *b*. 270 & 302
Fontaine de S. Pierre *in Montorio*, *b*. 364
Fontaine de S. Pierre du Vatican, *b*. 276

Fontaine du pont de Sixte, b. 128
Fontaine des Tortues, b 136
Fontaine de Termini, b. 121
Fontaine de Trevi, l'une des plus belles de Rome, son analyse, a. 213, & b. 441
Fontaine de la place Colonne, a. 136
Fontaine de sainte Marie *in Tranflevere*, a. 232 & 363
Fontaine du Triton, b. 351
Fontana [Dominique] b. 101
Fontana [Jean] b. 126
Fontana [Charles] b. 362
Forteresse de Palma Nuova aux Vénitiens, b. 141
Fortifications de Rome moderne, a. 248 & 281
Foyers d'une ovale, b. 141
Fracastor, b. 477
François [l'ordre] son histoire, préface du tome premier, XXIII
François de Giorgio de Sienne, a. 222
Fresque, peinture à fresque, détails de ses procédés, a. 339
Frontin, a. 98
Fucius, a. 159
Fulbert, a. 145
Fusarole, a. 243

G

GABRIEL [Jacques] b. 421
Galli [Bibiena] architecte décorateur, b. 338
Gaddi [Taddée] a. 182
Galerie de Florence, b. 96
Galerie du Louvre, b. 244
Galilei [Alexandre] b. 435
Genga [Jérôme] a. 296

Genga [Barthelemi] a. 297
Germain [Saint] a. 124
Gibbs [Jacques] b. 402
Giocondo [frere Joyeux] a. 287
Giotto, a. 178
Giuliano da Mayano, a. 208
Goldman [Nicolas] b. 340
Gonfalonier, a. 247
Gothique [architecture] son origine, préface du tome premier, XXIX
Gothiques [énumération des plus belles églises] préface du tome premier, XXXI
Goujon [Jean] célebre sculpteur François, b. 6
Gregoire de Tours [saint] a. 125
Grecque [architecture grecque moderne] son origine, préface du tome premier, XXXIII
Guarini [Guarino] b. 320
Guibert [M.] sculpteur célebre, préface du tome premier, LXXI
Guillaume, a. 150
Guidotti [Paul] b. 185

H

Halle au bled [la nouvelle] de Paris, b. 10
Hermodore de Salamine, a. 80
Herrera [Jean d'] b. 36
Hiltz [Jean] a. 130
Hollande [ville d'] préface du tome premier, XLIV
Hôpital [le grand] de Milan, a. 203
Hôpital du Saint-Esprit à Rome, dit *in Saffia*, a. 152
Hôtel-Dieu de Lyon, par M. *Souflot*, b. 432
Hôtel-de-ville d'Amsterdam, a. 230

Hôtels de Paris.

Hôtel d'Argenson, *b.*	451
Hôtel de Carnavalet, *b.*	308
Hôtel de Conti, *b.*	222
Hôtel des Monnoies [le nouvel] par M. Antoine, préface du tome premier,	LXI
Hôtel de Montmorency, *b.*	451
Hôtel de Toulouse, *b.*	222
Hyalipa Rimachi Incas, *a.*	169
Hypodrome, *a.*	225
Hyppias, *a.*	111
Hyram, *a.*	10

I

Jardins Anglois, *a.*	392
Jardin de Boboli à Florence, *b.*	96
Jardins de Semiramis, *a.*	3
Jardins de Versailles, *b.*	334
Ictinus, *a.*	40
Jean Flamand, dit Vasancio, *b.*	173
Jean de Pise, *a.*	166
Ignorance des anciens dans la physique, *a.*	25
Inigo Jones, *b.*	194
Ionique. Origine de cet ordre, préface du tome premier,	IX
Impostes, *a.*	361
Improvisateurs [poëtes] *a.*	241
Isidore de Milet, *a.*	132
Jules Romain, *a.*	396
Juvara [l'abbé Philippe] *b.*	424

L

Labyrinthes d'Egypte & de Crete, *a.*	16

Labyrinthe de Samos, *a*.	*ibid*.
Lambert de Kenlé, *a*.	156
Lampe d'or avec une mêche perpétuelle, faite avec de l'amiante, *a*.	31
Lanfrani [Jacques] *a*.	180
Lanterne d'une coupole, *a*.	128
Lapo, *a*.	158
Lavis des plans d'architecture, son utilité, préface du tome premier,	LIX
Laurent [Saint] *a*.	156
Laurentinum, fameuse maison de campagne, *a*.	100
Lazaret d'Ancone, *b*.	358
Léocrate, *a*.	50
Leon, *a*.	124
Lescot [Pierre] abbé de Clagny, excellent architecte François, *b*.	6
Lezardes, *b*.	402
Libon, *a*.	35
Lido ou lio, forteresse de Venise, *a*.	304
Ligne de direction, *a*.	151
Ligorio [Pierre] *b*.	21
Listel, au pluriel listaux, *a*.	318
Loge d'Orgagna à Florence, *a*.	184
Loix des Ephesiens concernant les architectes, préface du tome premier,	L
Lombard [M.] inventeur des modeles en talc, préface du tome premier,	LXXI
Londres [maisons & toits de cette ville] préface du tome premier,	XLI
Louvre [le palais du] *b*.	281
Lunette [voûte à] *a*.	224
Lunghi [Honoré] *b*.	154
Lunghi [Martin] *b*.	814
Lunghi [Martin] *b*.	156

M

Machine hydraulique des jardins du prince de Swartzenberg, b. 413
Machine ou représentations du paradis, a. 200
Machine à feu, b. 414
Machine pour tirer l'eau du puits de Bicêtre, a. 490
Maderno [Charles] b. 159
Maffei [Scipion] b. 502
Majesté [la] d'un édifice, en quoi elle consiste, b. 229
Maisons particulieres, comment on devroit les décorer, préface du tome premier, XXXVIII
Mandrocles, a. 34
Maniere de placer avantageusement les statues équestres, a. 366
Maniere d'imiter le marbre noir dans les modeles en talc, préface du tome premier, LXIX
Maniere de mouler les ornemens en talc, préface du tome premier, LXX
Maniere d'économiser le talc en faisant les modeles des édifices, préface du tome premier, LXXI
Maniere de faire les planchers, a. 414
Maniere de faire les plafonds à l'Allemande, b. 455
Mansard [François], b. 221
Mansard [Hardouin], b. 347
Mansardes produisent un mauvais effet, préface du tome premier, XL, & tome second, 223
Manufactures; moyen très-simple de les faire fleurir, trouvé par le Roi d'Espagne, actuellement régnant, b. 434
Marc Julien, a. 145

Marchion, a.	152
Marforio, statue fameuse à Rome, b.	136
Margariton, a.	162
Mascherino [Octavien], b.	87
Massuccio, a.	161
Massuccio, b.	183
Mausolée d'Artemise, a.	51
Mausolée de Porsenna, près de Clusium, a.	79
Mausolée de Louis de Baviere à Munich, b.	40
Mausolée de Gaëtan d'Argenteau, à S. Charles in Carbonara, à Naples, b.	433
Mausolée de Contarini à Padoue, b.	3
Mausolée de François I à S. Denis près de Paris. b.	8

Mausolées de Rome.

Mausolée d'Adrien VI à l'Anima, a.	269
Mausolée de Montauti à la Charité, b.	214
Mausolée de Clément IX à S. Pierre, a.	318
Mausolée de Clément X à S. Pierre, a.	555
Mausolée de Jules II, a.	331
Mausolée de la reine Christine de Suede à saint Pierre, b.	363
Mausolée d'Urbain VIII, b.	269

Mausolées de Venise.

Mausolée de Mgr. Pode-Catera, a.	413
Mausolée de Nicolas de Ponte, b.	139
Mausolée du doge Venier, a.	413
Mausolées des doges Friuli, b.	2
Mégacle, a.	55
Ménalippe, a.	40
Méocle, a.	50
Merceau [M.] a construit le modele du nouvel hôtel de la monnoie de Paris en talc, préface du tome premier,	LXI
Métopes, a.	43
Méticus, a.	29
Métrodore, a.	115

Michel-

Michel Ange Buonarotti, *a.* 319
Michelozzo, *a.* 204
Militaire [Ecole] *b.* 422
Minaret, ou clocher turc, *a.* 131
Mneſicles, *a.* 47
Modeles en bois, en carton & en talc, [maniere de les faire] préface du tome premier, LXI & *ſuiv.*
Modeſtie, trait de modeſtie de Mylord Burlington, qui préfere la qualité d'architecte à celle que lui donne ſa haute naiſſance, *b.* 401
Modeſtie trop grande, funeſte aux artiſtes, *b.* 389
Mole d'Adrien, *a.* 107
Mole de Genes, *a.* 193 & *b.* 210
Moilons piqués, *a.* 292
Monaſtere du Mont Olivet à Naples, *a.* 211
Monaſtere de ſaint Severin à Naples, *a.* 371
Monaſtere de S. Cyr près de Paris, *b.* 350
Monaſtere de la Paix à Rome, *a.* 232
Mont-Atos taillé en coloſſe, *a.* 70
Montereau [Pierre de] *a.* 155
Montreuil [Eudes de] *a.* 155
Monumens d'Egypte, *a.* 5
Monument de Londres, *b.* 386
Moſaïque de Florence, maniere de la faire, *b.* 174
Morts [maniere de les enterrer en Italie, & dans les provinces méridionales de France] *a.* 391
Mot [bon] du peuple de Turin ſur le palais du duc de Savoye, *b.* 426
Muet [Pierre le] *b.* 227
Murailles célebres, *a.* 109
Murena [Charles] *a.* 473
Muſtius, *a.* 195

Tome II. Z

Mutule, a. 45

N

NAPLES, maisons & terrasses de cette ville, préface du tome premier, XLI
Nicolas de Belle, a. 156
Nicolas de Pise, a. 159
Nicon, a. 112
Nigetti, b. 193
Ninive, a. 1 & 2
Noblesse [la] devroit cultiver les arts libéraux, & pourquoi, b. 480
Noms des seigneurs qui se sont appliqués à l'architecture, préface du tome premier, XLVII
Noris [le cardinal] b. 478
Northumberland, b. 400
Nôtre [André le] b. 344

O

OBÉLISQUE du Vatican, b. 104
Observatoire de Paris, b. 310
Odée, a. 39
Œil de bœuf, a. 200
Olivetains, a. 268
Olivieri [Pierre Paul] a. 148
Onglet, instrument pour tracer les onglets, préface du tome premier, LXVII
Oppenord [Gilles] b. 414
Ordre d'architecture, préface du tome premier, VI
Ordres les uns sur les autres [observations sur les] b. 207
Or-Saint-Michel, place de Florence, a. 164
Ove, 243
Oya 70

P

Palais d'Amsterdam, *b.*   232
Palais de Nassau,   *ibid.*

Palais d'Angleterre.

Palais d'Ambersbury, *b.*   203
Pallais dit Banqueting-House, *b.*   198
Palais de Blenheim, *b.*   397
Palais de Buckingham, *b.*   399
Palais Cary, *b.*   396
Palais de Chaisworth, *b.*   393
Palais de Dyrham, *b.*   395
Palais de Greenwich, *b.*   200
Palais de Gunnesbury, *b.*   199
Palais d'Hamptoncourt, *b.*   387
Palais d'Hopeton,   395
Palais d'Howard, *b.*   398
Palais de Lindsei, *b.*   200
Palais de Malbourough, *b.*   387
Palais de Sommersel, *b.*   199
Palais de Pembrocke, *b.*   204
Palais de Torby, *b.*   392

Palais de Bologne.

Palais de Bianchi, *a.*   24
Palais Bocchi, *b.*   24
Palais d'Isolani, *b.*   24
Palais de l'Institut, *b.*   92
Palais Magnani, *b.*   93
Palais Malvezzi, *b.*   6
Palais du public, *b.*   218
Palais Ranucci, *b.*   56
Palais de Caprarole, *b.*   31

Palais de Florence.

Palais Acciojuoli, b.	97
Palais Albizzi, b.	211
Palais archiépiscopal, b.	87
Palais Caponi, b.	211
Palais Ganfigliazzi, b.	213
Palais de saint Marc, b.	159
Palais Marucelli, b.	100 & 211
Palais Pitti, a.	199, & b. 208
Palais Ricardi, a.	205, & b. 97 & 211
Palais Ranuccini, b.	102
Palais Scarlati, b.	181, 193 & 210
Palais Strozzi, a.	211 & 396
Palais Tornaquinci, b.	181
Palais vieux, [le] a.	206, b. 37
Palais *Degli Ufficj*, b.	37 & 99
Palais Ugoccioni ou Pandolfini, a.	259
Palais d'Espagne [l'Escurial] b.	78

Palais de Genes.

Palais Balbi, b.	210
Palais du Doge, b.	14
Palais Sera, b.	193
Palais de Turri, b.	79
Palais de Lisbonne, [le palais du Roi] b.	57
Palais du T, près de Mantoue, a.	391
Palais de Milan. [Palais du Duc della Torre,] b.	17
Palais du Souverain à Monaco, b.	98 & 439
Palais de Nanci, b.	449

Palais de Naples.

Palais Cara-Vita, b.	430
Palais de Caserte, près de Naples, b.	473, 433
Palais Colombrano, a.	162
Palais Monte-Leone, b.	433

DES MATIERES.

Palais de Portici, *b*.	440
Palais *di Poggio Reale*, *a*.	208
Palais du Roi, *b*.	124
Palais della Riccia, *a*.	211
Palais Sanfelice, *b*.	47
Palais Serra, *b*.	433
Palais Tarsia, *b*.	439
Palais du Louvre à Paris, *b*.	86 & 244
Palais du Luxembourg, *b*.	178
Palais des Tournelles, *b*.	5
Palais des Thuilleries, *b*.	9
Palais de Versailles, *b*.	348, 634
Palais de Parme, *b*.	197
Palais de Plaisance, *b*.	25
Palais de Pesaro, *a*.	97
Palais de Perouse, *a*.	13
Palais de Pise, *b*.	97

Palais de Rome.

Palais de l'académie de France, *b*.	255
Palais Albani, *b*.	120
Palais d'Altemps, *b*.	150
Palais Altieri *b*.	313 & 331
Palais des saints Apôtres, *b*.	279
Palais Astalli	315
Palais d'Aste, *b*.	314
Palais Barberini, *b*.	171, 238 & 265
Palais Bolognetti, *b*.	363
Palais Borghese, *b*.	150 & 170
Palais Bracciano, *b*.	279 & 303
Palais Santo-Buono, *a*.	276
Palais Caffarelli, *a*.	262
Palais du Capitole, *a*.	362
Palais de la Chancellerie, *a*.	232
Palais de Carolis ou des Jésuites, *b*.	376
Palais de Ciccia Porci, *a*.	397
Palais Falconieri, *b*.	238

Z iij

TABLE

Palais Farnese, *a.*	284 & 366
Palais de la Farnesine, *a.*	270
Palais Gaetani, *b.*	157
Palais Giraud, *a.*	233
Palais Giustiniani, *b.*	126
Palais Gottofredi, *b.*	136
Palais Grimani, *b.*	363
Palais de Latran, *b.*	118
Palais Lancellotti, *b.*	75, 170 & 189
Palais de saint Louis des François, *b.*	376
Palais Madame, *b.*	182
Palais de saint Marc, *a.*	210
Palais Marescotti, *b.*	136
Palais Massimi, *a.*	272
Palais Mattei, *b.*	120 & 171
Palais de Monte-Citorio, *b.*	273, 319 & 364
Palais Mutti, *b.*	316
Palais Négroni, *b.*	101
Palais Nicolini, *a.*	402, *b.* 136
Palais Palma, *b.*	214
Palais Pamphili, *a.*	395, & *b.* 249
Palais Quirinal, *b.*	238 & 302
Palais Ranuccini, *b.*	314
Palais Ricci, *a.*	197
Palais Ruspoli, *b.*	72
Palais Sacchetti, *a.*	282
Palais Sacripanti, *b.*	251
Palais Salviati, *b.*	275
Palais *Sciara-Colona*, *b.*	172
Palais Serlupi, *b.*	135
Palais de Sora, *a.*	233
Palais Spada, *b.*	238
Palais du Vatican, *b.*	269
Palais Verospi, *b.*	154

Palais de Turin.

Palais Birago, *b.*

DES MATIERES.

Palais de Carignan, *b.* 322
Palais du Roi, *b.* 325
Palais du duc de Savoie, *b.* 322
Palais de Stupinigi, *b.* 427
Palais de Venise, *a.* 409
Palais Cornaro, *a.* 306, *b.* 142
Palais du Doge, *b.* 409
Palais Grimani, *a.* 306
Palais Delfino, *a.* 410
Palais des procuraties, *a.* 403 & 416
Palais Soranzo, *a.* 306

Palais de Verone.

Palais Bevilaqua. 313
Palais Canossa, *a.* 313
Palais Giulari, *b.* 483
Palais Illagi, *b.* 481
Palais Pellegrini, *a.* 314
Palais Piadamonti, *b.* 483
Palais Pompei, *b.* 314
Palais Spolverini, *b.* 484
Palais Vezzi, *a.* 314
Palais de Velletri. [Palais Ginetti, *a.* 158
Palais d'Udine, *b.* 42

Palais de Vicence.

Palais Barbarano, *b.* 59
Palais Barbaro, entre Vicence & Trevise, *b.* 53
Palais Capra, *a.* 294, & *b.* 59
Palais Chiericati [le] *b.* 58
Palais de la justice [le] *b.* 42
Palais de Tiene, *b.* 43
Palais Trissino, *b.* 42 & 143
Palais Valmarana, *b.* 57

Z iv

Palais de Vienne en Autriche.

Palais du prince Eugene, *b*.	410
Palais de Schombrun, *b*.	406
Palais de Tranthſon, *b*.	410
Palais d'Urbain, *a*.	222 & 296
Palladio [André] *b*.	41
Palme Romain, *a*.	6
Palmyre, *a*.	64
Pannache, *a*.	149
Pantheon [le] *a*.	256
Panvini [Onufre] *b*.	478
Parigi [Jules] *b*.	99
Parigi [Alphonſe] *b*.	208
Paſquin, ſtatue fameuſe à Rome & dans l'Europe, *b*.	291
Patte d'oye, *a*.	220
Peaces, *a*.	35
Pellegrino Pellegrini, *b*.	88
Pembrocke, *b*.	399
Peonius, *a*.	50
Périclès, *a*.	38
Peron, *a*.	267
Perrault [Claude] *b*.	305
Perſans ou Telamones, leur origine & leur hiſtoire, préface du tome premier,	XIX
Perſépolis, *a*.	12
Peruzzi [Baltazar] *a*.	267
Phare d'Aléxandrie, *a*.	73
Phénices, *a*.	72
Philon, *a*.	54
Picchiani [François] *b*.	342
Pienza, *a*.	224
Pierre Conſalve [Saint] *a*.	156
Piété, *a*.	326
Pilotis [obſervation ſur les] *b*.	231

Pintelli, *a*. 221
Piteé, *a*. 51
Ptrou, ingénieur François pour les ponts & chauffées, *b*. 421

Places publiques.

Place de Louis XIV à Paris, *b*. 350
Place de Louis XV dans la même ville, *b*. 422 & 467
Place de Bellecour à Lyon, *b*. 404

Places publiques à Rome.

Place Trajane, *a*. 101
Place du Vatican, *b*. 251, 273
Plafond de sainte Marie Majeure, *a*. 246
Planchers [maniere de les faire] *a*. 414
Pline le jeune, *a*. 99
Pollajolo [Simon] *a*. 251
Polyclete, *a*. 49
Pompei [le comte Alexandre] *b*. 479
Pontanus, *a*. 211
Ponts. Maniere de les fonder par encaissemens, pratiquée par M. de Voglie, *b*. 416
Pont sur le Bosphore, *a*. 32
Pont de la Chine, *a*. 103
Pont sur le Danube, *a*. 102 & 228
Pont sur le Tage, *a*. 106
Pont de la Trinité à Florence, *b*. 71
Pont de Lambeth en Angleterre, *b*. 402
Pont de Malbourough, *b*. 398
Pont de Maestricht, *b*. 414
Pont-Neuf [le] à Paris, *b*. 85
Pont Royal [le] *b*. 415
Pont d'Orléans, *b*. 213
Pont de Pise, *a*. 286

Pont Saint-Ange à Rome, a.	107 & 213
Pont Sainte-Marie à Rome, a.	334
Pont de Sixte à Rome, a.	221
Pont de Borghetto près de Rome, a.	122
Pont de Rialto à Venise,	a. 411, b. 53
Pont de pierre à Vérone, a.	287
Ponzio [Flaminio] b.	171
Porinus, a.	31
Port de Gênes, a.	163 & b. 16
Port du Pyrée, a.	54
Port de Rippetta à Rome, b.	377
Porte [Jacques de la] b.	128
Porte d'Amsterdam du côté d'Harlem, b.	184
Porte de saint Marc à Venise, a.	413
Porte du palais d'Yorck à Londres, b.	202
Porte du Perou à Montpellier, b.	355
Porte de saint Laurent & de saint Damase à Rome, b.	29
Porte des jardins Farnese à Rome, b.	29
Porte Pie à Rome, a.	375
Porte du saint Esprit à Rome, a.	281
Porte du Pô à Turin, b	321
Portique, a.	7
Postumius [Cayus] a.	91
Portée, a.	50
Pozzo [André] b.	351
Pozzo [le comte Jérôme del] b.	485
Pratolino, maison de plaisance de Toscane, b.	7
Primatice [le] b.	95
Profil, a.	199
Proportion, maniere d'en juger, b.	401
Prostyles, a.	54
Proverbe, origine du proverbe *pour un point Martin à perdu son âne*, b.	434
Prudence [trait de] d'un maçon qui sauve la vie d'un peintre, b.	386

Prusse [éloge du roi de] préface du tome premier, XLVIII
Pujet [le] architecte & sculpteur, *b.* 323
Puits d'Orviete, *a.* 279
Pyramide d'Egypte, *a.* 5

Q

Quarante-heures. Cérémonie en usage en Italie, *b.* 303

R

Radicliffe [la bibliotheque] *b.* 402
Rabirius, *a.* 96
Raphaël d'Urbin, *a.* 258
Rainaldi [Jérôme] *b.* 248
Rainaldi [Charles] *b.* 250
Ravi [Jean] *a.* 166
Ravalement, maniere de les faire & de remettre les murs dans leurs à-plombs, *b.* 209
Réflexions sur la maniere dont les arts sont récompensés en Angleterre, *a.* 230
Réflexions sur l'usage des langues mortes, *a.* 320
Regles de fer préférables à celles de bois, pourquoi, préface du tome premier, LXVI
Reliefs, maniere de les construire, préface du tome premier, LXXI
Reconnoissance des arts en Europe, préface du tome premier, XXXIV
Répartie très-vive d'un sculpteur au cavalier Bernin au sujet de la coupole de saint Pierre, *b.* 247
Réparation du dôme de saint Pierre, *b.* 369
Révolution dans les arts, arrivée en France, préface du tome premier, XXXVI

Rivalité des bourgs & villages d'Italie, en quoi
 elle consiste, *a*.   252
Robert de Covey, *a*.   166
Robert de Luzarche, *a*.   154
Romain [François] *b*.   417
Rome ancienne, sa magnificence, *a*.   82
Romuald ou Rumaldus, *a*.   137
Rosati [Rosato] *a*.   305
Rossellini, *a*.   219
Rossi [Jean-Antoine] *b*.   314
Rossi [Matthias] *b*.   317
Ruccellaï, maison célebre de Florence. Jean
 Ruccellaï écrit sur les abeilles, *b*.   72
Rues [embellissemens des] préface du tome
 premier,   XLIII
Rustique, son origine, préface du tome premier,
   XXI
Rustiquer ou piquer, préface du tome premier,
   LXVII
Rhycus & Théodorus, *a*.   20

S.

Sacristie des Augustins de Rome, *b*.   476
Salle des Géans au palais du T à Mantoue, *a*. 397
Salomon de Gand, *a*.   156
Salvi [Nicolas] *b*.   440
Samaritaine [la] fontaine de Paris, *b*.   85
San-Felice [saint Felix ou Ferdinand de] *b*,
   431
Sangallo [Antoine] *a*.   275
Sangallo [Antoine] *a*.   247
Sangallo [Julien] *a*.   242
San-Micheli [Michel] *a*.   299
San-Micheli [Jean Jérôme] *a*.   316
Sansovin [le] *voyez* Tatti, Santi di Tito, *b*.
   100

Satyrus, *a*. 72
Satyrus & Batracus, *a*. 81
Satyre de la façade de l'église de sainte Agnès à
   Rome, par le Borromini, *b*. 271
Scala Regia, *b*. 275
Scamilli impares, endroit obscur de Vitruve,
   sentiment des différens commentateurs, *b*.
146
Scamozzi [Vincent] *b*. 136
Scopas, *a*. 53
Scoffa Cavalli, *a*. 232
Senateur de Rome, *a*. 362
Sennamar, *a*. 118
Septizone, *a*. 113
Serlio, *b*. 4
Servandoni, *b*. 459
Severe, *a*. 93
Siege de Naples, endroit où s'assemble la no-
   blesse, *a*. 373, & *b*. 440
Silvani, *b*. 210
Socle, *a*. 177
Soffite, *a*. 273
Songe de Poliphyle, *a*. 224
Sonnet, *a*. 299
Soria [Jean-Baptiste] *b*. 205
Sostrate, *a*. 73
Spintharus, *a*. 21
Statues les plus belles de Rome & de l'Italie, *b*.
304
Stone-Henge, *b*. 204
Stuccateur, *b*. 159
Sugger, abbé de S. Denis, *a*. 152
Surprise de la Reine Christine en voyant jouer
   pour la premiere fois les fontaines de la place
   de saint Pierre, *b*. 257

T

Talc, préface du tome premier, LXV
Talman, *b*. 394
Tambour d'un dôme, *a*. 127
Tarchefius, *a*. 31
Tatti [Jacques] dit le Sanfovin, *a*. 400
Taureau [le] Farnefe, *a*. 368

Temples antiques.

Temple d'Apollon, *a*. 14
Temple d'Augufte, *a*. 92
Temple de Balbec, *a*. 58
Temple de Bacchus, *a*. 19
Temple de la bonne Déeffe, ou de la Terre, *a*.
          27, 32, 36, 54 & 58
Temple de Cérès, *a*. 54 & 117
Temple de Diane, *a*. 19, 21 & 72
Temple d'Efculape, *a*. 111
Temple de Junon, *a*. 29
Temple de Jupiter Belus, 3
Temple de Jupiter Olimpien, *a*. 110
Temple de Neptune, *a*. 14
Temple de Minerve, *a*. 40, 44
Temple de l'Honneur & de la Vertu, *a*. 81
Temple de Salomon, *a*. 10
Temple du cloître de faint Pierre *in Montorio*, *a*.
          237
Temple de Venus, *a*. 27
Termes, origine des termes felon la mythologie, préface du tome premier, XX
Théatre d'Athenes, *a*. 54
Théatre dont les décorations font en relief au palais Spada à Rome, *b*. 238
Théatre de Drefde, *b*. 465
Théatre de Fano, *b*. 247

DES MATIERES.

Théatre de Naples, *b*. 96
Théatre d'Oxford, *b*. 384
Théatre des Thuilleries, à Paris *b*. 246 & 467
Théatre de Parme, *b*. 63

Théatres de Rome.

Théatre d'Aliberti, *b*. 362
Théatre d'Argentina, *b*. 471
Théatre de Tordinona, *b*. 364
Théatre de Vérone, *b*. 361
Théatre Olimpique de Vicence, *b*. 60 & 140
Théatre de Vienne, *b*. 247 & 360
Théodoli [le marquis Jérôme] *b*. 470
Théodoric, *a*. 156
Thomas de Pise, *a*. 176
Thérèse [Sainte] du Bernin, statue fameuse à Rome, *b*. 304
Tibaldi [Dominique] *b*. 93
Tietland, *a*. 137
Timpan, *a*. 45
Tirans de fer pour soutenir les voûtes, *a*. 406
Tore, *a*. 12
Torelli [Jacques] *b*. 245
Torse [le] *b*. 291
Toscan [ordre] son origine, préface du tome premier, XI
Tour de la Garisende à Bologne, *a*. 151
Tour de la Magione à Bologne, *a*. 210
Tour de Cordouan, *b*. 82
Tour de Saint-Marc à Venise, *a*. 146
Tour des vents à Athenes, *a*. 28
Trianon [le château de] *b*. 404
Traîner le calibre, préface du tome premier, LXVI
Triglyphe, *a*. 44

Trivium, carrefour. Les anciens les choisissoient toujours pour le lieu de leurs scenes, *b*. 61
Trompe, ce que c'est, *b*. 12
Turin, l'académie doit approuver les plans des maisons qu'on veut bâtir, avantage de cette coutume, préface du tome premier, XLI

V

Vaccaro [Dominique-Antoine] *b*. 438
Vaisseau construit dans l'espace de vingt-quatre heures à Venise, *b*. 135
Valerius d'Ostie, *a*. 82
Vanone [André] Lombard, *b*. 20
Vasari [Georges] *b*. 35
Veau [Louis le] *b*. 244
Venise [histoire de sa fondation] *a*. 119
Vignole [Jacques Barozzio] *b*. 23
Villes [leur disposition] préface du tome premier, XLIV
Ville [maison de campagne en Italie] Monte-Dragone, *b*. 255
Ville-Pamphile, *b*. ibid.
Ville Pinciana ou Borghese, *b*. 173 & 253
Vinci [Léonard de] *a*. 248
Vittoria [Alexandre] *b*. Y
Vitruve-Pollion, *a*. 85
Vitruve-Cerdon, *a*. 89
Voltere [François de] *b*. 75
Volute, *a*. 12
Voussure, *b*. 27
Voyes romaines [leur construction] 97
Waesbruck, *b*. 397
West-Morland, *b*. 400
Wickam [Guillaume] *a*. 186
Wit [Pierre de] *b*. 39
Wren [Christophe] *b*. 382

Wurtzbourg [palais de] b. 405 & 464
Wyne, b. 399

Z

Ziabaglia, fameux méchanicien, b. 303
Zamodia [Henri] b. 89
Zanfrignino, a. 290
Zénobie [ville de] dans la Syrie, a. 102
Zénocle, a. 46
Zénon, a. 131

Nota benè. *On a cru devoir donner une table aussi détaillée pour faciliter les jeunes architectes dans le cours de leurs études. À l'aspect du moindre monument, ils pourront trouver aisément le nom de l'architecte qui l'a construit, & se former une idée juste de son style.*

Præmia, si studio consequor, illa sat est.

Errata du second volume.

Page 304, lig. 25, le Laocoon au capitole, *lisez* au vatican.

Page 305, ligne 6, à Monte-Citorio, *lisez* saint Pierre Montorio.

Même pag. lig. 14, la statue Bibiane, *lisez* sainte Bibiane.

APPROBATION.

J'AI lu, par ordre de Monseigneur le Chancelier, un manuscrit intitulé : *Vies des Architectes anciens & modernes*, & je n'y ai rien trouvé qui puisse en empêcher l'impression. A Paris, le 9 Novembre 1770.

MARIE.

PRIVILEGE DU ROI.

LOUIS, par la grace de Dieu, Roi de France & de Navarre : A nos amés & féaux Conseillers, les Gens tenants nos Cours de Parlement, Maîtres des Requêtes ordinaires de notre Hôtel, Grand Conseil, Prevôt de Paris, Baillifs, Sénéchaux, leurs Lieutenants Civils, & autres nos Justiciers qu'il appartiendra, SALUT : Notre amé le sieur JOMBERT, fils aîné, Libraire, Nous a fait exposer qu'il desireroit faire imprimer & donner au public *les nouveaux Elémens d'Optique, traduits de l'Anglois, de Benjamin Martin ; la Maniere de bien juger des ouvrages de peinture, par feu M. Laugier, & les Vies des Architectes, traduites de l'Italien* : s'il Nous plaisoit lui accorder nos Lettres de privilege pour ce nécessaires. A CES CAUSES, voulant favorablement traiter l'Exposant, Nous lui avons permis & permettons par ces présentes, de faire imprimer ledit ouvrage autant de fois que bon lui semblera, & de le vendre faire vendre, & débiter par tout notre royaume, pendant le tems de six années consécutives, à compter du jour de la date des présentes : Faisons défenses à tous Imprimeurs, Libraires, & autres personnes, de quelque qualité & condition qu'elles soient, d'en introduire d'impression étrangere dans aucun lieu de notre obéissance : comme aussi d'imprimer, ou faire imprimer, vendre, faire vendre, débiter, ni contrefaire ledit ouvrage, ni d'en faire aucun extrait, sous quelque prétexte que ce puisse être, sans la permission expresse & par écrit dudit Exposant, ou de ceux qui auront droit de lui, à peine de confiscation des exemplaires contrefaits, de trois mille livres d'amende contre chacun des contrevenants, dont un tiers à Nous, un tiers à l'Hôtel-Dieu de Paris, & l'autre tiers audit Exposant, ou à celui qui aura droit de lui, & de tous dépens, dommages & intérêts. A la charge que ces Présentes seront enregistrées tout au long sur le regiftre de la Communauté des Imprimeurs & Libraires de Paris, dans trois mois de la date d'icelles ; que l'impression dudit Ouvrage sera faite dans notre Royaume, & non ailleurs, en beau papier & beaux caracteres, conformément aux Réglements de la Librairie, & notamment à celui du 10 Avril 1725, à peine de déchéance du présent Privilége ; qu'avant de l'exposer en vente, le Manuscrit qui aura servi de copie à l'impression dudit ouvrage, sera remis dans le même état où l'approbation y aura été donnée, ès mains de notre très-cher & féal Chevalier, Chancelier, Garde des Sceaux de France, le sieur DE MEAUPOU ; qu'il en sera ensuite remis deux exemplaires dans notre Bibliotheque publique, un dans celle de notre Château du Louvre, & un dans celle dudit sieur DE MEAUPOU ;

le tout à peine de nullité des Préfentes. Du contenu defquelles vous mandons & enjoignons de faire jouir ledit Expofant & fes ayants caufe, pleinement & paifiblement, fans souffrir qu'il leur foit fait aucun trouble ou empêchement. Voulons que la copie des Préfentes, qui fera imprimée tout au long au commencement ou à la fin dudit Ouvrage, foit tenue pour duement fignifiée, & qu'aux copies collationnées par l'un de nos amés & féaux Confeillers, Secretaires, foi foit ajoutée comme à l'original. Commandons au premier notre Huiffier ou Sergent fur ce requis, de faire pour l'exécution d'icelles tous actes requis & néceffaires, fans demander autre permiffion, & nonobftant clameur de haro, charte Normande, & lettres à ce contraires : Car tel eft notre plaifir. DONNÉ à Paris, le cinquieme jour du mois de décembre, l'an de grace mil fept cent foixante-dix, & de notre regne le cinquante-fixieme. Par le Roi en fon Confeil. LE BEGUE.

Regiftré fur le Regiftre XVIII de la Chambre Royale & Syndicale des Libraires & Imprimeurs de Paris, N°. 1203, folio 293, conformément au réglement de 1723, A Paris, ce 10 décembre 1770. P. F. DIDOT le jeune, *Adjoint.*

Reliure serrée

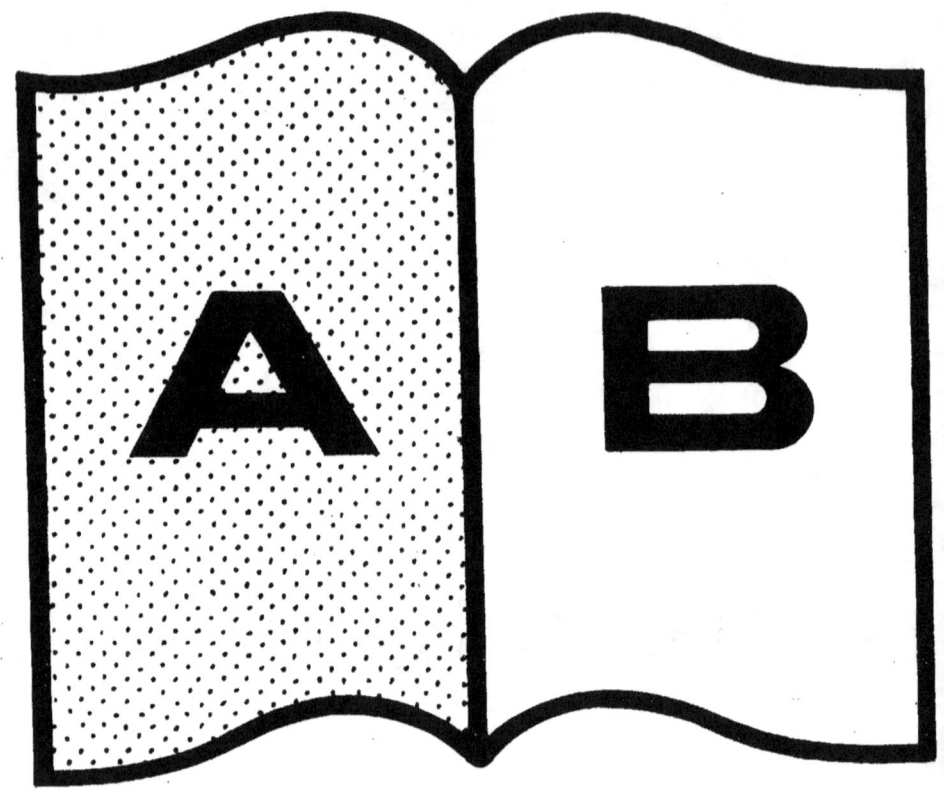

Contraste insuffisant

NF Z 43-120-14

www.ingramcontent.com/pod-product-compliance
Lightning Source LLC
Chambersburg PA
CBHW070831304426
43667CB000011B/1756